中共株洲市委宣传部
中共株洲市委党史研究室　编著

在株洲

人民出版社

本书编委会

主　　任：曹慧泉

副 主 任：陈恢清　　何恩广

委　　员：胡长春　　王庭恺　　邓为民　　王卫安　　罗　琼　　刘光跃

　　　　　聂方红　　阳望平　　杨英杰　　江小忠　　罗绍昀　　刘亚亮

　　　　　耿保民　　罗厚清　　周　杰　　赵占一　　刘建初

主　　编：杨英杰　　江小忠

执行主编：张　莉　　段谭云

副 主 编：吴志平　　陈北宏　　吴　娜

编辑校对：朱华林　　李龙龙

编　　务：周武旺　　雷菡　　杨昆　　童慧　　吴蜀　　睦文

序

　　新中国的命运与毛泽东同志及毛泽东思想紧密相连。在风雷激荡、翻天覆地的革命斗争和社会主义建设实践中,毛泽东同志和中国共产党人的浴血奋斗,深刻地改变了中国和中国人民的历史命运;毛泽东思想的创立和发展,深刻影响着中国社会思想文化的发展,展现出博大精深的内涵和历久弥新的魅力。以史鉴今,开创未来。在党的二十大召开之后,我们编撰《毛泽东在株洲》一书并公开出版发行,既是为了重温历史、缅怀伟人,更是为了学习传承伟大的毛泽东思想,在新征程上争取更大光荣。

　　追寻红色记忆,历史在瞬间永恒,烛照人心。株洲是井冈山、湘赣、湘鄂赣革命根据地的重要组成部分,是新中国成立后党领导建立起来的重要工业城市和老工业基地,是一方光荣的红色热土。在这里,伟人足迹遍布城乡。毛泽东同志先后 16 次来到株洲,开展了丰富的革命活动和视察工作,留下了珍贵的红色印记,株洲也因此成为党初创时期毛泽东同志探索中国革命道路的重要发生地,毛泽东思想初步形成的重要实践地。在这里,伟人创举引领方向。毛泽东同志围绕建党、建军、建政、土地革命、革命道路等根本问题,在株洲进行了一系列首创性革命实践:在醴陵考察农民运动,极大促进了党组织发展;在水口主持首次连队建党,成为"党指挥枪"的重要标志;指示成立茶陵县工农兵政府,是党建立红色政权的开篇之作;主持井冈山革命根据地最早的中村"插牌分田",为武装斗争、政权建设和土地革命三者有机结合提供了宝贵的经验;英明决策水口分兵和株洲转兵,走出了农村包围城市的正确革命道路……这些伟大创举，对推进马克思主义中国化、形成毛泽东思想，对中国共产党领导人民夺取中国革命的全面胜利和建立新中国，具有独特意义。在这里，伟人思想穿越时空。新中国成立后，毛泽东同志指导制定"一五"计划，确定株洲为全国 8 个新建重点工业城市之一，为株洲工业发展奠定坚实基础；亲笔签署对国营第 331 厂试制第一台航空发动机的嘉勉信，激励株洲勇攀科技高峰。株洲先后创造了第一辆电力机车、第一枚空空导弹、第一块硬质合金等340 多个中国工业史上的第一，逐步发展为共和国工业重镇。今天的株洲，已成为全国文明城市、全国优秀旅游城市、中国绿水青山典范城市，位居中国百强城市第 73 位、中国先进制造业百强市第 42 位、国家创新型城市第 37 位，交出了不辱使命的"株洲答卷"。

时代是思想之母，实践是理论之源。进入新时代，以习近平同志为主要代表的中国共产党人，坚持把马克思主义基本原理同中国具体实际相结合、同中华优秀传统文化相结合，创立了习近平新时代中国特色社会主义思想，实现了马克思主义中国化新的飞跃。在新的百年赶考路上，株洲这座历经炎帝文化熏陶、红色文化滋润和工业文化磨砺的现代工业城市，必将高擎毛泽东思想伟大旗帜，坚持和运用好"实事求是、群众路线、独立自主"毛泽东思想活的灵魂，以习近平新时代中国特色社会主义思想为指引，加快培育制造名城、建设幸福株洲，努力实现"三高四新"美好蓝图，为实现中华民族伟大复兴的中国梦作出新的更大贡献！

是为序。

湖南省株洲市委书记

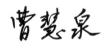

2024 年 5 月

目　　录

综述 毛泽东在株洲的革命实践对马克思主义中国化的重要贡献

毛泽东思想是马克思列宁主义在中国的创造性运用和发展,是被实践证明了的关于中国革命和建设的正确的理论原则和经验总结,是马克思主义中国化的第一次历史性飞跃,是中国共产党的指导思想和中国人民宝贵的精神财富。20世纪20年代至30年代,一代伟人毛泽东在株洲进行了一系列首创性革命实践,株洲从而成为毛泽东思想初步形成的重要实践地。毛泽东的革命足迹、革命探索、红色故事,堪称株洲响亮的红色IP。伟人思想,穿越时空,历久弥新,永远闪耀着真理的光芒,将永远鼓舞我们继续奋进。

第一节 伟人足迹遍株洲

从1920年11月开始,至1965年5月,在40多年的历史长河中,毛泽东曾多次到株洲,开展革命活动和视察工作,足迹遍布株洲市区和所辖县市,在这片热土上留下了弥足珍贵的红色印记。毛泽东在早期领导工人运动的历程中,多次从长沙坐火车经株洲或醴陵赴安源。新中国成立后,毛泽东经常在全国各地视察,专列多次经停株洲,其中1960年1月25日专列停靠株洲车站,当晚毛泽东就住在专列上。据考证,有史料明确记载毛泽东在株洲开展了重要活动的,主要有16次。

第一次：到株洲、醴陵等地考察

1920年11月，毛泽东利用一次假期到株洲、醴陵、萍乡进行考察，通过考察辛亥革命前萍浏醴起义爆发和失败的经过，对武装斗争问题有了新认识。

第二次：在醴陵文庙甲种师范讲习所传播马克思主义

1922年5月，毛泽东在赴安源部署罢工斗争前夕，在李立三的陪同下，在醴陵文庙甲种师范讲习所作了题为"阶级和阶级斗争"的长篇演讲，推动了马克思主义在醴陵的传播，当时聆听其讲演的学员就有陈恭、左权、蔡升熙、宋时轮等。

第三次：考察醴陵农民运动，称赞"好得很"

1927年1月27日至2月4日，中共中央农民运动委员会书记毛泽东，以国民党中央候补执行委员的名义，来到醴陵县（今醴陵市，含今渌口区、芦淞区部分地区）考察农民运动。在《湖南农民运动考察报告》中，对醴陵的农民运动作了很高的评价，赞扬"好得很"，推进了农民运动的高涨。

第四次：在株洲召开党的负责人会议

1927年6月下旬，毛泽东奉命回湖南任省委书记，在株洲召开湘潭、醴陵、安源、衡山等地党的负责人会议，研究恢复发展党组织、农会、工会与反"清乡"等问题。

第五次：在株洲部署秋收暴动

1927年8月31日，毛泽东从长沙前往安源部署秋收起义，在株洲换乘火车期间，要求株洲区委做好秋收暴动的准备，指出：株洲是个重要地方，要把工作抓紧恢复起来，并部署了四项任务。随后，他于当晚离开株洲赴安源。

第六次：在酃县水口主持连队建党、决策分兵上井冈山

1927年10月13日，毛泽东率工农革命军到达酃县水口。15日晚在水口叶家祠，主持首次连队建党，这是"党指挥枪"原则在基层落地生根的重要标志性事件。

在水口期间，综合考虑各方面因素，毛泽东决定"就地打主意"，10月中旬，作出分兵上井冈山的决策，史称"水口分兵"。水口分兵决策，使弱小的工农革命军在短时期内找到了立足之地，避免遭遇强敌而致失败，并由此开创了井冈山革命根据地。

第七次：在茶陵湖口处理陈皓一伙的叛变阴谋

1927年12月下旬，毛泽东得知工农革命军第一团团长陈皓叛变革命的事实，于25日带领毛泽覃、陈伯钧等人离开茅坪，向茶陵急进，当日抵达茶陵坑口墟。26日赶至茶陵县城洣水对岸的中瑶，因城里枪声紧、情况不明未进城，住中瑶陈韶（时任茶陵县委书记）家，度过了34岁生日。27日赶到湖口，果断处理陈皓一伙的叛变阴谋，这是党内、军内的第一次肃反，在关键时刻挽救了年幼的工农革命军，史称"湖口挽澜"。

第八次：在酃县中村授课、领导插牌分田

1928年3月，在酃县中村八担坵，毛泽东亲自为工农革命军上了一星期的政治课，这是人民军队首次系统的集中思想政治教育。

当月，在中村主持"插牌分田"。这是井冈山革命根据地进行的第一次土地分配，是武装斗争、政权建设和土地革命三者有机结合建设根据地的尝试，为《井冈山土地法》《兴国土地法》的制定提供了宝贵的经验和依据。

第九次：亲自指挥接龙桥阻击战，掩护朱德部队转移

1928年4月20日，毛泽东率工农革命军第一团到达酃县县城，团部驻洣

泉书院。在县城西郊部署与指挥接龙桥阻击战,掩护朱德部队转移。战斗结束后,率领部队经酃县石洲往井冈山转移,回到宁冈茅坪。

第十次:朱毛在酃县十都第一次会面和两军会师

1928年4月下旬,毛泽东回到宁冈茅坪,听说朱德的部队到了酃县与茶陵交界的地方,又迅即再次率部下山迎接。此时朱德也得悉毛泽东的部队到了十都,随即率直属部队赶往十都。4月20日前后,与朱德在十都首次会面,两军胜利会师。随后,和朱德、陈毅等进一步研究了部队整编等事宜。根据事前湘南特委的指示,5月4日在宁冈出席庆祝两军会师并宣布中国工农革命军第四军(5月下旬改称中国工农红军第四军)成立大会。

第十一次:与朱德率红四军攻打酃县县城

红四军成立后,蒋介石调集湘军、赣军向井冈山根据地发动第一次"会剿"。1928年7月上旬,毛泽东和朱德趁赣敌主力还未到永新之际,组织分两路向酃县进攻,击败敌军,进占酃县城,分头召开群众大会,开展打土豪分田地运动,处决了几个罪大恶极的土豪劣绅。

第十二次:在酃县大院主持召开三级干部会议

1928年8月21日,毛泽东率三十一团三营离开永新,经荆竹山到达酃县大院东西坑。晚上主持召开县、区、乡干部会议,鼓励大家坚定革命意志,紧密依靠群众、发动群众,革命就一定会胜利。从而稳定了根据地的人心,也进一步增强了酃县人民保卫政权、巩固和发展革命根据地的信心。8月23日,毛泽东率部到达桂东与朱德率领的红军大部队会合,撤至江西境内。

第十三次:在株洲主持召开红一方面军总前委扩大会议

1930年9月13日,红一方面军攻打长沙失利后转移到株洲,毛泽东在恒和药号(后改称协丰长绸布店)主持召开了具有伟大历史意义的红一方面军总前委会议,史称株洲会议,又称株洲转兵。会后于14日随红三军团和红一方面军总部乘火车抵达萍乡。株洲转兵后,红一方面军放弃攻打大城市,一心一意走农村包围城市的革命道路。

第十四次:在醴陵主持召开湘东特委会议

毛泽东在萍乡部署红三军团与前卫部队的战斗后,于1930年9月15日,乘火车返回醴陵,住状元洲桥公所楼上。起草向中央的报告,总结红一方面军第二次攻打长沙久攻不克的原因与失败的教训,制订红军东进赣西后的行动计划。17日晚上,在状元洲桥公所二楼,他主持召开湘东特委会议,为湘东工作指明了方向,为后来的全面发展打下了良好基础。

第十五次:经停株洲车站,关心株洲的发展

1954年10月25日,毛泽东得知在株洲的国营三三一厂成功试制新中国自行研制的第一台航空发动机后,亲笔签署对国营三三一厂职工的嘉勉信,曾计划到三三一厂视察,但后来未能如愿。一个月后的11月25日,毛泽东专列经过株洲车站换车头,停留约20分钟。毛泽东身穿灰色中山装、脚穿布鞋走下专列,在站台上踱步,回忆在株洲的革命经历,了解株洲的发展情况,并与株洲地方干部和铁路工作人员交谈,鼓励他们把建设祖国的任务完成好。

第十六次:经株洲醴陵攸县宿茶陵,重上井冈山

1965年5月21日,毛泽东乘坐专列从长沙出发,经株洲抵达醴陵站。下午2时换乘苏制吉姆汽车,经攸县渡洣水,下午4点40分到达茶陵县委大院。夜宿茶陵县委常委办公楼25号房间,这是新中国成立后唯一一次在湖南县城小住。22日上午,与县委、县政府负责同志合影后,重上井冈山。

第二节　伟人创举耀神州

井冈山革命根据地创建前后,毛泽东围绕党的建设、人民军队建设、人民政权建设、土地革命、革命道路探索等诸多方面,在株洲进行了一系列伟大首创性革命实践。这些重大探索实践,对推进马克思主义中国化、对毛泽东思想的初步形成作出了重要贡献,因而株洲成为毛泽东思想初步形成的重要实践地。

重视在株洲发展党员和党的组织,坚持制度建党,全面推动工农运动的发展,为探索中国特色革命道路奠定了实践基础

中国共产党成立时,全国只有 50 多名党员[①],迅速发展党员和党组织是迫切而紧要的任务。早在 1920 年 11 月,毛泽东利用一次假期到株洲、醴陵、萍乡进行考察,了解了株洲地理位置、资源状况、工农队伍等方面的优势,特别重视在株洲发展党的组织。

1. 在株洲宣传马克思主义、发展党员。中共一大后,毛泽东就指派党员或者亲自来到株洲宣传马克思主义。1922 年,毛泽东先后派中共党员李立三、陈章甫、潘昌江到醴陵甲种师范讲习所、攸县乙种师范讲习所任教和宣传马克思主义,醴陵甲种师范讲习所成为中共湘区委员会在湘东建立的第一个传播马克思主义的基地。1922 年 5 月毛泽东去安源视察工人罢工准备工作时,由李立三陪同,来到醴陵甲种师范讲习所,作了题为《阶级和阶级斗争》的长篇演讲,对马克思主义在醴陵的传播,产生了极其深远的影响。其中的学员就有陈恭、左权、蔡升熙、宋时轮、陈觉等。1922 年 7 月,毛泽东委托安源路矿

---

① 中共中央党史和文献研究院:《中国共产党的一百年》,中共党史出版社 2022 年版,第 34 页。

工人俱乐部主任李立三来到株洲考察工人状况。9月,株洲第一个工会组织成立。1923年1月,株洲工人举行大罢工,取得完全胜利,一批工人加入共产党。12月,株洲第一个工人党支部中共株洲转运局支部成立。1924年9月,中共株洲八叠支部成立,是全省最早的农村党支部之一。此后,株洲各县党支部相继成立。1925年1月,中共四大召开时,全国994名党员①中,株洲籍和株洲地区的党员多达105人,占全国党员总数的十分之一多,成为全国党员发展最快的地区之一。

2. 考察农民运动,推动农民运动高涨,发展壮大党组织。1925年5月,株洲八叠(属湘潭县东一区)农民协会成立,是湖南继衡山"岳北农工会"之后全省最早的农会。湘潭县东一区成为农民运动的中心,八叠又成为东一区模范第一乡。随后,醴陵、攸县、茶陵、酃县等县相继建立县农民协会,并在36个区、610个乡成立农民协会,参加农会的会员近40万人。株洲地区农民运动发展迅猛,斗争激烈坚决,对贪官污吏、土豪劣绅冲击巨大,在湖南省乃至全国都产生很大影响。1927年1月,毛泽东来醴陵考察农民运动,不久发表著名的《湖南农民运动考察报告》,称赞农民运动"好得很",文中提到或引用醴陵的典型事例达14处之多。此后株洲农村党组织得到极大发展。至1927年4月,醴陵、攸县、茶陵、酃县由50多个党支部、700多名党员,发展到124个党支部、1950名党员②。

3. 大革命失败后恢复发展党组织。"马日事变"后,1927年6月下旬,毛泽东奉命回湖南任省委书记,在株洲召开湘潭、醴陵、安源、衡山等地党的负责人会议,研究恢复发展党组织、农会、工会与反"清乡"等问题,株洲的党组织因而得到极大恢复。7月,湖南省委决定组建中共茶陵特委,将醴陵地执委

---

① 中共中央党史和文献研究院:《中国共产党的一百年》,中共党史出版社2022年版,第57页。
② 中共株洲市委党史工作办公室:《中国共产党株洲历史第一卷》,中共党史出版社2007年版,第90页。

改为县委,并成立株洲区委。秋收起义后,在毛泽东的重视和支持下,株洲各县分别成立县委、区委,成为革命斗争的重要领导力量。根据毛泽东的指示,1929年10月,宛希先编写《共产党组织根本原则》,成为"三会一课"制度的重要探索和重要实践,是坚持制度建党的一大创举。

实施连队建党、集中上政治课、第一次肃反等一系列举措,成为从政治、思想、组织、作风等方面全面建设无产阶级性质新型人民军队的重要开端

秋收起义前后,毛泽东在株洲围绕加强党对军队的领导、明确军队的任务、加强军队思想政治工作,作了积极而富有成效的探索,开始打造新型的人民军队,充分体现了毛泽东早期的建军思想和军事思想。

1. 在株洲部署秋收起义。1927年8月31日,时任中共中央临时政治局候补委员的毛泽东前往安源经停株洲,并部署秋收暴动。他要求株洲一定要尽快恢复发展党组织,组织好工人、农民暴动队伍,设法弄到武器,准备暴动,并明确了四项任务。9月9日秋收起义爆发,醴陵、株洲是起义的重要地区、重要战场之一。株洲地方党组织积极组织大批工人、农民参加起义,壮大了起义队伍。9月12日,工农革命军在醴陵工农武装的配合下,攻占醴陵县城,成立"中国革命委员会湖南醴陵分会",这是秋收起义中工农革命军占领的第一个县城和成立的第一个政权性质的组织。

2. 第一次实施连队建党(水口连队建党)。1927年10月,毛泽东在鄙县水口抓紧对工农革命军军事训练的同时,主要考虑在部队内建立健全各级党的组织。虽然"三湾改编"时决定将支部建在连上,但因急于行军未能实施。10月15日晚,毛泽东在水口叶家祠阁楼上亲自主持人民军队历史上的首次连队建党活动,陈士榘、赖毅、刘炎、李恒、欧阳健、鄢辉等6名战士宣誓入党。不久,各连普遍建立了党支部,也举行了类似入党宣誓仪式。"水口连队建党",是实现"党指挥枪"的重要标志,也是人民军队政治工作上的伟大创举,

是坚持党对军队绝对领导的具体步骤,是确立党在军队中的核心领导地位,使连队党支部成为人民军队打不烂、拖不垮的坚强堡垒的重要举措。正如毛泽东在《井冈山的斗争》一文中所说:"红军所以艰难奋战而不溃散,'支部建在连上'是一个重要原因。"①

3. 第一次在部队开展集中思想政治教育(中村授课)。1928年3月20日,毛泽东"在(酃县)中村给工农革命军上政治课,讲述当时的政治形势和中国革命的任务,阐明坚持井冈山斗争的重要性,指出无产阶级不是无产游民,批评危害革命的'左'倾盲动主义。在这里对部队连续进行了一周左右的思想政治教育"②。这次政治课是中国共产党在军队中的第一次集中政治训练,毛泽东从中国的具体国情出发,采取深入浅出、通俗易懂的方法,对中国革命的形势、革命性质、特点和建立根据地的重要性等作了马克思主义的科学分析,使工农革命军受到了一次系统的政治思想教育,为工农革命军的健康成长,打下了坚实的思想基础。毛泽东在《井冈山的斗争》中写道:"经过政治教育,红军士兵都有了阶级觉悟,都有了分配土地、建立政权和武装工农等项常识,都知道是为了自己和工农阶级而作战。因此,他们能在艰苦的斗争中不出怨言。"③此后经过不断探索,毛泽东成功地解决了如何把处在农村游击战争环境中的党建设成为真正的无产阶级政党这一重大问题,初步形成了党的建设的基本思想。

4. 第一次实施人民军队肃反。1927年12月底,工农革命军第一团团长陈皓意欲去湘南投降驻扎在桂东、安仁的国民党十三军方鼎英。毛泽东得知消息后,及时赶到茶陵湖口,揭穿了陈皓一伙的叛变阴谋,将陈皓一伙逮捕。这一事件是人民军队历史上的第一次肃反(史称"湖口挽澜"),用"党指挥

---

① 《毛泽东选集》第1卷,人民出版社1991年版,第65—66页。
② 中共中央文献研究室:《毛泽东年谱修订本(1893—1949)》上卷,中央文献出版社2013年版,第235页。
③ 《毛泽东选集》第1卷,人民出版社1991年版,第64页。

枪"的原则成功处置了人民军队内部分裂的危机,挽救了艰难初创中的工农革命军。谭家述在《回忆毛泽东同志早期在茶陵的革命活动》中说:"我工农革命军通过'三湾改编'以后,当时仅有两个营的兵力,极大部分都到了茶陵,如果不是毛泽东及时赶上部队,让叛徒的阴谋得逞了,那我们的革命还会要走一段弯路。"①

5. 第一次明确人民军队的使命。毛泽东在总结二打茶陵建立工农兵政府的经验教训时,首次宣布了工农革命军的"三大任务":第一,打仗消灭敌人;第二,打土豪,筹款子;第三,宣传群众,组织群众,帮助群众建立革命政权。"三大任务"明确了工农革命军的建军宗旨,从职能上规定了革命队伍在军事上、政治上、经济上的基本使命,使广大战士懂得了"离了对群众的宣传、组织、武装和建设革命政权等项目标,就是失去了打仗的意义,也就是失去了红军存在的意义"②这个道理。1929 年 12 月,毛泽东在古田会议的决议中,提出思想建党、政治建军,把"三大任务"进一步理论化,指出红军是一个执行革命政治任务的武装集团。1934 年,由于党内"左"倾冒险主义的领导,把红军的"三大任务"缩减成为单纯的打仗一项,给红军建设和根据地建设造成严重消极后果。遵义会议确立了毛泽东在红军和党中央的领导地位,红军部队恢复和坚持了执行"三大任务"的传统。抗日战争时期,"三大任务"发展成为打仗、做群众工作、生产三项。1945 年 4 月,党的六届七中全会通过的《关于若干历史问题的决议》,称"三大任务"是红军"三位一体"的任务。在解放战争取得胜利的前夕,毛泽东指出,人民解放军永远是一个战斗队,又是一个工作队,同时还是生产队。新中国成立后,"三大任务"仍然是人民解放军建军的一项重要原则。

6. 第一次与朱德会面实现伟大会师。据《毛泽东年谱》记载:1928 年"4

---

① 中共株洲市委办、株洲市委党史工作办公室:《毛泽东在湘东》,1993 年版,第 63 页。
② 《毛泽东选集》第 1 卷,人民出版社 1991 年版,第 86 页。

月 20 日前后,毛泽东在酃县与朱德初次晤面"①。1986 年版《朱德年谱》记载:"在酃县十都和毛泽东会面。"毛泽东与朱德首次会面,实现了两部胜利会师。5 月 4 日,在砻市召开会师和工农革命军第四军(后改称中国工农红军第四军)成立大会。朱毛会师,是中国共产党发展历史上具有重大历史意义的事件,对中国革命的胜利产生了巨大的影响。粟裕曾回忆说:"井冈山会师,具有伟大的历史意义。它不仅对当时坚持井冈山地区的斗争,而且对尔后建立和扩大农村革命根据地,坚决走农村包围城市的革命道路,推动全国革命事业的发展,产生了极其深远的影响。"②

7. 明确人民军队的纪律。1927 年 10 月,毛泽东率部队来到酃县水口,在客家聚居地水口、十都等地组织农民武装,发展党的组织。为加强起义部队的纪律教育,前敌委员会对部队提出了一些行军作战的纪律要求,即"三大纪律六项注意"的部分内容。毛泽东带头严格执行纪律,给战士们和当地群众留下了深刻印象。1927 年 10 月下旬在离开酃县水口赴井冈山途中,毛泽东首次向部队宣布了三项纪律:"第一,行动听指挥;第二,打土豪筹款子要归公;第三,不拿农民一个红薯。"后来又完善了六大注意。加强军队的纪律教育,对工农革命军真正向人民军队转变起到了极其重要的作用。"这些规定体现了人民军队的本质,对于加强人民军队建设、正确处理人民军队内部的关系特别是军民之间的关系、瓦解敌军等,都起了重大作用。"③

8. 支持发展地方武装,开始形成人民战争的思想。毛泽东曾指出:"人民的游击战争,从整个革命战争的观点看来,和主力红军是互为左右手,只有主力红军而无人民的游击战争,就像一个独臂将军。"④毛泽东指挥革命战争的

---

① 中共中央文献研究室:《毛泽东年谱修订本(1893—1949)》上卷,中央文献出版社 2002 年版,第 222 页。

② 《粟裕战争回忆录》,解放军出版社 1988 年版,第 61 页。

③ 中共中央党史和文献研究院:《中国共产党的一百年》,中共党史出版社 2022 年版,第 108 页。

④ 《毛泽东选集》第 1 卷,人民出版社 1991 年版,第 227 页。

成功之道,就是把武装的人民和人民的武装融为一体、形成铁拳。秋收起义后,毛泽东逐步认识到地方武装的重要性,并积极支持发展地方武装,也就是"正规军队帮助地方武装"。毛泽东曾指示宛希先送给茶陵县工农兵政府5支枪,恢复茶陵游击队建制,指导茶陵游击队开展工作,后又指示组建酃县赤卫大队,指导建立湘东独立师。正是地方武装的发展,不断壮大了红军队伍,仅茶陵这个20余万人的县,在1927至1934年间,茶陵游击队等地方武装整排、整连、整营、整团编入红军部队就达10次之多。正如谭家述所说:"我们这支游击队就在艰难残酷的斗争中锻炼成长起来,由几十人、几百人、几千人,一直发展成为红军二方面军六军团。"①藏兵于民的思想,是毛泽东军事思想的重要组成部分,使党领导的革命战争真正成为汪洋大海一般的人民战争。

指示成立茶陵县工农兵政府,是全国第一个革命根据地的第一个红色政权,为中国共产党建设人民政权、践行初心使命进行了最初的尝试与探索

美国著名记者埃德加·斯诺所著的《红星照耀中国》记载了毛泽东的一段话:"一九二七年十一月第一个苏维埃在湖南边界的茶陵成立了,第一个苏维埃政府选举出来了。"②这里说的"第一个苏维埃政府",就是茶陵县工农兵政府,是湘赣边界红色建政的开篇之作。

1927年10月21日,根据毛泽东的指示,工农革命军第一次攻占茶陵城。由于茶陵地处湘赣要冲,自然条件良好,战略地位重要,又有较好的党的群众工作基础,因此毛泽东首次有了"经营茶陵"的打算。11月18日,工农革命军再次攻克茶陵县城。但进城之后,团长陈皓却不想做群众工作,仍按旧政府的样子升堂办案、纳税完粮。更严重的是,他与自己的一小伙人还凭借手中权

---

① 谭家述:《亲历井冈山革命根据地的创建》,江西人民出版社2007年版,第156页。

② 埃德加·斯诺著,董乐山译:《红星照耀中国》,人民文学出版社2016年版,第160页。

力大吃大喝,搜刮钱财,打压工农群众,丧失了阶级立场。毛泽东得知情况后便立即回信:"由部队派县长是不对的,新的政权不能按国民党那一套搞。要成立工农兵政府,要发动群众,要保护商店,保护邮电,保护医院,保护学校……"①根据毛泽东的指示,在宛希先的主持下,县总工会、县农民协会和士兵委员会分别选出谭震林、李炳荣、陈士榘为各自的代表,组织工农兵代表会议,谭震林被推为茶陵县工农兵政府主席。茶陵县工农兵政府设立了民政、财经、青工、妇女等部门,组织工作队深入全县各地开展革命斗争,积极配合工农革命军作战。

茶陵县工农兵政府作为"湘赣边界第一个红色政权"②与井冈山革命根据地第一个红色政权,是毛泽东在井冈山实现"工农武装割据"的初始标志,为毛泽东思想的红色政权理论初步形成和开辟井冈山道路提供了实践经验。1997年10月27日中央电视台《井冈山》特别节目中介绍说:"井冈山革命根据地的红色政权、中央苏区革命根据地的红色政权、乃至今天的中南海国务院都是从洣水之滨的小屋里(茶陵县工农兵政府)走出来的。"

茶陵县工农兵政府是人民当家作主、实行新型民主建政的最早样板。其领导人通过自下而上层层推举出来,有群众作基础和支柱,赢得群众的承认和拥护。这种自下而上民主选举产生政府负责人的做法,是毛泽东在"湘南运动大纲"中提出建立"政府模样"政权的具体实践,为井冈山革命根据地各县建立政权时所仿效,也为尔后的各级苏维埃代表会议、各级人民代表大会所仿效。这种新型的工农兵政府,是在周边白色恐怖下存在局部红色政权的"局部人民执政"的新政权模式。1934年1月24日毛泽东在第二次全国苏维埃代表大会的报告中指出,根据地苏维埃政权的性质是"工农兵专政",对民众

---

① 《谭震林传》,浙江人民出版社1992年版,第25页。
② 中共中央党史和文献研究院:《中国共产党的一百年》,中共党史出版社2022年版,第107页。

实行"最宽泛的民主主义"①。

　　茶陵县工农兵政府是充分依靠和发动人民群众的重要实践。1927年11月15日，毛泽东在二打茶陵给部队作战前动员时，就要求部队要开展群众工作，宣传群众，组织群众。茶陵县工农兵政府组成人员以工农兵为主体，并吸收革命知识分子，把群众吸引到政府的周围，使群众经受政治训练，提高革命觉悟，为以后的工农兵政权广泛地团结各阶层的群众提供了有益的经验。毛泽东在总结井冈山革命根据地政权建设经验时，指出"民主集中主义的制度，一定要在革命斗争中显示出了它的效力，使群众了解它是最能发动群众力量和最利于斗争的，方能普遍地真实地应用于群众组织"②。1934年10月，毛泽东在《切实执行十大政策》中指出："有无群众观点是我们同国民党的根本区别，群众观点是共产党员革命的出发点与归宿。从群众中来，到群众中去，想问题从群众出发就好办。"③

　　茶陵县工农兵政府是加强党对政府领导的重要尝试。毛泽东在《井冈山的斗争》中指出："党要执行领导政府的任务；党的主张办法，除宣传外，执行的时候必须通过政府的组织。国民党直接向政府下命令的错误办法，是要避免的。"④党要领导政府，但又必须发挥政府的职能作用。茶陵县工农兵政府是在党代表宛希先的直接领导和茶陵县委帮助下建立起来的，得到了群众的拥护，并且自觉服从党组织的领导，其重大决策往往要请示茶陵县委，部队参加的下乡工作组也由县委组织。陈士榘在《井冈山斗争的片断回忆》中谈及茶陵县工农兵政府时说："谭思聪、陈韶是县委的，住在天主堂（今茶陵福音堂），有什么事都到天主堂去商量，实际权力在县委。"茶陵县党组织在工农兵

---

① 中国人民解放军政治学院党史教研室：《中共党史参考资料》，人民出版社1979年版，第6册。
② 《毛泽东选集》第1卷，人民出版社1991年版，第73页。
③ 《毛泽东文集》第3卷，人民出版社1996年版，第71页。
④ 《毛泽东选集》第1卷，人民出版社1991年版，第73页。

政府建立与发展过程中,始终发挥着核心的领导作用,为如何加强党对于政权建设的领导提供了宝贵的历史经验。

主持中村插牌分田,成为井冈山革命根据地最早的分田试点, 对以土地革命为重要内容的农村包围城市革命道路和 以人民为中心的思想进行了成功探索

土地革命是中国新民主主义革命的基本内容之一,也是中国共产党践行初心和使命的具体体现。八七会议将土地问题作为中心议题,把土地革命确定为中国革命的中心任务。武装斗争、政权建设和土地革命,是建立革命根据地的主要内容。毛泽东在决定建立井冈山革命根据地后,根据中央解决农民土地问题的政策,就着手考虑土地分配的问题。

1928 年 3 月,毛泽东率工农革命军到达酃县中村,对中村的土地占有情况进行了详细调查。当时中村的土地 70%以上掌握在地主手中,其中道任村 90%以上的土地被地主霸占[1]。农民对土地的要求十分迫切。1928 年 3 月 24 日,毛泽东在酃县中村周南学校召开会议,专门研究开展土地分配的问题,并从工农革命军中抽调部分干部与地方干部组成工作组。与会代表一致推举毛泽东担任分田"总监"。分田首先在道任村试点,具体做法是:

第一步,发动群众,选出土地委员,成立分配土地的班子。接着由土地委员、乡政府干部深入各村各户,将户主、人口、占有土地的亩积、分丘分块登记造册,没有面积的组织丈量。

第二步,确定分配原则:首先将所有土地全部"收之公有",然后,以原耕为基础,按人口平均分配,多退少补,好差搭配。对少地无地农民,特别是无农具、无资金的雇农、长工,给予适当照顾,多分好田。

第三步,根据各户人口分得的土地,由农会统一写好竹牌,写明户主姓名、

---

① 中共株洲市委党史工作办公室:《中国共产党株洲历史第一卷》,中共党史出版社 2007 年版,第 193 页。

田土位置、面积及四界地名,并由土地委员按登记册核对。

第四步,由农会召开群众大会,将写好的竹牌,分发给户主并将牌子插到所得田里。①

这种分田方法,当时群众叫作"插牌分田",也称"平田"。道任村试点结束后,其他村也照此方法,全部分配了土地。据龙开富等回忆:中村插牌分田是井冈山革命根据地最早的一次分田试点②,这次土地分配,是武装斗争、政权建设和土地革命三者有机结合的建设根据地的尝试,为此后桂东沙田的土地分配和《井冈山土地法》《兴国土地法》的制定提供了宝贵的经验和依据。

实施水口分兵和株洲转兵,成为探索农村包围城市、武装夺取政权革命道路的重要转折点

1. 实施水口分兵,成功开创井冈山革命根据地。秋收起义攻打长沙失利后,在文家市召开的前敌委员会议决定退往湘南,起义部队沿江西西部南下。经过"三湾改编",1927 年 10 月 7 日在茅坪设立后方留守处后,毛泽东率领工农革命军继续南下,中途没有作长时间休整,直至 10 月 13 日到达酃县水口,进行了将近 10 天的休整才停止南下的步伐。

毛泽东从报纸上看到南昌起义部队在广东潮州、汕头失败,下落不明的消息,感到率部继续南下和南昌起义部队靠拢,既无可能,也无多大意义。同时还因为湘敌强大,群众尚未发动起来,以及起义军原主要军事指挥余洒度、苏先俊脱离队伍等原因,于是毛泽东彻底放弃往湘南发展、执行《湘南运动大纲》的想法,决定"就地打主意",坚定了在井冈山建立武装割据的决心。

---

① 中共株洲市委党史工作办公室:《中国共产党株洲历史第一卷》,中共党史出版社 2007 年版,第 194 页。

② 龙开富:《毛泽东同志在酃县的革命活动》,酃县《湘山风云》第一辑,1987 年版,第 178 页。

《毛泽东年谱》记载:"从报纸上看到南昌起义部队在广东潮汕地区失败的消息,放弃了准备退往湘南的想法,坚定了在罗霄山脉中段建立革命根据地的主张。"①毛泽东在水口作出上井冈山的决策之后,进行了具体部署。一路由毛泽东率主力部队经酃县下村到遂川县大汾,上井冈山与王佐会合;一路由宛希先率领攻打茶陵县城,掩护主力部队转移,而后上井冈山与主力会合,史称水口分兵。10月27日,毛泽东率军到达茨坪,把红旗插上了井冈山。水口分兵的决策,使弱小的工农革命军在短时期内找到了立足之地,避免遭遇强敌而致失败,并由此建立了党领导的第一个农村革命根据地,开始探索中国革命的正确道路,进行创建井冈山革命根据地的伟大斗争。

2. 决策株洲转兵,开创了农村包围城市革命道路的新局面。1930年夏,党内出现"左"倾冒险错误,表现是命令红军攻打南昌、长沙、武汉等大城市,饮马长江,会师武汉。红一方面军攻打长沙受挫后,于9月13日转移到株洲,并在中正街(今解放街)的恒和药号(后改称协丰长绸布店)召开了具有伟大历史意义的红一方面军总前委扩大会议——株洲会议,决策株洲转兵。会议的主题是具体研究、部署红一方面军撤长沙之围后的行动方针,亦即解决"今后还打不打长沙这样的大城市"和"红军往哪里撤如何撤"等主要问题。

会议经过激烈的争论和毛泽东耐心细致的说服工作,总结了第二次攻打长沙的经验教训,决定迅速转到吉安、南昌之间的赣西广大农村发动群众,壮大革命力量,并发布《红一军团攻取吉安的命令》。第二天,红一方面军分八路纵队,转兵回师江西。

株洲转兵,从实际行动上抵制了立三"左"倾冒险错误,为以后反对"立三路线"的错误迈出了第一步,使弱小的红军免遭覆灭的危险,是其后袁洲会议、峡江会议、罗坊会议的先声,为后来红军和中央革命根据地的发展以及粉碎敌人发动的第一次反革命"围剿"作了思想上和行动上的准备。株洲转兵

① 中央文献研究室:《毛泽东年谱修订本(1893—1949)》上卷,中央文献出版社2013年版,第222页。

是一个历史的转折点,标志着党和红军在中国革命的道路、红军的战略方针上进行了重大的转折,从此红一方面军放弃攻打大城市,一心一意经营农村革命根据地,对于"农村包围城市,武装夺取政权"的革命理论和毛泽东思想的形成起到了重要的促进作用。史沫特莱在《伟大的道路》中写道:"9 月 13 日下午 8 点钟,朱德和毛泽东采取了一生中最重大的步骤之一,这一步骤扭转了中国革命运动中的一次严重危机。"①

第三节　伟人思想永放光芒

党的十九届六中全会通过的《中共中央关于党的百年奋斗重大成就和历史经验的决议》指出:"毛泽东思想是马克思列宁主义在中国的创造性运用和发展,是被实践证明了的关于中国革命和建设的正确的理论原则和经验总结,是马克思主义中国化的第一次历史性飞跃。"

鸦片战争以后,由于西方列强入侵和封建统治腐败,中国逐步沦为半殖民地半封建社会,国家蒙辱、人民蒙难、文明蒙尘,中华民族遭受了前所未有的劫难。为了拯救民族危亡,中国人民奋起反抗,仁人志士奔走呐喊,进行了可歌可泣的斗争,但未能改变中国半殖民地半封建的社会性质和中国人民的悲惨命运。中国迫切需要新的思想引领救亡运动,迫切需要新的组织凝聚革命力量。

十月革命一声炮响,给中国送来了马克思列宁主义;中国共产党的成立,使中国人民有了前进的主心骨。毛泽东说:"中国产生了共产党,这是开天辟地的大事变。"②从此以后,"中国就改变了方向,五千年的中国历史就改变了方向"③,"中国革命的面目就焕然一新"④。然而,在一个半殖民地半封建的

---

① 史沫特莱·艾格尼丝著,梅念译:《伟大的道路:朱德的生平和时代》,三联书店 1979 年版,第 321 页。

② 《毛泽东选集》第 4 卷,人民出版社 1991 年版,第 1514 页。

③ 《毛泽东文集》第 3 卷,人民出版社 1996 年版,第 397 页。

④ 《毛泽东选集》第 4 卷,人民出版社 1991 年版,第 1357 页。

东方大国进行革命,选择一条什么样的道路才能把中国革命引向胜利成为首要问题,也是马克思主义发展史上前所未有过的难题。

年轻的中国共产党,在探索过程中付出过惨痛的代价。1927年大革命失败,中国共产党经受了自创立以来从未有过的巨大挫折。秋收起义后,为了保存和发展革命力量,毛泽东率领部队上井冈山,把工作重点由城市转入农村。毛泽东在株洲进行了建设人民军队、建设红色政权、土地革命的最早尝试,从而创建了武装斗争、政权建设、土地革命三者有机结合的井冈山革命根据地,中国革命迅速成星火燎原之势。毛泽东在其后的斗争中,逐步将实践升华为理论,从而形成了不同于十月革命的农村包围城市革命道路的崭新理论。

但党内一些人不顾中国革命实际,把共产国际决议和苏联经验奉若神明,机械照搬资本主义国家无产阶级政党特别是俄国经验,试图以夺取中心城市的武装暴动实现一省或数省的首先胜利,因而接连发生了"左"倾盲动错误、"左"倾冒险错误和"左"倾教条主义错误,使中国革命几乎陷于绝境。毛泽东同这些错误倾向作了坚持不懈的斗争,不管是"倒海翻江卷巨澜",还是"雄关漫道真如铁",毛泽东始终都矢志不移、执着追求。毛泽东思想正是在这一过程中逐步形成和发展起来的。从《中国的红色政权为什么能够存在?》《井冈山的斗争》《星星之火,可以燎原》,到《反对本本主义》,标志毛泽东思想初步形成。

在革命斗争中,以毛泽东同志为主要代表的中国共产党人,把马克思列宁主义基本原理同中国具体实际相结合,对经过艰苦探索、付出巨大牺牲积累的一系列独创性经验作了理论概括,开辟了农村包围城市、武装夺取政权的正确革命道路,创立了毛泽东思想,为夺取新民主主义革命胜利指明了正确方向。党的七大明确地把毛泽东思想写入《党章》,作为中国共产党的指导思想。

新中国成立和社会主义基本制度确立后,毛泽东对适合中国情况的社会主义建设道路进行了艰苦探索,把马克思列宁主义基本原理同中国实际进行"第二次结合",找出在中国进行社会主义革命和建设的正确道路,制定把我国建设成为一个强大的社会主义国家的战略思想,取得的独创性理论成果和巨大成就,为在新的历史时期开创中国特色社会主义提供了宝贵经验、理论准备、物质基础。

《关于建国以来党的若干历史问题的决议》概括毛泽东思想的内涵主要包括六个方面的思想理论:关于新民主主义革命,关于社会主义革命和社会主义建设,关于革命军队的建设和军事战略,关于政策和策略,关于思想政治工作和文化工作,关于党的建设;概括毛泽东思想活的灵魂是贯穿其中的立场、观点、方法,主要有三个基本方面:实事求是、群众路线、独立自主。实事求是,是马克思主义的根本观点,是中国共产党人认识世界、改造世界的根本要求,是我们党的基本思想方法、工作方法、领导方法。群众路线是我们党的生命线和根本工作路线,是我们党永葆青春活力和战斗力的重要传家宝。独立自主是我们党从中国实际出发、依靠党和人民力量进行革命、建设、改革的必然结论。

我们党领导的革命、建设、改革伟大实践,是一个接续奋斗的历史过程,是一项救国、兴国、富国、强国,进而实现中华民族伟大复兴的完整事业。我们党在改革开放和社会主义现代化建设新时期,继续不断推进马克思主义中国化,形成中国特色社会主义理论体系,实现了马克思主义中国化新的飞跃。

党的十八大以来,中国特色社会主义进入新时代。习近平总书记就新时代坚持和发展什么样的中国特色社会主义、怎样坚持和发展中国特色社会主义,建设什么样的社会主义现代化强国、怎样建设社会主义现代化强国,建设什么样的长期执政的马克思主义政党、怎样建设长期执政的马克思主义政党等重大时代课题,提出一系列原创性的治国理政新理念新思想新战略,是习近平新时代中国特色社会主义思想的主要创立者。习近平新时代中国特色社会主义思想是当代中国马克思主义、二十一世纪马克思主义,是中华文化和中国精神的时代精华,实现了马克思主义中国化新的飞跃。这一思想作为马克思主义中国化最新成果,是引领中国、影响世界的思想火炬。

从党的十八大开始,中国特色社会主义进入新时代。党领导全国人民实现了第一个百年奋斗目标,开启实现第二个百年奋斗目标新征程,朝着实现中华民族伟大复兴的宏伟目标继续前进。作为中国共产党人行动指南和宝贵精神财富,作为实现中华民族伟大复兴中国梦的精神支柱,加强执政党建设的重要指南,毛泽东思想仍然是中国共产党必须高举的伟大旗帜和指导思想,仍然具有重要的时代价值和指导作用,永远闪耀着时代的光芒。

习近平总书记指出:毛泽东思想教育了几代中国共产党人,它培养的大批骨干,不仅在新民主主义革命、社会主义革命、社会主义建设时期发挥了重要作用,也为新的历史时期开创和建设中国特色社会主义发挥了重要作用。毛泽东同志的重要著作,有许多是在新民主主义革命时期和社会主义革命和建设时期写的,但仍然是我们必须经常学习的。这不但因为历史不能割断,如果不了解过去,就会妨碍我们对当前问题的了解;而且因为这些著作中包含的许多基本原理、原则和科学方法,是有普遍意义的,现在和今后对我们都具有重要的指导作用。邓小平曾说,毛泽东思想这个旗帜丢不得,丢掉了实际上就否定了我们党的光辉历史;任何时候都不能动摇高举毛泽东思想旗帜的原则,我们将永远高举毛泽东思想的旗帜前进。①

党的二十大报告指出:推进马克思主义中国化时代化是一个追求真理、揭示真理、笃行真理的过程。坚持和发展马克思主义,必须同中国具体实际相结合,必须同中华优秀传统文化相结合,开辟马克思主义中国化时代化新境界。新时代坚持毛泽东思想,深刻领会毛泽东思想的时代价值、当代价值和精神实质,认真学习和运用它的立场、观点、方法来研究实践中出现的新情况,解决新问题,对于我们深刻认识习近平新时代中国特色社会主义思想的历史地位,深刻领悟"两个确立"的决定性意义,增强"四个意识"、坚定"四个自信"、做到"两个维护",牢记"国之大者",把我们党建设好,把中国特色社会主义伟大事业继续推向前进,依然都具有十分重要的历史意义和现实意义。

① 参见习近平:《论中国共产党历史》,中央文献出版社2021年版,第55页。

第一章　对党的建设的探索

　　"领导我们事业的核心力量是中国共产党"。为建立一个马克思主义的政党,毛泽东进行了一系列探索,重走萍浏醴起义之路,在醴陵文庙甲种师范讲习所,派遣干部到醴陵、攸县、株洲、茶陵、鄞县等地,水口主持连队首次建党,"军魂"在连队落地生根。指导根据地时期株洲党的地方组织建设,鼓励宛希先在茶陵编写《共产党组织根本原则》,探索党的组织建设。株洲为毛泽东关于党的建设思想的初步形成提供了试验田与实践地。围绕"怎样做一个共产党员""建立一个什么样的党"等问题加强党的建设,一代代中国共产党人进行了不懈探索。进入中国特色社会主义新时代,以习近平同志为核心的党中央围绕强国大业加强党的建设,继续推进党的建设新的伟大工程,确保党在新时代坚持和发展中国特色社会主义的历史进程中始终成为坚强领导核心。

第一节　思考湘赣边,考察萍浏醴起义

　　20世纪20年代初,青年毛泽东历经对时局的观察、思考与磨砺,来到了道路选择的分叉口——是扯起造反的旗帜去实现社会主义与共产主义,还是通过别的途径实现"改造中国与世界"呢?"湖南自治"运动的最终流产,把青年毛泽东逼上梁山。

　　1920年,毛泽东在长沙担任湖南省立第一师范学校国文教师、附属小学

主事,但他把主要精力放在从事社会活动中。1920 年驱张(敬尧)运动取得胜利后,毛泽东和新民学会会长何叔衡、彭璜等发起和大力推进湖南自治运动。1920 年 8、9 月间,"湖南自治"的舆论声势已成。毛泽东运用在湖南《大公报》做特约记者的身份,对"湖南自治"进行了一系列理论层面和操作层面的探索。9 月 3 日,他在《大公报》上,发表《湖南建设问题的根本问题——湖南共和国》一文,提出先分省自治,后解决全国总建设的观点。"湖南共和国"是一个惊世骇俗、违经背道的观点,一时间,长沙城内,乃至全省都闹得沸沸扬扬。在不到 5 个月时间内,他发表了 15 篇文章,从不同的侧面、角度,从理论上阐明湖南人民自治运动有其发生的历史必然。

身在"庙堂"者与身在"江湖"者,首先在由谁主持"自治"上发生了根本的分歧。主政湖南的谭延闿等,搞的是官办自治:为操控"自治"的主动权,于 9 月 13 日召集"自治会议",决定由省政府和省议会各推举若干人草拟一部"省宪法",然后召开制宪会议。"在野"的毛泽东、彭璜、龙兼公他们则搞"民办自治",起草了《由"湖南革命政府"召集"湖南人民宪法会议"制定"湖南宪法"以建设"新湖南"之建议》的文件,其中提出了一个要害问题:人民宪法会议代表,必须实行直接的平等的选举;由人民宪法会议制定宪法,根据宪法产生正式的湖南议会、湖南政府以及县、区、乡自治机关。这个文件 10 月 5 日至 6 日在《大公报》上公开发表后,签名支持者达 377 人,几天后增加到 436 人。在毛泽东等的组织下,10 月 10 日,长沙近两万群众冒着大雨上街游行。到达督军府门前时,省学联主席彭璜等代表向谭延闿递交了毛泽东等起草的《请愿书》,要求迅速召开人民制宪会议。在省议会门前,出于对包办"制宪"的不满,还有人扯下了省议会的旗帜。

"谁主沉浮?"谭延闿在接下了《请愿书》后,对其中所提各项要求断然拒绝。而 11 月下旬挤走谭延闿而成为湖南实际统治者的赵恒惕,面对"草根"们更是只有一张阴沉铁青的脸。无论谭还是赵,都不会放弃"制宪权"。赵恒惕们知道毛泽东是"草根"们的旗手,先得镇住他,便把"扯旗"之事加在毛泽东头上,接着,又造谣说毛泽东想运动军队,以捣毁省议会。警察厅随即把毛泽东召去诘问,还对彭璜发出通缉布告,想借此造成一种高压恐怖气氛,让"草根"们知难而退。

毛泽东们成了赵恒惕心上的"刺儿头"。毛泽东们心目中的"湖南自治"运动失败了!

无情的事实迫使毛泽东冷静下来。他似乎也有些心力交瘁,他告诉朋友,"我的生活实在太劳了"。让湖南摆脱"南""北"战争的蹂躏,是全省上下共同的心愿,但为什么就不能让民众通过自治得到一定的权利呢?难道是自己最初的选择错了吗?

1920 年 11 月 21 日,毛泽东在通俗教育馆对其学生张文亮说道:"从孔夫子到孙中山,我们应当给以总结,承继这一份珍贵的遗产。我不日将借休假之机赴醴陵(株洲、萍乡)考察教育。"①选择这几个地方考察,据毛泽东1965 年重上井冈山时与时任湖南省委书记张平化谈话时回忆,是因为 1906 年爆发的萍浏醴起义对他的影响很深,当时,自己还只有 13 岁,在韶山听说这次起义失败了,很多革命者被屠杀,当时极为震惊。因此,1920 年 11 月,趁寒假考察教育的机会,到株洲、醴陵、萍乡深入了解那次农民起义,探寻其失败的历史原因。

21 日,毛泽东动身经株洲,到达醴陵。他决定沿着萍浏醴起义之路,再一次深入考察思考……

在醴陵,毛泽东停下匆匆的脚步,对醴陵进行考察,这也有机会让一直致力于湖南自治运动的毛泽东卸下包袱,真真切切地体会与观察百姓民生。醴陵向来民风强悍,是反抗封建激烈的地区之一,哥老会首领马福益祖籍湘潭,随父迁到醴陵居住,后成为长江中下游地区最有影响的会党首领。1904 年,华兴会在长沙起义失败。次年,马福益英勇就义,会党组织没散,马福益的旧

① 中央团校青运史研究室:《青运史研究》,1981 年第 7 期。

萍浏醴起义旧址——麻石街

部龚春台准备重新起义。1906 年春,同盟会会员刘道一等从日本回到湖南,
联络会党、安源矿工。龚春台等积极响应,准备萍浏醴起义,活动机关设在萍
浏醴交界的麻石冲。不到数月,会众发展到近 2 万人。是年 10 月,清军进攻
麻石,12 月 6 日,刘道一、龚春台率会众 2 万余人,头裹白布,高举"官逼民反"
"灭满兴汉"的旗帜,一举占领萍乡县上栗。起义军定名为"中华国民军南军
革命先锋队",龚春台任都督,提出"平均地权"的要求。这次起义因湖南巡抚
岑春蓂的"剿杀"失败,但它是同盟会成立后第一次大规模的反清武装起义,
震惊中外。萍浏醴起义是中国同盟会领导下的江西萍乡、湖南浏阳、醴陵地区
会党和矿工发动的反清武装起义,这次起义虽然失败了,但沉重地打击了清朝
的反动统治,因而成为辛亥革命的一次重大预演。醴陵也是打军阀、破迷信、
宣传马列主义最早的地区之一。早在 1916 年,醴陵栗山坝进步青年王力天、
朱孜奢等人,在家乡栗山坝创办了开元小学,以"开新知识,破旧习俗,救国救

民"为宗旨,进行教育改革。在醴陵,毛泽东看到,尽管老百姓从封建社会解脱出来,但还是未能得到自由与解放,仍然被封建军阀、资产阶级压迫着,老百姓还生活在水深火热、民不聊生之中。毛泽东望着沿途景象,陷入深深的思考——妄图与反动军阀谈民主自治走不通,只能依靠工人阶级与农民阶级,走上共产主义的斗争之路……

11月22日夜幕降临后,从醴陵坐火车来的毛泽东提着简单的行李,出了萍乡火车站。他穿过石板铺就的街道,来到城郊找了一间私人小旅馆住下。这家小旅馆,给了毛泽东"思考"的环境。

毛泽东到萍乡后,听到了一个新鲜的名字——"吃磨饭"。原来,1920年冬,萍乡许多农户无粮过年,一些胆大的庄稼人便开始酝酿去财主家"吃磨饭"。先是长兴馆姚满嫂秘密串通300余户数千人,突然聚集到财主罗老四家,不吵不闹,不打不骂,就是等饭吃,吃饱了便一哄而散。接着坪埠里彭、杨、陈家,南门张、李、姚家及城内大店铺均被吃过"磨饭"。在赤山桥、长睦岭、神童岭、担米岭、蝇头岭等地农村,以何冬古、何增茂、罗秋荷、何奶巴子等人为头领,发动男女老少三四千人,分头到当地财主家"吃磨饭"。一时间,萍乡"吃磨饭"成风,吃得贫苦农民喜形于色,"磨"得财主豪绅叫苦不迭。

11月25日和26日两天,是冷雨淅沥的日子,毛泽东夜不能寐。他思考了许多,结论和想法也清晰起来,似乎如鲠在喉,不吐不快。于是披衣起床,将带来的新民学会会员从各地的来信拿出来,一封一封重新阅读,并挥笔一一回复来信者[①]。在这8篇回复新民学会会员的信函中,毛泽东着重对即将成立的中国共产党命什么名、举什么旗的重大问题,进行深入思考和明确回答。在给向警予写信时,毛泽东联系湖南"自治运动"失败的教训,思考着社会改造的新途径,不由得吐露心声:"几个月来,已看透了,政治界暮气已深,腐败已

---

① 中共中央文献研究室:《毛泽东年谱修订本(1893—1949)》上卷,中央文献出版社2013年版,第69页。

甚,政治改良一途,可谓绝无希望。吾人惟有不理一切,另辟道路。"①同一天,他还分别向欧阳泽、罗章龙、李思安、张国基等在国外的新民学会会员写信,谈到组建比新民学会更严密的政治团体之事。在写给欧阳泽的信中,毛泽东说:新民学会现在尚没有深固的基础,在这个时候,宜注意于固有同志之联络砥砺,以道义为中心,互相劝勉谅解,使人人如新生的兄弟姊妹一样。然后进而联络全中国的同志,进而联络全世界的同志,以共谋解决人类各种问题。在写给张国基的信中说湘人往南洋"应取世界主义,而不采殖民政策。世界主义,愿自己好,也愿别人好,质言之,即愿大家好的主义。殖民政策,只愿自己好,不愿别人好,质言之,即损人利己的政策"②。

在连复好友加同学罗学瓒的信中,毛泽东很有哲理地说道:"感情的生活,在人生原是很要紧,但不可拿感情来论事。以部分概全体,是空间的误认。以一时概永久,是时间的误认。以主观概客观,是感情和空间的合同误认。四者通是犯了论理的错误。我近来常和朋友发生激烈的争辩,均不出四者范围。我自信我于后三者的错误尚少,惟感情一项,颇不能免。惟我的感情不是你所指的那些例,乃是对人的问题,我常觉得有站在言论界上的人我不佩服他,或发见他人格上有缺点,他发出来的议论,我便有些不大信用。以人废言,我自知这是我一个短处,日后务要矫正",信中他还反对"以资本主义作基础的婚姻制度",倡导自由恋爱,主张组织一个"拒婚同盟",实践"废婚姻"③。在给李思安的回信中,他提出了"另造环境"一法。"另辟道路""另想办法""旗帜立起",具体所指是什么?当为他之后不久在编辑《新民学会会员通信集》第二集时,在写给易礼容信后的按语中,进行了直白的解说:"必须从事根本改

---

① 中共中央文献研究室:《毛泽东年谱修订本(1893—1949)》上卷,中央文献出版社 2013 年版,第 70 页。

② 中共中央文献研究室:《毛泽东年谱修订本(1893—1949)》上卷,中央文献出版社 2013 年版,第 71 页。

③ 中共中央文献研究室:《毛泽东年谱修订本(1893—1949)》上卷,中央文献出版社 2013 年版,第 71 页。

造之计划与组织,确定一个改造的基础,如蔡和森主张的共产党。"①

的确,毛泽东倾注心血多年的新民学会还是一个比较松散的进步青年的学术团体,到 1920 年冬,他决定在此基础上提炼出一个更清纯的政治团体——以宣传主义并为之奋斗的团体。他从过去赞成胡适"多研究些问题"而转向"多谈些主义"。他又写信给罗章龙,说:"中国坏空气太深太厚,吾们诚哉要造成一种有势力的新空气,才可以将他斟换过来。我想这种空气,固然要有一班刻苦励志的'人',尤其要有一种为大家共同信守的'主义',没有主义,是造不成空气的。我想我们学会,不可徒然做人的聚集,感情的结合,要变为主义的结合才好。主义譬如一面旗子,旗子立起了,大家才有所指望,才知所趋赴……"②

一路东行,一路写信,这些信表明毛泽东的政治立场发生了根本性的改变,最重要的是他开始确立他的人生之路,这发生在他快 27 岁的时候,而一旦他确定要走这条路,他就变得如此坚定,并将在这条路上走一辈子,奋斗一辈子,这将是他个人的成功之路,也将是中国人的成功之路、民族的成功之路,更是中华民族由偃伏到奋起,由羸弱到强盛的路。

月底,毛泽东带着思考的成果,也带着对自己 27 岁(1920 年 12 月 26 日是他的生日)的展望离开萍乡,回到长沙,掀开了他的革命人生光辉一页。从此,毛泽东抱定中国共产党必须紧紧依靠农民阶级、工人阶级进行革命并能够取得革命胜利的信仰,正如他后来在《湖南农民运动考察报告》中所得出的一条重要论述——"一切革命同志须知:国民革命需要一个大的农村变动。辛亥革命没有这个变动,所以失败了。现在有了这个变动,乃是革命完成的重要

---

① 中共中央文献研究室:《毛泽东年谱修订本(1893—1949)》上卷,中央文献出版社 2013 年版,第 71 页。

② 中共中央文献研究室:《毛泽东年谱修订本(1893—1949)》上卷,中央文献出版社 2013 年版,第 70 页。

因素。一切革命同志都要拥护这个变动,否则他就站到反革命立场上去了。"①

第二节　醴陵演讲播"火种",星火燎原株洲大地

一代伟人毛泽东是中国人民的伟大导师,更是株洲人民的革命导师与马克思主义在株洲地区的"播火者",他大力宣传马克思主义,在湘东大地播撒真理的"火种",为株洲地区进步青年与革命者、为株洲人民树起了马克思主义的思想旗帜……

始建于汉平帝元始三年的醴陵文庙(孔庙),为历朝历代办学育人的学府。千百年来,从这个圣坛修炼出了一拨又一拨维护封建礼教和伦理道德的达官学士。1921 年 7 月,历史翻开了新的篇章,中国革命新的航程从此开始扬帆起航。1922 年 5 月,毛泽东来到醴陵,一缕曙光照进了醴陵文庙甲种师范讲习所,将这个学府逐渐演变为传播马克思主义思想理论的基地,孕育革命火种的摇篮。从此,这里走出了一批批忧国忧民、信仰共产主义的热血青年。

回望百年征程,毛泽东在株洲、在醴陵播撒革命火种的情形犹在眼前。1921 年 8 月,毛泽东、何叔衡参加党的一大后返回湖南,寓居长沙船山学社。船山学社是传播 17 世纪伟大思想家和经史学家王船山学术思想和爱国、爱民族思想的讲舍,影响了很多进步人士。为了培养党的干部和掩护革命活动,毛泽东就与时任船山学社社长的贺民范商量,利用社址和经费于 1921 年 8 月 16 日创办了湖南自修大学。该大学以"研究马列主义,注重社会实践"为办学宗旨,传播马列主义理论,注重对中国革命问题的研究,培养学生的民族独立思想和革命精神,引导学生在实际斗争中增长才干,为共产党早期培养了

---

① 《毛泽东选集》第 1 卷,人民出版社 1991 年版,第 16 页。

大批人才,是共产党人对传统教育改革的尝试,积累了丰富的办学经验。在自修大学,毛泽东着力在学生中的优秀分子或进步工人发展党员,1921年10月10日成立中共湖南支部时,学员郭亮、夏曦、易礼容、陈子博、彭平之等是最早一批党员。1922年,毛泽东亲自培养发展醴陵籍学生刘义加入中国共产党。1923年11月,湖南自修大学遭到军阀赵恒惕政府的查封,之后学生大部分转入毛泽东任校董的湘江学校继续学习。湖南自修大学虽然只存在两年零三个月的时间,但其作为中国共产党历史上第一所研究、传播马克思主义,培养革命干部的新型学校,学员最多达200多人,成为湖南人民革命的大本营,这在湖南乃至全国革命进程中占有重要的地位,被誉为"革命策源地"。

1921年10月,在长沙城外的协操坪丛林里,毛泽东、何叔衡主持开会,毛泽东向与会者介绍了中国共产党第一次代表大会情况及其党纲、决议,宣布成立中国共产党湖南支部。毛泽东被选为支部书记,何叔衡、易礼容为支部委员。会议决定把发展党的组织、组织工人队伍、领导工人运动和培训干部作为支部当前主要任务。中共湖南支部是中国共产党成立后的第一个省级党组织。它的成立,使湖南人民的革命斗争有了坚强的领导。中共湖南支部一成立,就决定把发展党的组织、组织工人队伍、领导工人运动和培训干部作为支部当前主要任务。为了宣传马克思主义,为了在湖南发展先进分子入党,毛泽东奔赴湖南各地学校、报社、工厂调查、演讲,与其中的先进分子中交朋友、做工作。1922年5月,中共湘区执行委员会正式成立,毛泽东任书记。中共湘区执行委员会是中国共产党成立后的第一个省级区委。在毛泽东的领导下,中共湘区执行委员会组织了轰轰烈烈的工人运动。

安源煤矿是中国工人运动的摇篮。1906年建成投产后,13000多工人中,湖南籍的占了70%。因此,这里也就与湖南"血脉"相连了。为此,毛泽东把这里作为革命活动基地。1921年11月,李立三因参与中国留学生占领里昂大学行动被法国政府驱逐回国。在上海,李立三经陈独秀介绍加入中国共产党。12月下旬,受总书记陈独秀的派遣,李立三拿着陈独秀开具的中共中央的介绍信赶到了湖南长沙,在小吴门外清水塘22号找毛泽东接头。当时,毛泽东正伏案疾书,杨开慧见有客来,即向毛泽东通报。毛泽东起身出迎,说:"洞庭有归客。"李立三随即应对:"潇湘逢故人。"①两人相视大笑。根据陈独秀当时派李立三回湖南从事工人运动的决定,毛泽东遂决定派李立三以"平民教育"名义并以"湖南省劳动组合书记部"(工会办事处)代表的身份前往安源负责开办工人补习学校,成立安源路矿工人俱乐部和党组织,发动组织工人开展工人运动。毛泽东当时把安源选为湖南工人运动的重点是经过认真考虑的,意义非凡。

醴陵与安源相邻,是长沙去安源的必经之路,毛泽东在对李立三作"回老家探亲访友时相机行事"指示时,就交代李立三要把醴陵作为传播马克思主义的重点地区,嘱咐李立三回老家探亲访友时相机行事,为醴陵今后发展党的组织作准备。源于此,在那一历史时期,李立三经常来往于长沙、安源、醴陵之间。毛泽东通过李立三的介绍,对醴陵的情况有一定的了解。

1922年春节,李立三回醴陵探亲,遵照毛泽东"回老家探亲访友时相机行事"的指示,来到了母校——醴陵县立中学,看望恩师张啸霞,并向张啸霞介绍马克思主义理论与俄国十月革命,及国内的革命形势。张啸霞听了门生阐述的马克思主义理论与国内外革命形势发展的观点,十分欣赏与赞同,并告诉李立三:"县里不少同仁希望提高师资质量,培养人才,劝学所教育评议会决定开办醴陵甲种师范讲习所,要我任所长,现正在招聘教师,希望立三能推荐有革命思想的同行来任教"②。李立三随即回长沙向毛泽东汇报。毛泽东获知情况后,认为这是向醴陵传播马克思主义的绝好机会,即派陈章甫来醴陵应

---

① 中共株洲市委办公室、中共株洲市委党史工作办公室:《李立三的传奇人生》,《株洲红色印记》,中共党史出版社2012年版,第295页。
② 醴陵市档案史志局:《中国共产党醴陵历史》第一卷(1919—1949),湖南人民出版社2011年版,第17页。

聘。陈章甫来讲习所后,便建议张啸霞革新教学内容与方法,开设马克思主义学说,同时建议订阅《向导》《新青年》《改造》等革命书刊,以启迪师生,开阔视野,接受新思想、新观念,张啸霞一一认允。源于陈章甫的到来,在张啸霞的支持下,醴陵甲种师范讲习所发展成为中共湘区委员会在湘东地区的第一个传播马克思主义的基地。

为了贯彻毛泽东的指示,李立三致信醴陵甲种师范讲习所张啸霞继续讲述革命形势,并在信中告知,毛泽东将于5月来该讲习所参观。1922年5月的一天,毛泽东偕夫人杨开慧在李立三的陪同下,从长沙出发前往安源视察工人俱乐部、检查工作,给工人鼓气与指导下一步工人运动如何开展。途经醴陵时,毛泽东风尘仆仆专程来到了醴陵甲种师范讲习所。

醴陵文庙

毛泽东这次来醴陵,顾不上休息,也顾不上了解太多情况。第二天,在文庙大成殿教室,人头攒动,讲习所全体师生和部分县立中学、县立女校师生近百人集会,讲台上悬挂着"欢迎毛先生演讲"的红底白字横幅。会场气氛热烈,不时地爆发出一阵阵掌声。毛泽东为醴陵甲种师范讲习所与醴陵县立中学、县立女校部分师生现场作题为"阶级和阶级斗争"的长篇演讲,着重阐述马克思主义关于阶级和阶级斗争学说的理论①。

毛泽东联系中国社会的实际情况,深入分析了当时社会的状况:现在人们分为两类:一类是压迫剥削劳动人民的压迫阶级——统治阶级;另一类是被剥削、被压迫的阶级——被统治阶级,这两个阶级阵营必然存在着你死我活的斗争。马克思主义的理论与俄国十月革命的实践证明,工农劳苦大众要团结起来,进行革命斗争,以"推翻资本家阶级政权",打倒压迫阶级,直到"消灭阶级社会的阶级区分",消灭资本家的工厂,没收其生产资料"归社会公有"。毛泽东进一步指出:依据中国的社会现状,只有马克思主义才能救中国。马克思主义理论是我们进行阶级斗争的武器,是指导中国革命走向胜利的指南。为了让大家听得更明确、更具体些,毛泽东还就中国革命怎样进行下去,中国革命的性质、任务和方法是什么,作了详尽的阐述,进行了深入浅出的分析。

最后,毛泽东用他那浓厚的韶山乡音,习惯地往前挥动着右手,大声疾呼:"我们要做有理想有志气的革命青年,要学习马克思主义,把握自己的命运前途,与广大工农革命群众团结起来,与压迫、剥削阶级作坚决的斗争,中国革命斗争的胜利一定会属于人民!"②

这次讲演长达近3个小时,师生们听了非常激动,深受鼓舞。如同在污浊

① 中共中央文献研究室:《毛泽东年谱修订本(1893—1949)》上卷,中央文献出版社2013年版,第93页。

② 中共株洲市委办公室、市委党史工作办公室:《记毛泽东在醴陵甲种师范讲习所演讲》,《株洲红色印记》,中共党史出版社2012年版,第3页。

的空气中,突然呼吸到一缕清新的空气,是那么心旷神怡,精神振奋;如同在茫茫大海中看到了灯塔,是那么备受鼓舞,看到了中国未来新的希望。毛泽东的这次演讲,把马克思主义思想理论在醴陵的传播活动推向了高潮,他的声音久久回荡在湘东大地上空。

毛泽东在甲种师范讲习所传播马列主义,大大激发了醴陵各界爱国进步知识分子的政治觉悟,培养了一批积极分子。如在该所执教的教师冯又村,后来受聘到开元小学任教,也常把毛泽东在甲种师范讲习所写有"全世界无产阶级团结起来"题字的纸扇带在身边,并展示给同行们欣赏。他张口便宣传毛泽东所阐述的马克思主义阶级斗争学说与革命理论,使大家耳目一新。他还与老师们订阅《向导》《新青年》《马克思主义 ABC》等进步书刊,并自发组织成立醴陵第一个"马克思主义学习小组",开展一些反抗当局的秘密活动。

在县立中学学习的陈恭、左权、蔡升熙、宋时轮等醴陵籍学子,接受毛泽东传播的马克思主义洗礼,在李立三的帮助下,组织了"社会问题研究社",创办了《前进》周刊。这些社团的成立和刊物的创办,都是毛泽东撒播革命"火种"的结果。研究社从 1923 年秋建立到 1927 年"马日事变"后,被迫解散,先后发展成员 60 多人,其中有陈恭、陈觉、左权、宋时轮、李隆光、蔡升熙、姚伯勋等10 多人加入中国共产党,20 多人加入共青团,6 人进入黄埔军校①。他们当中大都成为投身大革命的斗争骨干,在后来的斗争征程中,左权、蔡升熙、宋时轮等锤炼成为我们党和人民军队的高级干部和军事将领。

醴陵文庙甲种师范讲习所在传播马克思主义的过程中,尽管反动守旧势力倒行逆施,进行了种种阴谋破坏,张啸霞与一些老师被调职,但革命烈火不但没有被扑灭,反之,毛泽东所传播的马克思主义革命火种,越烧越旺,迅速蔓延成燎原之势。1924 年 11 月,醴陵县第一个党的组织——中国共产党醴陵县特别支部(简称特支)在开元学校成立,李石溪任特支书记,隶属中共安源

①　醴陵市档案馆:《中国共产党醴陵历史》第一卷(1919—1949),湖南人民出版社 2011 年版,第 69 页。

地执委领导。从此,醴陵出现了完全新式的,以马克思列宁主义为行动指南的,以实现社会主义和共产主义为奋斗目标的统一的无产阶级政党组织。

时光荏苒,日月如梭。历史的年轮虽已碾过整整近百载,毛泽东在大成殿演讲的振聋发聩之声仍不绝于耳。现在的文庙,已旧貌换新颜,它的前坪拓展为广场,面积约 6000 平方米,成为体育活动场地和集会场所。1982 年,文庙大成殿被列为醴陵市文物保护单位,2019 年 2 月,被列为湖南省文物保护单位。

第三节 水口主持连队首次建党,
"军魂"在连队落地生根

叶家祠,位于炎陵县水口镇水南村,是当年在水口亲历人生政治生活中最大转折的平江籍开国中将赖毅①魂牵梦萦的红色圣地。1977 年 6 月 28 日,在井冈山革命根据地创建 50 周年之际,时任南京军区副政委的赖毅,借协助"八一"电影制片厂拍摄《革命摇篮井冈山》纪录片之机,来到了当年自己入党、毛泽东亲自主持连队建党旧址——水口叶家祠,重温当年感人至极的场面。在叶家祠门口,赖毅久久地注视着大门上方的一块横匾"毛泽东同志主持连队建党旧址"十三个大字,激动得喃喃自语:"毛主席啊! 您是我们的大救星。"

陪同人员跟随着赖毅踏进门槛,径直往里走。经过一个天井,顺着楼梯,大家来到了阁楼上。只见赖毅用微微颤抖的双手,轻轻地抚摸着件件当年留下来的珍贵文物,大家的思绪仿佛随着他回到了当年毛泽东带着他们宣誓的场面中。片刻,陪同人员似乎才醒悟过来问:"首长,现在这里的文物有无不当?"赖毅指着马灯和四方八仙桌,作了肯定的回答,同时他又将陈列的几条长凳仔细端详了一番说:"这几条板凳是这样摆着的。"之后,赖毅记忆犹新地

---

① 赖毅(1903—1989),湖南省平江县人,1927 年加入中国共产党。曾任工农革命军第一军一师一团班长、排长、红五军团团政治委员、华东军区干部部第一副部长,南京军区政治部副主任、副政治委员等职。1955 年被授予中将军衔。

说:"你们到南京来采访我的时候,把地图、模型都带来了。你们反映说江西的同志认为是永新的水口,我肯定说是酃县的水口。我在水口入党前填表的时候还写了'酃县'两个字。这个祠堂那时比较破烂,只住了一户人家,当时入党是秘密的。"①29 日上午,赖毅在给县革委会全体工作人员作了革命传统教育报告后,还高兴地在陈列馆题写了"毛主席主持连队建党的旧址水口叶家祠"。赖毅给陪同人员娓娓道来当年毛泽东主持连队建党,亲自发展并领着自己等 6 名工农出身的战士骨干入党宣誓带来的光荣往事,把人们的思绪带到那一伟大的时刻,揭开了毛泽东水口主持连队建党伟大历史事件的面纱,印证了叶家祠真真切切为毛泽东亲自主持我军首次连队建党、亲自领着工农出身的骨干战士集体宣誓入党、人民军队建党开先河的红色发源地。

党从成立之初就重视对军队的绝对领导。大革命时期,中国共产党就开始注意对国民革命军的影响和领导,着手在北伐军中建立党的组织。但是,如何在军队中建立行之有效的党组织,并不是一开始就清楚的。国共合作时,在周恩来的直接领导下组建的党掌握的唯一一支武装——叶挺独立团,尽管成立了党的组织,但实行的是"每团只有一个支部"。军队中设立党组织,这在其他军队中是从来没有过的,对共产党而言,也是第一次。但这种做法也有不足,连一级没有党的组织,难以直接掌握士兵,团一级虽然设了党的组织,却不易掌握部队,因此也没有实现党的统一领导。正如毛泽东所言:"每团只有一个支部,故经不起严重的考验。"②

严重的考验在大革命失败后接连而至。国民党反动派撕下伪装,举起屠刀,对共产党和革命群众下手了。中国共产党只能拿起武器,在各地发动了武装起义。南昌起义时,各军、师设立政治部,在团这一级建立了中国共产党的支部,在营这一级建立了党的小组,加强党对军队政治工作和宣传工作的指导。但由于参加起义的部队主要是倾向革命、反对蒋介石屠杀工农政策的叶

---

① 吴晨:《赖毅:由毛泽东领着入党的开国中将》,《湘潮》2019 年第 6 期。
② 《毛泽东选集》第 1 卷,人民出版社 1991 年版,第 65—66 页。

挺、贺龙所部,基层单位没有相应的党组织,党对军队的控制能力比较弱,打胜仗时可能看不出来,一旦部队分散行动或遭受挫折,问题马上就会暴露。起义部队南下潮汕失败后,留在三河坝的朱德所部尚有 2500 人。由于作战失利,生活艰苦,官兵思想十分混乱。部队转移途中,每天都有逃亡现象,包括一些师长、团长甚至党代表,也先后不辞而别。朱德等领导人十分着急,天天在官兵中做工作,仍无法解决问题,最后这支队伍跑得只剩下几百人。

湘赣边界秋收起义是其中比较大的一次,但这次起义最终并没有达到预期目的。在这样的紧急关头,毛泽东当机立断,改变原有部署,让所有起义部队退往文家市集中,继而向罗霄山脉进发。南撤途中,病号又多,士气低落,思想混乱,组织涣散,不少人对革命前途感到迷茫,信念产生了动摇,官兵大批逃亡。过去在旧军队里,如果遇到这种困境肯定早就散伙了,罗荣桓回忆当时的情景曾感慨地说:"那时候,部队即使不溃散,也可能沦为流寇。"赖毅回忆当年的情况时就说道:"毛泽东带领部队从文家市上井冈山,战士的情绪低落,特别是芦溪受挫以后,开小差的几乎天天都有。那个时候,逃跑已经变成了公开的事情,投机分子甚至都公然地互相询问,'你走不走?''你准备往哪儿去?'当时革命队伍可以说随时都面临着严峻的考验。"①从这些情况中可以看到,正是因为没有共同的理想和坚定的信念,这支刚刚组建不久的工农革命军,在经历了严重的挫折之后,便如一盘散沙,无法凝聚,革命的前景究竟在哪里? 又如何去实现呢?

作为湘赣边界秋收起义党的前委书记,毛泽东必须考虑怎样才能保住和把握住这支革命武装,这是党革命的本钱。行军路上,毛泽东带着脚伤一路调查研究,一路观察思索,部队中管理体制上的种种问题,必须对症下药地采取变革措施加以解决,寻找解决问题的办法。陈士榘回忆毛泽东当时说:"我观察过,凡是拥有一定数量党员的连队士气就高,作战英勇,长官也能得到有效

---

① 赖毅:《毛委员在连队建党》,《回忆毛主席》,人民文学出版社 1977 年版,第 106 页。

的民主监督。"①尤其对何挺颖任党代表的连队印象深刻。这个连党员多,注重发挥党员积极作用,基本没有逃兵。毛泽东多次找何挺颖谈话,听取意见。何挺颖说:我看要从军队的党组织去考虑。部队党组织太少,党员人数也不多,这样就抓不住士兵。他认为,工农革命军的士兵,不能再像军阀队伍那样受到军阀主义的压迫了。当时,工农革命军当中还是有官兵待遇不平等,官长可以打骂士兵的现象,士兵在平时也没有一点说话的权利。那么要使共产党的军队与旧式军队有着本质的区别,就必须要彻底改变现状,就必须紧密团结士兵群众。行军途中,毛泽东不时与士兵们交流谈心,问他们在家是做什么的? 怎样参加革命队伍的? 问他们对革命的认识,对目前形势的看法。对此,赖毅深有感触地回忆到—— 一天,在向茅坪出发的一次行军路上,赖毅看见头发很长的毛泽东站在路边,先是和气地向他点头,然后同他走在一起,随便拉话。"你是赖玉生同志?""是呀,你怎么晓得我的名字?""这还不知道,听说你在家乡搞过工会?"听毛泽东提到工会,赖毅兴奋起来,立即把自己在平江老家当造纸工时加入纸业工会的情形说给毛泽东听。"你知道共产党,唔,这还不错。"毛泽东的话音中带有几分赞许。随即又问:"有的人认为革命的失败大局已定,打起了退堂鼓。玉生同志,你是怎样想的?"赖毅感受到了一种诚挚的信赖,没有多加思索就回答道:"这些人就是没得眼水(方言,目光的意思),看到打了几个败仗,就以为革命没指望,长蛇溜地皮了,这才是真正的软骨头。""你讲得对!"毛泽东的语气激昂起来:"失败是成功之母嘛。贺龙两把菜刀能够起家,我们有这么多人,以一当十,以十当百,还愁搞不起来?"他拍了拍赖毅的肩膀说:"好! 革命就需要你这样的骨干。别看今天我们人不多,又吃了败仗,但我们是人民的队伍,是革命的火种,终究要燃起冲天大火,把红旗插遍全中国。"②

---

① 丁仁祥:《三湾改编把支部建在连上》,《人民日报》2017 年 4 月 18 日。
② 胡卫华:《三将军井冈山入党记》,《党史文苑》2007 年第 10 期,第 10—11 页。

9 月 29 日,部队到达永新三湾,队伍只剩下不到 1000 人了。为了解决面临的问题,工农革命军在做好思想工作的基础上,采取自愿原则:愿意继续参加革命的就留下来,想走的则给开具证明、发给路费,在这样的情况下,不少消极悲观、逃避斗争的人都离开了部队。这些都让毛泽东更加深思,革命处于低谷或挫折时总会有人动摇,也使他认识到了党组织在部队基层掌握士兵的重要性。经过反复思考后,他认为:要想使军队拖不垮,只能靠政治建军,在士兵中发展党员,把战斗在一线的优秀士兵吸收到党内,增强党在基层的凝聚力。毛泽东在永新县三湾村的"泰和祥"杂货铺,主持召开前委扩大会议,总结秋收起义的经验教训,分析部队的思想情况,还增补了前委委员,同时针对部队中存在的各种问题,果断地对这支部队进行改编,并确定将党的支部建在连上。把以前一团建一个党支部,改为班设小组,连设支部,营团设党委。但是当时部队中党员较少,士兵中党员更是寥寥无几,加上行军作战,而未能实施。为此,在离开三湾的路上,毛泽东郑重地交代各连党代表,要发展一批工农出身的士兵入党。他自己也利用空隙时间,和战士促膝谈心,交流互动,进行革命前途和共产主义理想信仰的教育,从中发现、考察、培养党的积极分子。

10 月 13 日,部队行军到酃县的水口,这里群众基础好,敌人力量比较薄弱,部队在这里进行了秋收起义以来最长时间的休整。

"报告,被派往宁冈方向放哨的一排人,在排长的带领下全部携枪逃走了。"当时,部队还未来得及进行改造,没有形成党的坚强领导,又接连受挫,因此部队中弥漫着一股消沉的情绪,不少人背弃革命,公开逃跑。"既然他们有心要走,强迫他们留下又有什么用?"毛泽东宽容地对报告者挥挥手说:"天要下雨,娘要嫁人。革命不是请客吃饭,他们要走,就让他们走吧!"①此刻,毛泽东正在聚精会神地给湘南特委写信,要求派人来加强酃县工作的领导,却

---

① 谭希林:《回忆井冈山斗争的几件事》,《井冈山革命根据地》(下),中共党史出版社 1987 年版,第 161 页。

水口叶家祠旧址

发生了上面闹心的事情。他收拾好纸笔,站起身来,吩咐身边的一名干部:"马上通知各连党代表到团部开会。"心情难以平静的毛泽东随意站在窗前,凝视着窗外,无情的秋风,烦人的落叶,勾起了他对艰难岁月的回忆,毛泽东深切地感到连队建党到了刻不容缓的时候。

"报告毛委员,我们来了。"各营连党代表的到来,打断了毛泽东的回忆。毛泽东转过身来说:"进来!我们现在开个会,上次我交代给你们的任务完成得如何?""我依照你常给战士个别谈心的办法,通过个别交谈,发现不少战士出身贫苦,有阶级觉悟。"一营党代表宛希先说:"比如我们一营三连一班班长赖毅,造纸工人出身,他作战勇敢,革命意志坚定,又能吃苦,事事带头,他几次向我提出要求入党,我认为他具备入党条件。""我们三营七连班长鄢辉,我认为符合条件。"营党代表李运启说:"他贫农出身,从农民运动参加农军起,斗争很坚决,起义后历次战斗都很机智勇敢,又能团结帮助战士,也有入党要求。"其他党代表也各自汇报了情况,共提出10余个入党对象名单,多担任班长、副班长等基层职位。会议在各营连代表提名的基础上,讨论通过了刘炎、陈士榘、赖毅、欧阳健、李恒、鄢辉为新党员。毛泽东最后对与会人员说:"大家都知道,部队从文家市到水口,时有逃亡事件发生,昨晚,师长余洒度和三团团长苏先俊又擅自出走。昨天,我还在国民党报纸上看到,南昌起义部队在攻打潮汕时失败,发生这一系列事件的原因是什么? 我反复思考,就是我们完全抓不住士兵的思想,使士兵经不起严重情况下的考验。我们只有把党的基层组织(党支部)与军队的基层组织(连队)紧密联系起来,实行面对面的领导,士兵的政治素质和战斗力才有可能提高,党支部就可以成为连队的坚强战斗堡垒。能做到这一点,别说是个别干部动摇了拉不走士兵,就是九头牛也拉不动士兵。今天散会之后,各连党代表秘密通知入党对象和党员,今晚我们就在叶家祠堂举行新党员宣誓大会。"①

1977 年在叶家祠入党的赖毅给年轻战士上革命传统课

当晚,叶家祠小阁楼里灯火通明,靠北墙边放着一张四方桌,桌上放着一盏小马灯,灯下压着两张下垂的长方形红纸,一张写着弯弯曲曲的"CCP"三

---

① 中共株洲市委办公室、市委党史工作办公室:《毛泽东主持入党宣誓仪式——工农革命军连队首次建党纪实》,《株洲红色印记》,中共党史出版社 2012 年版,第 66 页。

个外文字母,另一张写着入党誓词。楼中间摆着几条长板凳。

吃过晚饭,赖毅和四班班长李恒跟着党代表来到团部驻地叶家祠,上了阁楼,阁楼上放着几条长板凳。此时,屋里已经有不少人了,各连的党代表都来了,其余的大多是各连的班长。毛泽东也来了,正和几个同志低声谈话。等人到齐了,毛泽东走到方桌前庄重地宣布:今晚的会议是举行新党员宣誓仪式。首先,由各连党代表分别介绍新党员的简历。① 当各连党代表每介绍完一个新党员的情况后,阁楼里就响起一阵热烈的掌声。

接着,毛泽东走到坐在最前面的新党员面前,依次逐个进行询问。当毛泽东走到赖毅面前时,赖毅心中既紧张又激动。毛泽东问他:"你为什么要加入共产党?"②

赖毅回答:"要翻身,要打倒土豪劣绅,要更坚决的革命!"

毛泽东连连点头说:"很好,很好。"③

接着,毛泽东指着纸上"CCP"解释说:它念"西西皮",代表中国共产党,并将另一张纸上的入党誓词作了一番解释。④

宣誓开始了。全场庄严、隆重。毛泽东领着赖毅、陈士榘⑤、欧阳健⑥、

---

① 中共株洲市委办公室、市委党史工作办公室:《毛泽东主持入党宣誓仪式——工农革命军连队首次建党纪实》,《株洲红色印记》,中共党史出版社 2012 年版,第 67 页。

② 中共株洲市委办公室、市委党史工作办公室:《毛泽东主持入党宣誓仪式——工农革命军连队首次建党纪实》,《株洲红色印记》,中共党史出版社 2012 年版,第 67 页。

③ 中共株洲市委办公室、市委党史工作办公室:《毛泽东主持入党宣誓仪式——工农革命军连队首次建党纪实》,《株洲红色印记》,中共党史出版社 2012 年版,第 67 页。

④ 中共株洲市委办公室、市委党史工作办公室:《毛泽东主持入党宣誓仪式——工农革命军连队首次建党纪实》,《株洲红色印记》,中共党史出版社 2012 年版,第 67 页。

⑤ 陈士榘(1909—1995),湖北省荆门市人,1927 年加入中国共产党。曾任中国工农红军第 4 军排长、第 3 纵队司令部参谋,第三野战军第 8 兵团司令员、中国人民解放军军事学院训练部部长、政治委员、中共中央军委顾问等职。

⑥ 欧阳健(1902—1932),湖南省华容县人。北伐战争前加入中国共产党。曾任红 4 军第31 团连党代表、第 3 纵队第 7 支队党代表、纵队政治部主任。参加了井冈山和赣南、闽西地区的游击战争。后任红军大队、支队代表,纵队政治委员,师长兼政委,1932 年 3 月 7 日,率红军三十七师在赣州城下血战敌军,不幸头部中弹,壮烈牺牲。

刘炎①、李恒、鄢辉②等6名新党员,举起握着拳头的右手宣读誓词:"牺牲个人,阶级斗争,服从组织,严守秘密,永不叛党……"③洪亮整齐的声音,在简陋的小阁楼里回荡。

随着6名新党员的入党宣誓,中国工农红军的第一个连队党支部正式诞生了。全场活跃起来了,新老党员们互相道贺,互相勉励。毛泽东和颜悦色地对新党员说:"从现在起你们都是光荣的共产党员了,今后要团结群众,多作宣传,多作群众工作,要严格组织生活,严守党的秘密……"④

6名新党员心潮澎湃,默默立下誓言,决不辜负党和毛泽东的辛勤培养和殷切期望,誓将毕生心血献给无产阶级的解放事业。

临散会时,毛泽东反复叮嘱各连党代表:回去后,各连要组建支部,抓紧发展工作。会后,各连都要像今天这样,分批地举行新党员入党宣誓仪式,尽快地把连队支部建立起来。他强调:只有把党的支部建在连上,把党的领导落实到最基层,才有可能提高士兵的政治素质和部队的战斗力。⑤ 当晚,党员最多的一营二连率先成立了党支部。三湾改编时,罗荣桓任特务连党代表,为人民军队最早的七个连队党代表之一。几天后,他在特务连发展8名新党员,也请毛泽东出席入党宣誓仪式。其他连也相继建立起党支部,也举行了类似入党宣誓仪式。

1929年12月,毛泽东主持召开古田会议,会议通过的《纠正党内非无产

---

① 刘炎(1904—1946),湖南省桃源县人。曾任红一军团政治部地方工作部部长、新四军一支队政治部主任、苏北指挥部政治部主任、新四军一师政委等职。

② 鄢辉(1900—?),湖南省沅江市人。曾任红四军三十一团三营八连连长、永新县赤卫大队大队长等职,后在战斗中被打散。

③ 中共中央文献研究室:《毛泽东年谱修订本(1893—1949)》上卷,中央文献出版社2013年版,第222页。

④ 中共株洲市委办公室、市委党史工作办公室:《毛泽东主持入党宣誓仪式——工农革命军连队首次建党纪实》,《株洲红色印记》,中共党史出版社2012年版,第67页。

⑤ 中共株洲市委办公室、市委党史工作办公室:《毛泽东主持入党宣誓仪式——工农革命军连队首次建党纪实》,《株洲红色印记》,中共党史出版社2012年版,第67页。

阶级意识的不正确倾向问题》是整个决议的核心，"它指出了红四军党内存在的单纯军事观点和极端民主化等8种错误思想产生的原因、危害，提出了纠正的办法"。决议规定了红军的性质、宗旨和任务，强调"红军是一个执行革命的政治任务的武装集团"；规定了中国共产党对红军绝对领导的原则，强调必须加强红军中的党组织建设；规定了红军中政治机关和政治工作的地位，强调加强红军政治工作；规定了红军处理内外关系的准则，强调红军必须建立很好的内部和外部关系。其中，关于加强党对红军的绝对领导，决议指出，"党在红军中的组织，担负着军队中政治领导的作用，红军必须实行党委制，每连建设一个支部，每班建设一个小组，这是红军中党的组织的重要原则之一。"红军必须加强各级党组织建设，使党的组织确实成为"领导的中枢""确实能担负党的政治任务"。从此，开始在红四军中全面实行"支部建在连上"，在以后革命征途中发挥了巨大的威力。

工农革命军在水口正式实施"支部建在连上"的决定，使三湾改编提出的"支部建在连队"思想落地生根，体现了"党指挥枪"原则，开启了党对人民军队绝对领导的历史征程，为建立一支无产阶级领导下的新型革命军队奠定了坚实的基础。革命的火种在连队点燃，从此，部队发挥以党支部为核心的战斗堡垒作用，增强了党的凝聚力、向心力、组织力与动员力，确保党的宗旨、路线、方针、政策贯彻到部队的最基层，提高部队的战斗力，从而保证了在任何艰难困苦的条件下，都立于不败之地。毛泽东在总结井冈山斗争经验时，曾经指出："红军所以艰难奋战而不溃散，'支部建在连上'是一个重要原因。"①毛泽东发展工农党员，"支部建在连上"，挽救革命队伍于危难。正如赖毅在回忆文章《毛泽东同志在连队发展党员》中由衷感慨道："不久，连党的支部都建立起来了（在这以前，支部设在团里，各连只有小组）。支部一建立，连队立刻有了灵魂，各种工作迅速地开展起来。支部里当时布置党员做好三件工作，

---

① 《毛泽东选集》第1卷，人民出版社1991年版，第65页。

学习目前的形势；了解群众的思想，解除他们的顾虑；注意培训和发展新党员。我和刘炎编在一个小组，他担任组长，我们差不多每天都要研究一下当天的情况。对革命意志坚定，工作积极，遵守纪律的同志，我们就积极教育他、培养他，然后介绍他入党。这样，群众就更加和我们靠起了。由于支部设在连里，党通过党员和广大群众保持着密切的联系，因而工作十分活跃。连队的政治空气逐渐浓厚，党员的数量逐渐增多，这样真正形成了连队里的核心和堡垒，许多新党员从实际锻炼中成长了，成为连里的领导骨干。在部队撤出茶陵回到井冈山时，毛泽东就把刘炎从副班长提到连党代表的重要位置。而我们的连队，也由于党的基层组织的建立并发挥了作用，变得更加巩固和坚强了。"①

90 多年前，叶家祠的那盏明灯照亮了新党员们的心，照亮了中国革命的道路，指明了中国革命的方向，工农革命不熄的星火在党指引下燃遍赤县神州。90 多年后的今天，叶家祠的那盏明灯依然在照耀着新时代的伟大征程。今天，我们党已经走过百余年的风雨历程，入党宣誓的形式和内容发生变化。但蕴含其中永恒不变的，是我们党为中国人民谋幸福、为中华民族谋复兴的永恒初心和伟大使命。

第四节　指导根据地时期株洲党的地方组织建设

毛泽东在《井冈山的斗争》等文章中指出，军队的党必须帮助地方党，军队的武装帮助地方武装的发展。毛泽东在株洲、在井冈山革命实践中就很好践行了这一光辉思想，有力地指导了井冈山根据地中酃县、茶陵县党组织建设，从而直接推动了井冈山根据地重要组成部分——株洲地区的革命活动，促进了井冈山革命根据地的建设和巩固。

---

① 赖毅：《毛委员在连队建党》，《回忆毛主席》，人民文学出版社 1977 年版，第 108—109 页。

指派谭震林、江华担任茶陵县委、特别区委书记

1927 年 12 月下旬,茶陵县城失守后,茶陵县委书记陈韶带领茶陵县委,谭震林带领茶陵县工农兵政府组成人员(除李炳荣到附近山区开展游击外)与工农革命军一同转移,待毛泽东在湖口追回部队后,陈韶得以第一次与毛泽东相遇。毛泽东犹记得,还在陈韶家夜宿时,陈韶的父母已做好了饭,请毛泽东一起吃饭。陈韶父亲陈秀义、母亲陈雪妹,都是老实巴交的农民。由于劣绅罗定在茶陵"打暴徒",他们全家都逃到深山里,工农革命军进城后方回来,家里被敌人搞得一塌糊涂,什么也没了。毛泽东一行来后,他们夫妇俩一阵张罗,并得到农会和赤卫队的帮助,才弄上顿饭来,毛泽东对于陈韶父母的热情好客,非常感激。席中,毛泽东向陈秀义问及陈韶的情况。陈秀义说:"儿子在城里,一水之隔,却很少回家,现在 22 岁了,却不曾婚配,真是急人呐。"毛泽东说:"男儿志在四方。您老人家就别管他的事了。"[1] 在陈韶家,毛泽东对陈韶有了一定了解,这次在湖口的相见相识,使毛泽东对陈韶尤为赏识,因而湖口挽澜上井冈山后,毛泽东便把陈韶留在前委工作,指派安排谭震林接替陈韶任茶陵县委书记。在谭震林任书记的茶陵县委领导下,茶陵革命形势出现了新的转机。为进一步扩大茶陵的红色区域,1928 年 3 月底,毛泽东派尹宁万到茶陵从事白区工作。尹宁万不畏艰险,日夜兼程,很快即与茶陵县委和游击队取得联系,及时传达了毛泽东的指示:"要把工作做到敌人心脏里去。"[2] 县委即派出谭余保等几名共产党员配合尹宁万工作。

为统一对边界六县党的领导,加强边界斗争,经湖南、江西两省委的批准,5 月 20 日,毛泽东在宁冈茅坪主持召开了中共湘赣边界第一次代表大会和中共湘赣边界各县工农兵第一次代表大会。出席会议的有宁冈、永新、遂川、莲花、酃县 5 个县委和茶陵特别区委及军队党的代表,共计 60 余人。选举产生

---

[1] 《中瑶革命群众座谈记录》(1982 年 11 月),原件存茶陵县档案馆。
[2] 尹烈承:《毛泽东与茶陵》,湖南人民出版社 2006 年版,第 68 页。

了中共湘赣边界第一届特委会和 19 名特委委员。这 19 名委员,就有茶陵党代表谭震林、谭普祥。大会后,毛泽东会见了茶陵的党代表,认真听取了他们对茶陵情况的汇报。教导他们要放手发动群众,武装工农,有计划、有组织地领导工农群众开展武装斗争。最后,毛泽东要求中共茶陵特别区委把武装斗争的中心地区从潭湾转移到九陇山区一带,与永新、莲花、宁冈等县"依托九陇山进行更有胜利把握的长期斗争"。此时,正值敌人向潭湾及东、西岭等地疯狂"会剿",妄图全歼茶陵游击队,致使茶陵西、南两乡革命工作基础遭到严重的破坏。于是,茶陵特别区委、县政府以及茶陵游击队遵照毛泽东的指示,将茶陵武装斗争大本营,由潭湾移驻九陇山的大亚山、倒坪和樟木冲一带。

建立特别区委,是毛泽东根据井冈山斗争初期各县革命形势,在党的建设上的一个调整。谭震林曾经回忆说:"我在 1927 年,部队撤出茶陵城上井冈山后,当了茶陵县委书记。在九陇山一带活动。当时,派一个人下山去活动又被杀了,派一个人去又不见回来,工作做不进去。我写信向毛泽东汇报,毛泽东指示,没有武装不要下去活动,把县委改为特别区委。"①1928 年 5 月,因谭震林被选为湘赣边界特委常委、副书记以及湘赣边界工农兵政府土地部部长,湘东特委按照中共湘赣边界特委要求调江华(化名黄琳)到茶陵县特别区委任书记。对组织的这个决定,江华心里很矛盾:因为他在安源已经工作半年多了,不仅熟悉那里的工作,而且跟工人们结下了深厚的情谊,如今说走就走,心里总有些依依不舍。然而听说是去茶陵,他又感到由衷高兴,因为茶陵西部与永新、宁冈、莲花三县交界的九陇山区,正是中国共产党领导的井冈山革命根据地的一个部分。而在井冈山革命根据地,有一位他十分崇敬、又非常想见到的人物——八七会议当选为中央临时政治局候补委员、领导秋收起义并带领队伍在井冈山搞武装割据的毛泽东。

江华要到茶陵工作,得先上井冈山找湘赣特委报到,而当时的湘赣边区特

---

① 武惜时、颜秋华、胡涤非:《谭震林副委员长谈话记录》(1977 年 10 月),原件存茶陵县档案馆。

委书记正是毛泽东。1928年5月,江华从安源出发,第一天到达宁冈,第二天便由接应的交通员带路走进了罗霄山脉。只见山峦一座接着一座,连绵延伸不见尽头,茂密的丛林遮天蔽日,就算千军万马栖身其间,也难窥见它的真面目。弯弯的山道陡峭险峻,交通员带着江华在大山里左弯右拐,攀爬了整整一天,直到傍晚时分,才到达茅坪,如愿见到了他想见的毛泽东。江华原以为,像毛泽东这样有名气又担任重要领导职务的人,可能架子大,难接近,可见了面后,他发现毛泽东是那么谦虚、平易近人,拘谨的心态顿时消失了。毛泽东知道江华是从安源来的,特地找他谈话,询问安源、萍乡的情况。江华向毛泽东详细地汇报了当地农民暴动、安源恢复党组织和革命群众组织等情况。当江华讲到党领导工人群众通过罢工,增加了工资,改善了劳动条件时,毛泽东脸上露出了微笑。当讲到反动矿局采取阴谋手段破坏工运、镇压工运时,他的脸就阴郁了,并一口一口地抽烟。江华还讲了湘东醴陵、攸县,江西萍乡等地农村游击斗争很紧张,醴陵南区农民集体围攻湘江东岸渌口镇的几次战斗都失败了等情况。他说:"醴陵南区农民暴动后,生产、生活都集体化了,实行'共同耕种,共同消费'政策,打破私有制度,没收一切田地,牛、犁具、肥料一概公用,并统一规定了时间,吃饭打梆子,全村集中吃大锅饭,不做工不准吃饭。"毛泽东听后微微点头,问:"没收的土地怎么办?"江华答道:"将土地分给群众。"他看着毛泽东继续说:"开始群众不敢要,我们把地契烧了,有的群众还是不敢要。我们就把地埂铲平,认为这样就分不清哪块土地原来是谁的,群众就会要了。谁知,地铲得高低不平,后来地主反攻倒算,反而霸占了更多的土地。"毛泽东总结说:"铲地埂不是根本办法,重要的是启发农民的阶级觉悟。"①从此,毛泽东喜欢上了这位敢想敢说的年轻的区委书记。

听完江华的汇报,毛泽东分析了全国的革命形势,介绍了井冈山革命根据地的情况。他谆谆告诫江华,我们党在总结经验教训,批判陈独秀右倾错误的

---

① 毛激流:《江华:瑶寨里觉醒的热血革命者》,《永州日报》2021年6月21日。

同时,也应该防止"左"倾盲动情绪。江华频频地点着头。自从离开衡阳三师投身革命以来,他还是第一次听人把形势分析得如此具体,把革命的道理讲得这么透彻,因而对毛泽东更加佩服。谈话结束后,毛泽东要江华先到部队看看,再到茶陵区委去。

江华到茶陵县工作不久,1928年6月中旬,蒋介石派出湘赣两省驻军向井冈山发动了大规模的"联合会剿"。6月23日,一场保卫井冈山根据地的战斗,在前沿阵地龙源口打响,朱毛红军取得龙源口大捷,歼灭敌人2个团,缴获1000多支枪,还击伤了赣敌前线指挥杨如轩。为了巩固战斗成果,把武装斗争、土地革命与根据地建设紧密结合起来,6月底,毛泽东在永新禾川中学(今永新中学)主持召开红军连以上干部会议,决定分兵前往边界各地帮助群众进行土地革命。江华奉命带领茶陵县游击大队到宁冈古城地区帮助农民分田地。

根据地的日益发展,红军队伍的不断壮大,使国民党反动势力越来越惶恐不安。1928年7月,蒋介石又指令湘敌军吴尚率部自酃县向根据地的宁冈进犯,赣军三、六两军则从吉安、安福向永新进军,疯狂地对井冈山革命根据地进行第二次"联合会剿"。红军决定集中兵力先打退进犯湘敌,再对付赣敌。于是红军兵分两路:一路由朱德、陈毅率红二十八团、二十九团,从莲花直取湘敌巢穴酃县、茶陵,以迫使进犯根据地的湘敌回救;一路由毛泽东率红三十一团,去永新城附近,以麻雀战术打击干扰进逼永新之赣敌,切断湘赣两敌企图会合的通道。12日,红二十八团、二十九团一举攻克酃县。按原定计划,应是乘胜进军攻克茶陵,再粉碎第二次"联合会剿",而且还可乘机扩大根据地。然而,事情却发生了变化:攻克酃县之后,随军行动的湖南省委代表杜修经机械地执行省委的命令,引导部队进军湘南,而二十九团大都是湘南暴动中的梭镖队员,本来思乡观念就浓烈,经人这么一鼓捣,便都嚷嚷着要"杀回湘南",毛泽东知道这个消息后,异常着急,写好一封给二十八团、二十九团的规劝信后,立即通知出生大瑶山、腿杆子跑得快的江华来到他在永新城里的临时办公室。他告诉江华,二十八团、二十九团现在酃县,这封信你一定要面交朱德、陈毅,要他们按原计划打茶陵,湘南敌人强大,是去不得的。毛泽东还说,你是茶陵特别区委书记,送信劝他们攻打茶陵名正言顺。为了路上安全起见,你最好带上游击大队,最后又再三叮嘱:这信事关紧要,越快越好。江华深知责任重大,拿着毛泽东的信,奉命带领茶陵县游击大队当即从永新出发。从江西永新到湖南酃县有130多里,且小路崎岖,山高水险,江华他们通过一昼夜的急行军,终于在一座大庙里找到了正在召开红军干部会议的朱德和陈毅,赶忙把毛泽东的亲笔信交给他们,并口头传达了毛泽东的话。①

朱德和陈毅见江华长途跋涉赶来送信,知道事情相当重要,赶忙拆开信研究起来。第二天,朱德和陈毅按照毛泽东的意见,率领红二十八团、二十九团人马往回走,去攻打茶陵。江华不顾连日的疲劳,也带领游击大队随军前行。然而,部队开到酃县沔渡时,二十九团却不愿过河,而且全撂了枪,声言不回湘南就不干了。为了顾全大局,也为了挽救二十九团,朱德、陈毅和二十八团也被迫跟着南下。江华见此情景,对陈毅说,你们要南去,要报告毛泽东。随后,江华又带领游击大队过河回到宁冈砻市。

“八月失败”,永新失守,茶陵又为敌占,当时正患疟疾的江华只好暂时离开游击大队,隐蔽在永新西山上的堡垒户家里。9月间,朱德在毛泽东的帮助下,率部从湘南回来,进驻宁冈砻市。有一次开会,他见江华未到,就关切地问起来,得知江华生病住在群众家里,朱德忙派人用担架把他接出来。随后又安排大个子刘汝明护送江华到井冈山红光医院治疗。

红光医院是毛泽东亲手创办的一所红军医院。医院筹建时,动员大家捐款,那时还在浆山打游击的江华听到消息,也捐了两角小洋。红光医院分为几个部分,分设在大井、中井、小井几个村子里,江华住在大井医院。10月底的一天早晨,江华刚刚吃过药,医生就来告诉他:“有人看你来了。”随即就听见病房的门“吱呀”一声开了,江华抬头一看,惊喜地叫了声:“毛委员!”毛泽东

---

① 张国权、桑亚平、王金梁:《江华与毛泽东的早期交往》,《湘潮》2007年第9期,第22—23页。

看到江华的病好多了,很高兴,嘱咐他好好休养。"毛委员,您给我的任务没完成好。"江华惭愧地说。江华虽然把毛泽东的信送到了酃县,但他还是感到内疚,因为红二十八团、二十九团毕竟未按毛泽东的意见攻打茶陵回师井冈山,南去的结果给红军造成了重大损失。"你的任务完成得很好。"毛泽东安慰他说。临走,他关切地对江华说:"好好地接受医生治疗,病好出院后不用回茶陵县委了,就到前委工作吧。"①在医护人员的精心护理下,不久,江华便康复出院,到前委报到,任秘书。

指示建立中共酃县特别区委

1927 年 10 月下旬,毛泽东在要离开酃县水口时,曾写信给中共湘南特委,要求派人来酃县加强对武装斗争的领导。中共湘南特委接信后,派遣湘南特委委员兼耒阳县委书记刘寅生②回酃县领导革命斗争。

刘寅生与周里③(即周礼)同是酃县黄挪潭人,两家相距不过 5 华里。他回来的时候装扮成商人模样,雇人抬着一乘轿子,以免被水口的熟人发现。回到黄挪潭时,刚好在羊角岭遇上周里。刘寅生将藏在轿杠里的文件取出,即与周里一同到黄元吉家中商量如何进一步开展工作。

随后,二人与凉桥临时支部成员深入东、南、西三乡,秘密发动群众,发展党的组织,指导各地恢复农民协会,建立农民武装。经过两个多月的发动,全县党组织和农会得以恢复和发展。

在西片的枧田洲,刘寅生、周里联系上共产党员、原酃县工运特派员段瑞

---

① 江华:《井冈山斗争时期事情回忆》,《株洲党史资料》(第二辑),1988 年版,第 52 页。
② 刘寅生(1904—1928),湖南省炎陵县人,1924 年加入中国共产党。曾任中共三师特支书记、衡阳各中学社会主义青年团总支书记、湘南特委委员、中共酃县特别区委书记、酃县县委书记。1928 年,由于叛徒告密,县委机关遭破坏,刘寅生被捕并壮烈牺牲,年仅 24 岁。
③ 周里(1903—2000),湖南省炎陵县人,1927 年加入中国共产党。曾任酃县区委书记、县委书记、酃遂中心县委书记兼独立营政委、湘粤赣特委组织部长兼湘粤赣游击支队政治部主任、湘南临时特委书记、湘南特委组织部长、湖南特委书记、湖南省工委书记,湖南省委副书记、书记、省政协主席、中共中央顾问委员会委员等职。

王澄海党员证

等人,成立了西区支部,段瑞任书记。在东片的石洲,刘寅生、周里介绍张平化加入中国共产党。张平化又发展了凌家龙、谢玉富、张拱照、王澄海等一批党员,建立石洲支部,凌家龙任书记。其中王澄海是石洲牛岗人,1927年冬加入中国共产党,在中共醴县第九支部,后外出参加革命,与家中失去联系。其党员证,现陈列于井冈山革命博物馆。

在南片的水口,刘寅生、周里吸收朱才亮等加入共产党,成立水口支部,朱才亮任书记。在南片的中村,刘寅生、周里介绍周介甫加入中国共产党,成立中村支部,何健础任书记。八都坳头支部,邝光前任书记。五都支部,刘寅生任书记。黄挪潭支部,周里任书记。至1928年1月,全县已有10多个党支部,100余名党员,近万名农民协会会员。

为加强党对革命运动的领导,刘寅生决定上井冈山向毛泽东请示,成立中共醴县特别支部。因毛泽东率部外出,未能见上面。刘寅生留下一封信就回醴县了。

1928年2月,春节过后,大地开始苏醒,然而天气还是十分寒冷。周里和刘寅生穿着棉袍,带着雨伞踏上去井冈山的旅途。一路上,周里向刘寅生谈起在水口第一次见到毛泽东的情况,一起商量此去如何向毛泽东汇报请示工作。来到下井,第二团党代表何长工接待了他们,他说:"你们来得不巧,前几天,毛委员已带第一团到遂川的黄坳去了,此去有几十里路,你俩今晚就在这里住下。"①

周里两人心急如焚,拔腿就想走,后来何长工给他们请了一个老百姓带

---

① 中共株洲市委办、市委党史工作办公室:《醴县三月暴动》,《株洲红色印记》,中共党史出版社2012年版,第84页。

路,当天晚上就赶到了黄坳。

毛泽东住在城隍庙的一间小房里,他一见到周里,就起身握着他的手。周里向毛泽东介绍说:"他就是湘南特委派回酃县的刘寅生同志。"接着,毛泽东握着刘寅生的手说:"上次你来井冈山,我带部队走了。你留给我的信,我已经看了,你们的工作开展得不错。"①

刘寅生说:"我们工作刚刚开始,今天就是来向您汇报请示工作的。"②

"不要慌,今天你们走累了,就好好睡一觉,有工作明天再谈。"③

毛泽东说完话,随即叫警卫员提来热水给他们洗脚。两人都是穿的草鞋,双脚沾满了泥土。毛泽东从里面房里拿来两双布鞋,并亲切对他们说:"现在天气还很冷,要多注重身体,不要冻坏了身体。"④

两人洗完脚换好鞋以后,随毛泽东进到了卧室,卧室里陈设十分简陋,一张小桌子,桌上放着一盏小桐油灯,还有两张床,一张是老百姓睡的木架子床,挂着蚊帐,这是毛泽东睡的。另一张是临时搭成的硬板子床。毛泽东指着那张挂有蚊帐的床对刘寅生说:"你就睡这张。"接着又对周里说:"你就要委屈一下,睡这张硬板床了。"⑤

睡在床上,他们又谈笑起来。毛泽东问刘寅生:"你多大年纪,什么时候入党的?"⑥

---

① 中共株洲市委办、市委党史工作办公室:《酃县三月暴动》,《株洲红色印记》,中共党史出版社 2012 年版,第 84 页。
② 中共株洲市委办、市委党史工作办公室:《酃县三月暴动》,《株洲红色印记》,中共党史出版社 2012 年版,第 84 页。
③ 中共株洲市委办、市委党史工作办公室:《酃县三月暴动》,《株洲红色印记》,中共党史出版社 2012 年版,第 84 页。
④ 中共株洲市委办、市委党史工作办公室:《酃县三月暴动》,《株洲红色印记》,中共党史出版社 2012 年版,第 84—85 页。
⑤ 中共株洲市委办、市委党史工作办公室:《酃县三月暴动》,《株洲红色印记》,中共党史出版社 2012 年版,第 84—85 页。
⑥ 中共株洲市委办、市委党史工作办公室:《酃县三月暴动》,《株洲红色印记》,中共党史出版社 2012 年版,第 84—85 页。

刘寅生回答说:"今年 24 岁,是 1924 年在湖南三师入党的。"①

毛泽东高兴地说:"你们都很年轻,都有知识,干革命就需要你们这些人。"②

周里和刘寅生说:"我们没有经验,还得请毛委员多指点、指点。"③

毛泽东接着说:"实践出真知,你们再干几年,就有经验了。"④

灯芯烧完了,三人才慢慢入睡。第二天清晨,毛泽东比刘寅生、周里起得早,待他们起来,毛泽东已跑步在小路上。警卫员对他们说:"毛委员一直十分注重身体锻炼。"吃完早饭,刘寅生、周里向毛泽东汇报了酃县工作,毛泽东对刘寅生说:"你回酃县不久,工作干得很不错,发展了党的组织,恢复了农民协会,工作有了很好的基础,可以准备武装暴动了。部队 4 月间到酃县来,配合你们暴动。"⑤

刘寅生说:"目前正是青黄不接时期,可以更大范围地发动农民群众,我们准备三、四月份组织一次暴动,夺取挨户团和土豪劣绅的枪支和粮食。"⑥

毛泽东说:"这个计划很好,我们部队准备 4 月间到你们酃县去,那就把暴动定在四月份,我们可以配合你们一起行动。"⑦

接着,两人汇报了准备成立中共酃县特别区委的想法。毛泽东欣然同意,

---

① 中共株洲市委办、市委党史工作办公室:《酃县三月暴动》,《株洲红色印记》,中共党史出版社 2012 年版,第 84—85 页。

② 中共株洲市委办、市委党史工作办公室:《酃县三月暴动》,《株洲红色印记》,中共党史出版社 2012 年版,第 84—85 页。

③ 中共株洲市委办、市委党史工作办公室:《酃县三月暴动》,《株洲红色印记》,中共党史出版社 2012 年版,第 84—85 页。

④ 中共株洲市委办、市委党史工作办公室:《酃县三月暴动》,《株洲红色印记》,中共党史出版社 2012 年版,第 84—85 页。

⑤ 中共株洲市委办、市委党史工作办公室:《酃县三月暴动》,《株洲红色印记》,中共党史出版社 2012 年版,第 84—85 页。

⑥ 中共株洲市委办、市委党史工作办公室:《酃县三月暴动》,《株洲红色印记》,中共党史出版社 2012 年版,第 84—85 页。

⑦ 中共株洲市委办、市委党史工作办公室:《酃县三月暴动》,《株洲红色印记》,中共党史出版社 2012 年版,第 84—85 页。

他说:"为了领导好这次暴动,为了更好地开展酃县工作,我同意你们的意见,成立酃县特别区委,书记由刘寅生担任,组织委员由邝光前担任,宣传委员由周里担任。"①

临走时,毛泽东赠送100块银元给酃县特别区委作活动经费。

刘寅生、周里回县后,立即在黄挪潭下坪刘寅生家里召开了为时7天的党员活动分子会,周里、邝光前、张平化、郭天禄等20余名党员参加了会议。会上,刘寅生传达了毛泽东的指示,并根据毛泽东的建议,选举产生了中共酃县特别区委员会,刘寅生任书记,邝光前任组织部长,周里任宣传委员。

在宁冈茅坪指示重建酃县县委

1928年3月,湘南特委命令毛泽东率部队去湘南,毛泽东给酃县特别区委写信要求,酃县暴动要提前举行。根据毛泽东的指示,酃县暴动如期在3月发动,并取得了胜利。这时,毛泽东也率工农革命军来到酃县中村,并经师委、特别区委联席会议研究,批准成立了中共酃县县委,仍由刘寅生任书记。

5月,酃县县委办公地址由中村搬至垅溪段家垅。中旬,由于林立卓叛变革命,带领挨户团包围了县委机关,县委书记刘寅生、委员刘平章壮烈牺牲,周里和黄元吉冲出来时,因周里手中提着一只红色的精致小皮箱,他急中生智,把箱子往田里一扔,敌人以为里面有金银财宝,都跑去抢皮箱,其实里面空空如也。周里和黄元吉才乘机逃上后山,敌人仍然穷追不舍,不断向他们开枪,子弹"噗、噗"地把路上的泥巴打得翻跳起来,还喊"抓活的"。两人一气翻过两座山。黄元吉的鞋子也掉了,喘着气说:"我们最好不要走散了。"他身上还有10块银元,分了5块给周里,怕周里走散了没有钱用。

周里左手撑在树上休息,一松手看到树上有血印,这才发现左手受了枪

---

① 中共湖南省委党史研究院:《炎陵县革命斗争史(1921—1949)》,湖南人民出版社2021年版,第56—57页。

伤,忙用手巾把伤口包好。由于路上留下了血迹,不久敌人又跟踪追来。两人赶快跑下山,隐藏到田垅中一簇茅柴里,后有惊无险地辗转回到黄挪潭。两人后到梨树洲约了刘清黎和一个农会的人,四人带着梭镖,在大院与酃县赤卫大队会合,然后一起来到茅坪。

作为县委成员之一,周里在《回忆录》中反思了县委遭受破坏的主观原因:一是受湘南特委要攻占城市的"左"倾思想影响,酃县县委也曾强调做好近城区的工作。南岸段家垅靠近县城,敌人力量较强,群众又还没有发动起来。二是缺乏敌后斗争应有的警惕。林立卓是新入党的富裕中农,没有经过严格审查和斗争考验,县委机关不应设在由他推荐的地点;林立卓叛变后,曾有异常表现,县委成员也注意到了,但没有采取果断措施,立即转移。后来的事实证明,正是因为敢于面对失败,善于总结经验,周里在残酷的斗争中成长为一名对敌斗争经验丰富的革命领导人。

周里在南岸脱险后,辗转来到宁冈茅坪,在路上碰见毛泽东,毛泽东带周里到桥边的铺子里坐下。周里向毛泽东汇报了酃县县委机关遭到破坏的情况,请求派干部重建县委。

毛泽东说:"我们这里有两个酃县干部,一个李却非,一个黎育教,你要哪一个?"周里:"最好两个都回酃县工作。"毛泽东:"可以,就由你们三人负主要责任。"毛泽东还说:"为了帮助你们更好地开展工作,跟随工农革命军锻炼的酃县赤卫大队也随你们一道回酃县"。①

周里到达茅坪的第三天,一个晴朗的日子,毛泽东在谢氏慎公祠召集酃县县委工作人员和县赤卫大队 100 多人开大会,由周里担任记录。毛泽东传达了几天前召开的中共湘赣边界第一次代表大会的主要精神,简要地阐述了中国红色政权为什么能够存在,分析了当前的国内形势。他说:"别看国民党一时势力很大,他们四分五裂,军阀混战。他们在楼上打架,我们在楼下团结一

---

① 中共湖南省委党史研究院:《炎陵县革命斗争史(1921—1949)》,湖南人民出版社 2021年版,第 94 页。

致。他们是压迫剥削人民的,没有群众基础。他们到处设关卡,抽捐要税。我们到处打他们的关卡,群众就很欢迎。城市被他们控制,但是,农村是我们的,群众是我们的,我们可以创建根据地。"①接着,毛泽东又向大家阐明了中共湘赣边界第一次代表大会制定的深入土地革命;军队的党帮助地方党的发展,军队的武装帮助地方武装的发展等适应对敌斗争的若干政策。毛泽东指示酃县县委:"首先搞好中心区工作,建好党,建好政,搞好武装,进行土地革命,只要群众觉悟起来,就打不进来。有了中心区,再向前发展。环境好,就大踏步前进;环境不好,就稳扎稳打;不要盲目冒进,要波浪式前进,逐步扩大根据地。"②毛泽东还说:"干革命要靠工人农民,但没有知识分子参加也是不行的。我们在这里开会做记录,就需要他们嘛!我们要团结广大的革命知识分子,来为工农服务。"③并指示酃县赤卫大队回去后要帮助酃县县委重建。从茅坪回到酃县的第二天,周里、李却非等在大院东西坑召开了党员大会,正式恢复了中共酃县县委。并遵照毛泽东的指示,建立了三个区委和县工农兵政府,很快推动了酃县的工作。

指示建立攸县县委、县苏维埃政府

中共湘东特委遭破坏后,攸县划归中共湘赣边特委领导。1928 年 12 月 25 日,湘赣边界各县召开党的第二次代表大会。鉴于攸县在井冈山革命根据地斗争中的重要位置和攸县党的组织屡遭敌人破坏的情况,会议强调指出"建立攸县的党,是边界党部今后的工作","攸县县委应马上建设"。④ 根据

---

① 中共湖南省委党史研究院:《炎陵县革命斗争史(1921—1949)》,湖南人民出版社 2021 年版,第 95 页。

② 中共湖南省委党史研究院:《炎陵县革命斗争史(1921—1949)》,湖南人民出版社 2021 年版,第 95 页。

③ 中共湖南省委党史研究院:《炎陵县革命斗争史(1921—1949)》,湖南人民出版社 2021 年版,第 95 页。

④ 中共湖南省委党史研究院:《炎陵县革命斗争史(1921—1949)》,湖南人民出版社 2021 年版,第 71 页。

这一决议,湘赣边界特委曾多次派人来攸县工作。1929 年初,中共莲花县委负责人陈竞进等,再次秘密进入攸县柏市一带活动,与谭继岳取得联系,组建中共凤塔支部,并在铺里、塔院、温水、钟鼓岭等地建立活动据点。尔后,又创建了中共攸县特别支部,在攸、醴、萍边界开展秘密斗争。

1930 年 9 月 17 日在醴陵召开的湘东特委会议上,在听取特委书记张启龙、湘东工农兵苏维埃政府主席袁德生的汇报时,得知攸县还没有建立县委、县苏维埃政府(以下简称“县苏”),毛泽东认为,攸县是湘东腹地,东与赣西萍乡、莲花交界,南可通茶陵、鄘县下湘南至广东;北可经醴陵、株洲、浏阳抵长沙,战略地位重要,指示张启龙、袁德生要从已经建立了县委、县苏的县调派得力干部,尽快帮助攸县组建县委、县苏政府,以适应湘东斗争形势需要。①

会后,张启龙、袁德生、谭思聪等立即研究并同醴陵、浏阳县委负责人协商,决定调醴陵南三区区委书记曾毅之、浏阳县苏政府执行委员杨中尧去攸县负责组建县委、县苏的工作。并调醴陵何铁任攸县独立营营长,漆云任独立营党代表。

与此同时,红十二军占领攸县,军政委谭震林召集县城附近的共产党员和工会积极分子开会,传达中央的指示,分析当前的斗争形势,号召大家克服“失败主义”情绪,重新振奋精神,恢复党的组织,继续进行革命斗争。并和大家一起研究建立革命政权事宜,以解决当务之急——“群龙无首”问题。在之后召开的群众大会上,谭震林郑重宣布:攸县历史上第一个工农政权——攸县革命委员会成立了。革命委员会由谭润身、陈向民、周允怀、贺桂林、王招来、胡畏、张克球、周里仁、谢福泰、夏星恒等 25 名委员组成,指定谭润身(革命烈士谭志道之长兄,大同桥人)任主席,陈向民任秘书,谭震林任名誉委员。鉴于大革命失败的惨痛教训,县革命委员会在红十二军的帮助和指导下,组建起一支 30 多人枪的“攸县赤色游击队”,由周里仁任队长,胡畏任政治指导员,以保卫新生的红色政权。红十二军给县赤色游击队配备步枪两支,并一批梭

---

① 中共湖南省委党史研究院:《炎陵县革命斗争史(1921—1949)》,湖南人民出版社 2021 年版,第 82 页。

镖、大刀等武器。红十二军进入攸县前,国民党攸县县党部、攸县政府,以及县
挨户团、铲共义勇队等反动武装均先后撤离县城和县境,逃至衡山、安仁县去
了。红十二军进城后,为了镇压反革命,为革命烈士报仇,摸清情况后于第四
天,逮捕了向反动派多次告密并杀害吴桂林等革命干部的歹徒尹明德、胡仲芬
两人。公开处决于老衙坪示众,并张贴布告明示:"为保卫革命利益,特予严
惩,以儆效尤。"红十二军撤离攸县途中,行至银坑时,革命群众自发地将出卖
余来等三位领导人的叛徒傅继七捉住,交给部队,坚决要求予以处决。红十二
军为民除了害,大长了革命人民的志气,大灭了反动势力的威风。

1930 年 10 月,中共攸县县委成立时,全县仅有党支部 17 个,党员 130 多
名。到 1932 年 9 月召开第二次党代会时统计,全县有党支部 37 个,党员 463
名。两年时间内,支部和党员数增加两倍多,这是组织发展的旺盛时期。

第五节　鼓励宛希先在茶陵编写《共产党组织根本原则》,探索党的组织建设

在红色茶陵,流传着一个感人肺腑的故事。1931 年底,时任茶陵县樟田
乡苏维埃政府少年先锋队队长的陈善仔在家乡开展革命活动时被敌人发现,
危急时刻将身上携带的《共产党组织根本原则》藏进自家的墙缝中。不久,陈
善仔被敌人杀害,年仅 18 岁。陈善仔牺牲时未婚无子,按当地风俗其兄便将
自己的二儿子陈明俫过继给他做儿子。2005 年,陈明俫的大儿子将陈善仔的
老屋拆除重建时,墙缝中这本用红色油纸包裹的《共产党组织根本原则》小册
子终于重见天日,向世人揭开了这本油印小册子与作者、毛泽东亲密战友宛希
先①的红色故事,诞生了我党在革命根据地发现的最早的组织建设文件与党

---

① 宛希先(1906—1930),湖北省黄梅县人,1925 年加入中国共产党。曾任工农革命军第
一团党代表、前敌委员、第十师党代表、中共茶陵县委书记、中共茶陵特别区委书记。并当选为湘
赣边界党的第一、二届特委委员、常委、巡视员。1930 年正月 26 日,被错杀于永新大湾。

宛希先

员教育读本。

宛希先是中国工农红军早期重要领导人和井冈山根据地创始人之一。他在创建井冈山革命根据地的过程中彰显出独有的作用,始终坚定地追随毛泽东,对井冈山根据地建设和中国革命作出了竭尽忠智、功莫大焉的贡献。"三湾改编",他第一个站出来支持毛泽东,被增补为前敌委员会委员。随后,他又配合毛泽东在三湾接见并说服原宁冈县党组织负责人和宁冈县农民自卫军总指挥袁文才的代表,为进军井冈山打下了基础。10月中旬,工农革命军驻扎湖南酃县水口时,宛希先协助毛泽东,举行了秋收起义以来第一批6名党员入党宣誓仪式。1927年11月,他根据毛泽东的指示建立了根据地第一个县级红色政权——茶陵县工农兵政府。12月,协助毛泽东于茶陵湖口挫败陈皓一伙的叛变阴谋,在危急时刻挽救了年幼的工农革命军。1928年1月,宛希先向毛泽东自告奋勇开辟九陇山革命根据地。1928年5月20日,在宁冈茅坪湘赣边界第一次会议上,被选为湘赣边界特委委员。宛希先在毛泽东直接领导下,参加了"黄洋界保卫战"等井冈山著名战斗。10月,宛希先在茨坪主持办了一期党、团训练班,为湘赣边各县工农兵政府和开辟赣南、闽西根据地培养了骨干。

霜降节过去,井冈山的崇山峻岭由夏季的一片翠绿,变成青黄相间的颜色。那些落叶树在经霜之后叶子变黄或变红,预示着冬季即将到来。1928年11月6日,宛希先在茨坪参加重新成立红四军前委的会议。中共红四军前敌委员会的重新建立,标志着湘赣边界的党和红军又有了坚强的领导中枢。

会议结束之时,天色已经很晚了。宛希先和其余人正准备往屋外走,听见毛泽东喊:"希先,你再留一下。"宛希先转过身来,望向毛泽东,毛泽东对他招一下手,带着笑说道:"是叫你呐,你来一下。"①重新坐下来的宛希先一看,屋里还有两个人,即朱德和谭震林。他不知道毛泽东让他留下与他们商议什么。毛泽东说话了:"希先同志,又要给你分派一个任务呢!""喔,什么任务呀?"②宛希先并没有思想上的惊讶,心情平静。平时接受临时性任务的次数太多了,可以说习以为常。当年7月在永新西乡的时候,有一次宛希先曾向毛泽东说过一句玩笑之言:"毛委员,你说我是不是一瓶'万金油'啊?"毛泽东当然一听就明白对方的话音,笑着回道:"万金油可好呀!我就喜欢涂,要是没有万金油,我可吃不消喔,你不看着我有这样那样的'毛病'?"说完,毛泽东又自言自语般补充一句:"能够多有几瓶你这样的'万金油'才好哩。"这时候的毛泽东在宛希先问"什么任务?"之后,看了看谭震林,谭震林会意地点点头,对宛希先说道:"希先同志,前委作了研究,决定派你到茶陵去。派你去那里,一是兼任茶陵特别区委的书记,二则抓九陇山的营建,那儿急需得力的领导。"③宛希先并没有流露出惊讶的表情,只是点头"唔"了一声。

毛泽东见宛希先平静无语,以亲切而轻柔的语气说道:"希先,考虑来考虑去,还是点了你的将。"毛泽东拉长了声调:"只有你最合适呀!看吧,仲弘在四军当中走不开,震林在地方上脱不了身,而九陇这边又需要一员……干将。再说,你对茶陵那儿比较熟,黄琳走了以后,特区两个月还没有书记。所以说,非得你去不可!"④

毛泽东稍作停顿,接下说:"你也晓得,茶陵那边要是弄不好,就成了我们西边的'软肋',不是么?湘敌每次犯击我们,必须先占茶陵,我们的割据在那儿没点根基的话,敌人的行动更顺当了,还有,九陇山有一大块区域连着茶陵,

① 彭东明:《井冈元勋:宛希先》,中共党史出版社2013年版,第173页。
② 彭东明:《井冈元勋:宛希先》,中共党史出版社2013年版,第173页。
③ 彭东明:《井冈元勋:宛希先》,中共党史出版社2013年版,第174页。
④ 彭东明:《井冈元勋:宛希先》,中共党史出版社2013年版,第174页。

那是我们的第二个军事根据地,不把九陇山经营好,届时我们又是棋输一着。希先啊,无论从长远着眼,还是短期着手,都得派你去。"①

毛泽东连着说了好几分钟,宛希先依然没有回话作答。军旅出身的朱德当然知道,宛希先不会像战士接受命令那样,立正回答"是!"但他这么长时间还没有表态,是不是有什么情况呢? 于是对宛希先问道:"希先同志,你看……?"

这时候的宛希先像是从思虑中醒过神来,接上朱德的发问回道:"没事啊,我去茶陵!"

"哦,这就好!"朱德脸上露出宽厚的微笑。②

毛泽东与谭震林俱是熟悉宛希先的秉性。这个年轻的湖北汉子,每次接受任务时不会作神情激昂的表态,顶多"嗯"一声就算是承应下来。而在实际工作中,他会以坚忍不拔的毅力、充沛的热情,将工作做得有声有色。在红四军的师、团以上干部中,宛希先是长期派到地方独当一面的人物,所以,在毛泽东说完一番长话后,宛希先好几分钟默然无语,没有表态,毛泽东与谭震林并不着急。在他俩的印象中,宛希先的组织观念是很强的。谭震林见毛泽东已经把宛希先派往茶陵的使命讲清,宛希先也二话没说接受了任务,对宛希先说道:"希先,你要带人到茶陵去,就从三十一团一营调一个排,去的时间也由你定。"宛希先回道:"我不带部队去! 一个班也不带,我就单人独马地去! 这两天我再去新城、古城走一趟,然后就动身,不跟你们打招呼了。"宛希先说到这儿,将目光落在毛泽东身上。

毛泽东心中体察到了对方的异样情愫,对宛希先深情地点了点头,说道:"你在办完这一期党训班再走吧,党训班你也是顶梁柱,结业典礼少不了你。你走的时候,我送你!"③

———————————

① 彭东明:《井冈元勋:宛希先》,中共党史出版社 2013 年版,第 174 页。

② 彭东明:《井冈元勋:宛希先》,中共党史出版社 2013 年版,第 175 页。

③ 彭东明:《井冈元勋:宛希先》,中共党史出版社 2013 年版,第 175 页。

建设九陇山军事根据地,是边界党"二大"确定的重要任务,会议决定建立的军事根据地有两个,第一个是大小五井山区,第二个就是九陇山。前者为朱老红军的军事堡垒,后者为湘赣边界六县地方武装的最后阵地。宛希先深知重任在肩,使命光荣。边界特委举办的第一期党员训练班结束后,宛希先身负前委的重任,由红四军军部警卫排两名战士护送,离开茅坪来到九陇山的倒坪,这里是中共茶陵特别区委与茶陵县革命委员会(1928年9月底,茶陵县工农兵政府改称为县革命委员会)的办公所在地。

宛希先到达倒坪的当晚起,先后找张善城、谭思聪、谭家述等十几位同志交谈,了解情况。第三天下午,宛希先主持召开特别区委、县革命委员会联席会议。宛希先作为新任的特别区委书记在会上作了1个多小时讲话,对茶陵当前的割据斗争作了切实布置,提出了三项工作目标。这三方面的工作计划,是宛希先在听取茶陵同志意见基础上制订的。一是特别区委与县革委派出所有的干部,在临近九陇山的和尚庄、坑口、桃坑以及湖口等地群众开到九陇山修筑防御工事、搬运粮食、在山上搭建杉皮棚子;二是派出一些可靠的斗争骨干和党员干部,设法打进各地的挨户团去;三是在党的力量可及的地方,物色斗争积极分子,发展党员,建立党的支部。

几天之后,宛希先以边界特委的名义,在蔡家田召集宁冈、永新、茶陵三县党政负责人联席会议。会议的主要议程是围绕建立军事根据地的三项事情,即修筑完备的工事、储备充足的粮食、建立后方医院,加以切实的布置,对每件工作一一落实到各个县,并规定了完成时间。

会议由宛希先作总结性讲话。他对会场上的30多个党政干部发出这样的号召:"同志们,能不能把九陇山军事根据地营建好很大程度就看在场的各位了,因为每一项工作都需要我们身体力行地带领群众去干,我们每个人就像一座火车头,拉动着整个火车的前进。"

宛希先将炯亮的目光投向会场,声音充满着一种必胜的信心:"我们有九陇山这么好的地形,又有三个县劳苦的工农大众的支持,只要我们齐心合力,英勇奋战,一定能打败敌人的进攻,让革命的红旗子飘扬在九陇的每一个山头!"①

宛希先受前委书记毛泽东之命来到九陇山,领导茶陵、永新、宁冈三县的党组织和广大群众,掀起了湘赣边界六县地方武装军事堡垒的高潮。1929年10月初,茶陵、永新两县的红军游击队攻破黄门坊反动据点,拔掉了在九陇山与桃花山之间的"钉子"后,中共茶陵特别区委机关由九陇山移驻茶陵桃坑。10月中旬,宛希先在桃坑主持召开特别区委扩大会议,取消特别区委,成立中共茶陵县委。会议选举宛希先担任县委书记,陈韶任副书记。

由于暂时没有战事,宛希先便想起一件在心头萦绕已久的事情——写一篇关于中国共产党组织建设的文章。早在1928年11月,即边界特委在象山庵、步云山举办党员训练班期间,受命主办训练班的宛希先围绕这个主题讲了三堂课,得到毛泽东、陈毅等人的赞扬,使他萌生了写一篇文章的念头。

宛希先在前委、特委分管党组织工作一年零七个月以来,发现湘赣边界的党员特别是大多数农民党员,在入党前普遍未能受到党的基本知识和组织原则的教育,他们对于党的组织原则懂得很少,甚至缺乏最起码的了解,所以他认为在党员中必须补上党的组织原则教育这一课。鉴于当时的斗争形势,无法进行集中的课堂学习,补课最好的方式是编写一本小册子发给党员。

更激励他将写作念头付诸实施的是毛泽东对自己的鼓励。主办边界党员训练班——那是在宛希先结束在永新半个月来主持"洗党"的工作,于10月下旬回到茅坪后。一天,毛泽东在八角楼热情地迎接这位特委派往永新的"钦差大臣",连说两句"辛苦了!"宛希先淡淡地一笑,对毛泽东回道:"你还不是一样?大家都辛苦嘛。"②

"是啊,希先,这段时间'洗党'工作暴风骤雨般进行,总算抓出了一些成

---

① 彭东明:《井冈元勋:宛希先》,中共党史出版社2013年版,第178页。
② 彭东明:《井冈元勋:宛希先》,中共党史出版社2013年版,第163页。

效。说说,永新那边的情形怎么样?"①

"总的说来,算是完成了你交给的任务,不过……"宛希先说到这里,被毛泽东打断话,"嗨,你是怎样说话的,我交给你的任务? 此话怎讲?"②毛泽东说完笑着向对方指了一下。宛希先回道:"好,算我失言,是特委交给我的任务吧。不过,我可对永新的地方主义开了一刀,对那些反水投敌分子和腐败分子也开了杀戒!"接着,他稍稍整理思路,将永新"洗党"的主要情形,最后告诉毛泽东:经过清洗的永新党组织,人数上锐减了三分之二。

毛泽东点点头,说道:"这个数字和宁冈这边差不多,有的地方更严重!从数量上看减员是很大的,但是战斗力与原来相比是大不相同的。"③

毛泽东向宛希先讲到宁冈全县的"洗党"大体情况,列举了几个清洗力度非常大的地方。宛希先听毛泽东讲完,沉寂了少时,心情显得有些沉重地说:"有些情况,原先根本没有想到,边界党'布尔什维克'的建设,就像你说的问题严重呐!"④

"是啊。"毛泽东叫着宛希先的名字回应说,"我早就说,边界的党几乎完全是农民成份的党,我们不用无产阶级的思想去占领,将要发生错误的趋向。这次'洗党'就充分印证了这一点。还好,亡羊补牢,为时不晚,就像病人身上的瘤子被割掉了,不至于病情恶化死人。"⑤

宛希先听了毛泽东说的,没有回话,那思维像是想到了另一个问题。毛泽东见状问道:"希先,你在想什么呢?"⑥

"我在想的这件事,你肯定考虑到了。"宛希先说到这儿望向毛泽东停住了。

---

①　彭东明:《井冈元勋:宛希先》,中共党史出版社 2013 年版,第 163 页。
②　彭东明:《井冈元勋:宛希先》,中共党史出版社 2013 年版,第 163 页。
③　彭东明:《井冈元勋:宛希先》,中共党史出版社 2013 年版,第 164 页。
④　彭东明:《井冈元勋:宛希先》,中共党史出版社 2013 年版,第 164 页。
⑤　彭东明:《井冈元勋:宛希先》,中共党史出版社 2013 年版,第 164 页。
⑥　彭东明:《井冈元勋:宛希先》,中共党史出版社 2013 年版,第 164 页。

"呃,你宛希先还跟我卖起关子,快说,你想到了什么?"①在毛泽东的催促下,宛希先缓缓地说道:"'洗党'的程序看似结束了,我认为仅仅是完成了组织上的程序,还有一个思想程序的问题。你在'二大'会议上讲过,边界党今后的任务是:努力铲除一般同志的机会主义思想和小资产阶级思想。我想这个所谓的'铲除'是要有形式的,就是要展开一定的教育方式。尤其目前'洗党'刚刚结束,无论那些新近吸收到党内的同志,还是重新造册登记的党员,都要经受思想上的教育,这个教育的方式,可以办训练班,集中起来办。"宛希先见毛泽东注意地听,稍作停顿,接着阐述心中的看法,"过去不少地方党之所以没有力量,是因为党员没有最基本的训练,甚至入党仪式都没有过,现在应该补上对党的基本理论培训的一课,所以办训练班是很有必要的!"宛希先说完后,将目光投向毛泽东,分明是征询毛泽东的看法。

毛泽东手里拿着一支烟,好一会儿没有动,在集中精力地思考什么。宛希先提出办党员训练班这一想法与毛泽东曾经想过的完全一致,毛泽东虽然不会说"我们想到一起去了"这句话,而在内心深切地感觉到对于加强边界党建设的问题,他与宛希先之间确实有着不谋而合的想法。

毛泽东沉默了一会儿,抬起头望着宛希先,还是叫着对方的名字,点着头说:"希先,你说的办党员训练班,很好呀!各地的'洗党'刚刚结束,非常需要补上这一课。前些时,谭震林、陈正人他们也向我讲到这个意思。唔,我看打铁就得趁热,还是你和谭震林牵头,赶快把训练班办起来!"②

宛希先回道:"你牵头呢,我和震林协助做工作。""呃,那怎么行?"毛泽东马上摆手说道,"你是特委组织委员,当然由你牵头!谭震林、陈正人,还有我,都要协助你才对。希先,办这个训练班不容易,就像戏班那样,有人吹笛,有人拉胡琴,还有敲锣鼓,吹打弹唱的人都有,但要一个导演,你就当这个训练

---

① 彭东明:《井冈元勋:宛希先》,中共党史出版社 2013 年版,第 165 页。
② 彭东明:《井冈元勋:宛希先》,中共党史出版社 2013 年版,第 166 页。

班的导演吧。"①

"唉,你总是把我推到台上,我是担心嫩竹扁担挑不起重担呢。"宛希先的语气中不乏一种真挚的流露。

毛泽东亲切地回道:"希先,我不找你,找哪个呢? 有你在场,我才放得下心啰!"②

以湘赣边界特委名义举办的党员训练班第一期,在谭震林、宛希先等人经过几天紧张的组织与筹备下,于 11 月中旬在象山庵开班。举行开班仪式那天,毛泽东特地赶来参加。宛希先代表特委主持仪式,毛泽东、谭震林先后在会上讲话,鼓励参加培训的党员干部认真投入其中,努力学习党的基本知识,提高思想觉悟。

根据当年担任中共宁冈县委组织部长的刘克犹回忆,第一期党员训练班有 100 余人,大多数是宁冈、永新两县在"洗党"之后担任党支部书记、组织委员的党员干部,也有红四军中的党员,地点在象山庵。当年为古城区杨源乡党支部书记的谢锡光在回忆中讲道:"1928 年秋天正是割完禾的时候,我接到区委的通知去茅坪的象山庵参加训练班。到了那里,从各地来的学员有一百多人,毛委员、特委书记谭震林、特委组织部长宛希先这些人都在。我们七八个人由古城区委书记胡白凡带队,自己带着铺盖到象山庵。我们到的时候,宛希先和谭震林还在庵门口接我们。"③

宛希先与谭震林等人为党员训练班制订了一个培训大纲,从训练内容、方式到由什么人讲课,每个人讲什么内容,都列出详细的计划。宛希先还把这一大纲拿给毛泽东看,毛泽东浏览一番,见计划上给自己安排的讲课题目"中国共产党的起源与历史",感觉到这样的安排是考虑得周到的。他又看见在宛希先讲课的一栏中,写着"简论共产党组织的根本原则"的题目,说道,"希先,

---

① 彭东明:《井冈元勋:宛希先》,中共党史出版社 2013 年版,第 166 页。
② 彭东明:《井冈元勋:宛希先》,中共党史出版社 2013 年版,第 166 页。
③ 彭东明:《井冈元勋:宛希先》,中共党史出版社 2013 年版,第 167 页。

哪天你讲这一课的时候,我一定要来听。"①

"希先,我要听听你对这个课题是怎么论述的?党的组织根本原则,可是个大论题呢。"毛泽东的语态是那么真诚。"唉,毛委员,我讲课那是在你面前班门弄斧呢。你是党的'一大'代表,属于党的开山鼻祖,我只够得向你讨教。""呃!希先,我哪是什么鼻祖,李大钊和陈独秀才是党的创始者。我看,你能够从党的根本原则进行理论上的阐述,很不简单!不过呀,建议你不要太理论化,要把党的根本原则和湘赣边的武装割据结合起来,这样才让学员们听得懂,记得住。"宛希先点头道:"我哪能讲出什么大理论?这次来的同志大多数是农民,我们每个人的讲课都要做到通俗易懂,这一点你放心。"②

毛泽东微笑着,用手在对方的肩上拍了一下,动作是那么地亲切、随和。这期党员训练班的培训方式,是学习与讨论相结合。基本上每个上午、下午都听一堂课,然后进行讨论。授课人有毛泽东、陈毅、宛希先、谭震林等。讲课的内容为党的基本理论、党组织战斗力教育、党员先进性教育等。特委翻印了《中国共产党纲领》《怎样做一个共产党员》等讲义,发给学员学习。讨论的时候,要求每个学员都得发言,结合实际谈学习体会。

训练班的授课安排,以宛希先的课最多并且具有特色。他的课程是专题论述,即以"共产党组织根本原则"为题,分为五六节课,贯穿整个训练班期间。

宛希先上课,每次都要带一个备好了课的本子。但他不会按照写在本子上写的照本宣科,而是根据提纲作深入浅出的阐释。宛希先所上的第一课,题为"共产党员的基本条件"。他略带湖北腔的口音在象山庵后幢的大殿中响起:"中国共产党是无产阶级的政党,所以它的党员要是无产阶级(产业工人)里面最觉悟、最先进、最勇敢、最革命、最忠实的分子,才能进共产党。不过,除了产业工人出身的人以外,乡村贫农、城市手工业者以及被压迫的知识分子,

① 彭东明:《井冈元勋·宛希先》,中共党史出版社 2013 年版,第 167 页。
② 彭东明:《井冈元勋·宛希先》,中共党史出版社 2013 年版,第 168 页。

只要他抛弃原来的地位,完全无产阶级化了,也可以进共产党。凡是要进共产党的人,一定要立下这样的决心和誓愿——牺牲个人一切利益,始终为无产阶级向资产阶级作斗争。服从和遵守共产党的一切决议案、命令、纪律,努力站在无产阶级一边,严守共产党的一切秘密,永远不背叛共产党……"①宛希先的讲课,注重于结合周围的实际,对某一个观点进行宣讲。

他在讲"党的基本组织"时,是这样论述的:"党的基层支部,是共产党系统最基本的组织。支部非常地重要! 就像一支军队里面,是以连为组织单位的,没有一个个连队,哪能组成一个师、一个军呢? 如果军队里面没有连一级的基本单位,只有营部团部师部军部总司令部,那是不能作战的。也像一幢房子,如果没有基脚为基础,那么整个房子就要倒塌的。共产党如果没有支部,就像房子没有基础、军队没有连一样,所以基层支部是非常重要的,每个同志都要努力地做好支部的工作!"②

根据刘克犹、谢锡光、谢合斌等老同志回忆,第一期党员训练班办了 7 天。通过学习和讨论,学员们普遍对党的基本理论知识有了了解,有效地提高了思想觉悟和政治素质,也为保障党的战斗力奠定了基础。

边界特委把加强党的建设、努力提高各级党组织的战斗力当成一件重要的工作。同年 11 月下旬,特委在步云山的白云寺举办了第二期党员训练班,学员有一百多人。主持办班的依然是宛希先、谭震林等人。从 10 月上旬边界党的"二大"确定厉行"洗党"以来,到连续在象山庵、步云山和茨坪三地举办党团训练班,边界特委一直把整顿党组织、提高党的战斗力当成中心工作。整个过程是一次整党的运动。这是中国共产党在执政的红色区域最早进行的整党运动。运动的重心是从组织上、思想上两个方面加强党的建设,以保持党员的先进性和党组织的战斗堡垒作用。作为井冈山整党运动的主要操盘手,宛希先的名字与这段历史是连在一起的。

---

① 彭东明:《井冈元勋:宛希先》,中共党史出版社 2013 年版,第 169 页。
② 彭东明:《井冈元勋:宛希先》,中共党史出版社 2013 年版,第 169 页。

一天，在八角楼，毛泽东像兄长一样语重心长地对他说："希先，我们作为党的干部，要学会写一些理论文章呀！特别是关于党的建设的文章。这样既能提高自身，也能为党员教育提供材料。抽出时间写嘛，积少也能成多呢。"宛希先听后点头答道："我记住了。"①

眼下，宛希先终于有时间来兑现在八角楼对毛泽东的承诺了。寒露过去，霜降来临。茶陵江口这个四五百户人家的山区乡，由夏季的一片翠绿变成青黄相间的色彩。那些树木在经霜之后叶子变黄或变红，报告着冬天将要到来，天气也渐渐地变冷。而宛希先似乎没有感觉到，他在县委的临时驻地足不出户，沉浸在写作——思考——再写作的过程中。10月27日，他全身心投入写作的、长达9000多字的理论文章与党员教材《共产党组织根本原则》终于完稿。

宛希先亲自编写的《共产党组织根本原则》完稿后，即用钢板刻写，共24页，油印装订成册，发至乡党支部成员一级，并作为当时党员培训的重要读物，在湘赣边界党组织内传播。如今留存于世的《共产党组织根本原则》孤本，珍藏在湖南省茶陵县档案馆。

由宛希先编写的《共产党组织根本原则》是大革命失败后中国共产党人在探索中国革命新道路的伟大实践中形成的一篇关于党的建设的光辉文献。全文分为"共产党员的基本条件""支部是党的基本组织""民主集中制""铁的纪律""党是一切非党组织的指导机关"五个部分，"共产党员的基本条件"是全文的核心部分。文中首先阐述了共产党的性质，哪些人可以"进共产党"，并强调凡是进共产党的人，一定要"服从和遵守共产党的一切决议案、命令、纪律，严守共产党的一切秘密，永远不背叛共产党"；强调做党的工作是"每个党员的责任""应尽的天职"，党的工作主要是宣传群众、组织群众、领导群众斗争。在第二部分"支部是党的基本组织"，宛希先强调"支部是训练同志的学校""支部与群众的关系要非常密切，要有桃子与桃核的关系一样密

---

① 彭东明：《井冈元勋：宛希先》，中共党史出版社2013年版，第223页。

切"。"民主集中制"是全文的第三部分,文中深入浅出地阐述了什么是民主和集中、为什么要民主和集中,并强调民主集中制的运用并不是乱用,"不然,则你要民主,我要集中,那就要相持不下,一切事都陷于停顿了。"在第四部分"铁的纪律"中,首先定义"纪律就是一个团体公共遵守的规矩",进而提出"共产党的纪律与国民党的纪律是不同的","共产党的纪律是非常严的","无论是负责同志或一个普通党员都要遵守的,所以名为铁的纪律。"宛希先在文中最后呼吁:"同志们! 努力! 努力发展并强健我们党的组织! 我们的组织工作成功,就能达到革命的胜利,也就是把一切反动派宣布死刑!"①

《共产党组织根本原则》是一篇中国共产党早期关于组织建设与党员培训教育的重要文献,初步回答了"怎样建设党"的重大问题,丰富了井冈山斗争时期党的建设理论,反映了当时党的工作要求和工作的艰苦性,是以毛泽东同志为主要代表的中国共产党人在井冈山时期围绕破解党的建设的难题而进行了一系列探索后形成的重要理论成果之一,在当时发挥了一定的组织力、动员力与战斗力,对为古田会议关于党的建设思想的形成做了重要铺垫,是中国共产党根据地建设时期党的建设承上启下、继往开来,有效推动了马克思主义党建思想的大众化与中国化,对于我们了解那段历史具有珍贵的史料价值。

遗憾的是,宛希先在编写完《共产党组织根本原则》后不久就遇害了,没能看到我们党组织的发展壮大和中国革命的胜利。但历史不能忘记,烈士不应被忘记,1945 年,在中国共产党第七次全国代表大会上,宛希先被追认为革命烈士,当时毛泽东曾回忆:"宛希先,是我把他留在井冈山的。我们不晓得思考了多少回,排列了十几个名单,不得不横下心留下这个对军队和地方工作都是一把好手的同志,当时我很是舍不得呢。"②即使在 1965 年重上井冈山时,毛泽东记忆犹新地惦记着:"在井冈山根据地牺牲的先烈中,还有被错杀

---

① 彭东明:《井冈元勋:宛希先》,中共党史出版社 2013 年版,第 231 页。
② 彭东明:《井冈元勋:宛希先》,中共党史出版社 2013 年版,第 246 页。

的英烈,宛希先、袁文才、王佐等人……"①

第六节 从建设无产阶级政党到新时代 全面加强党的建设

党的建设是无产阶级政党为保持其无产阶级先锋队的性质,提高党组织的战斗力,加强和改善党的领导而进行的自身建设。中国共产党诞生伊始,就十分重视党的建设,将其作为中国革命、建设、改革的主要法宝,实现党的政治任务的重要保证。以毛泽东同志为主要代表的中国共产党人为了把党建设成为一个坚守马克思主义信仰、具有广泛群众性代表性的无产阶级政党,进行了伟大探索,成功地解决了在中国建设真正的无产阶级政党的问题,创造性地发展了马克思主义建党学说。百年回眸,中国共产党建设的成功以及实行正确有效的领导是中国辉煌巨变的重要基石。

新民主主义时期,党的建设对中国革命胜利起着决定性的作用。为在中国建立一个马克思主义的政党,毛泽东进行了一系列探索,创办《湘江评论》、组织新民学会、重走萍浏醴起义之路、成立湖南共产党早期组织。党的一大后,毛泽东亲自或委派李立三等共产党员到醴陵、攸县、株洲、茶陵、酃县等地,宣传马克思主义、建立党组织、开展工农运动。从 1923 年 12 月开始,株洲转运局支部、八叠支部、各县党支部相继成立,株洲成为全国最早建立党组织和党员人数最多的地区之一。秋收起义后,为确立党对军队的绝对领导,毛泽东领导了"三湾改编",提出把支部建在连上,在酃县水口主持首次连队建党,为军队党的建设积累宝贵经验。井冈山时期,毛泽东指导株洲党的地方组织建设,相继成立县委或区委;鼓励宛希先在茶陵编写《共产党组织根本原则》,积极探索党的组织建设。1929 年 12 月毛泽东在古田会议上纠正和肃清各

---

① 马社香:《前奏:毛泽东1965 年重上井冈山》,当代中国出版社 2006 年版,第 157 页。

种非无产阶级思想,提出思想建党、政治建军原则,强调要加强党的思想政治教育,积极开展思想斗争,为解决把以农民为主要成分的军队建设成为无产阶级性质的新型人民军队指明了方向。中央苏区时期,毛泽东高度重视党的作风建设。坚持一切从实际出发,号召广大党员"迈开双脚""到群众中作实际调查",提出"没有调查就没有发言权",写下《寻乌调查》《才溪乡调查》等光辉篇章;密切联系群众,培育"自带干粮去办公,日着草鞋干革命,夜打灯笼访贫农"的苏区干部好作风;倡导艰苦朴素,厉行节约,坚决杜绝铺张浪费、贪污腐败的现象,使中央苏区各级政府被群众誉为"中国历史上最廉洁的政府"。

抗日战争时期,为完成党领导全民族抗战胜利的艰巨任务,党大力加强自身建设。党的建设同统一战线、武装斗争被认为是中国革命的三大法宝。1939年10月在《〈共产党人〉发刊词》中,毛泽东把党的建设称为"伟大的工程",要建设成全国范围的、广大群众性的、思想上政治上组织上完全巩固的、布尔什维克化的党。为加强党的政治建设,毛泽东明确指出党的建设同党的政治路线紧密相连,只有坚持正确的政治路线,党才能进一步巩固和发展。从1941年5月毛泽东作《改造我们的学习》报告至1945年4月党的六届七中全会通过《关于若干历史问题的决议》,以毛泽东同志为核心的党中央在延安开展一次马克思主义教育运动,集中整治对党和革命事业危害较大的主观主义、宗派主义和"党八股"。以"惩前毖后,治病救人"为宗旨,施行批评和自我批评,使全党清楚了什么是真正的马克思主义、什么是正确路线等重大是非问题,确定以毛泽东思想为党的指导思想,使全党达到空前的团结和统一,保证了党的无产阶级先锋队性质和纯洁性,为夺取抗战胜利和新民主主义革命胜利奠定了思想基础。

解放战争时期,为加快解放战争胜利进程和新政权建立步伐,党的建设受到高度重视。1947年冬至1948年春,各解放区紧密结合土改,开展以"三查"(查阶级、查思想、查作风)、"三整"(整顿组织、整顿思想、整顿作风)为主要内容的整党运动。1948 年 1 月开始,在全党实行请示报告制度、健全党委会的制度、改进党委会的工作方法,以健全党内制度,加强党中央的集中统一领导。1949 年 3 月党的七届二中全会,决定党的工作重心从乡村向城市转移,毛泽东提出著名的"两个务必"和"赶考"命题,要求全党"务必使同志们继续地保持谦虚谨慎不骄不躁的作风、务必使同志们继续地保持艰苦奋斗的作风",要警惕"糖衣炮弹"的攻击,从革命党向执政党转变,为党夺取全国胜利和建设新中国,作了政治上思想上的准备。

新中国成立后,中国共产党面对的是一个全新的国家,走的是一条前人未曾走过的路,一切都要靠自己一步步摸索,开创适合中国国情的社会主义道路,探索执政党的建设成为新的历史使命。当时百废待兴,需要一个强有力的核心来领导社会主义建设事业。1954 年 9 月,毛泽东在第一届全国人大一次会议开幕词中指出:"领导我们事业的核心力量是中国共产党"①。探索执政条件下党的作风建设,开展"三反""五反"运动,提出要充分注意执行"群众路线的领导方法"。1957 年 3 月,提出密切联系群众的三原则:"上下级打成一片,准许下级批评上级,不要靠职位高、老资格吃饭",继续保持同人民群众的血肉联系,着力解决执政党培养和造就接班人的问题。1964 年 6 月,毛泽东提出无产阶级革命接班人必须具备五个条件,明确接班人的选择标准,确保党的事业继续掌握在无产阶级革命家手中,确保社会主义道路沿着正确方向走下去。

改革开放和社会主义现代化建设新时期,中国共产党团结带领人民建设中国特色社会主义,进一步探索完善执政党的建设。1978 年党的十一届三中全会后,以邓小平同志为主要代表的中国共产党人高瞻远瞩,解放思想,实事求是,通过《关于建国以来党的若干历史问题的决议》,系统地回答了执政党建设一系列基本问题,提出"把党建设成为领导社会主义现代化事业的坚强

---

① 央广网,2018 年 2 月 17 日。

核心"的时代命题。1989 年党的十三届四中全会后,以江泽民同志为主要代表的中国共产党人围绕党在长期执政、改革开放和社会主义市场经济条件下,怎样建设党的根本问题,提出党的建设"新的伟大工程"和"三个代表"重要思想。2002 年党的十六大后,以胡锦涛同志为主要代表的中国共产党人继续推进党的建设新的伟大工程,增添反腐倡廉建设的内容,以党的执政能力建设和先进性建设为"主线",提出党的建设"五位一体"总体部署和科学化的重大命题。

党的十八大以来,以习近平同志为核心的党中央着眼大历史大时代推进党的建设新的伟大工程,坚持和加强党的全面领导,坚持党要管党、全面从严治党,党的建设取得历史性成就、发生历史性变革,党的全面领导得到根本巩固,开辟了马克思主义执政党建设新境界,构建了新时代中国化的马克思主义党建理论体系,习近平总书记关于党的建设重要思想,成为习近平新时代中国特色社会主义思想的重要组成部分。

党的二十大报告指出,全面建设社会主义现代化国家、全面推进中华民族伟大复兴,关键在党。我们党作为世界上最大的马克思主义执政党,要始终赢得人民拥护、巩固长期执政地位,必须时刻保持解决大党独有难题的清醒和坚定。全党必须牢记,全面从严治党永远在路上,党的自我革命永远在路上,必须持之以恒推进全面从严治党,深入推进新时代党的建设新的伟大工程,以党的自我革命引领社会革命。

"使命呼唤担当,使命引领未来。"从建立无产阶级政党到新时代全面加强党的建设,百年来党的建设历程一脉相承。正是一代又一代中国共产党人接续奋斗,以永远在路上的决心和执着,不断推动党的建设向纵深发展,加强自我革命,推进党的政治、思想、作风、纪律、制度建设,才能领导中国人民进行革命、建设和改革,取得举世瞩目的伟大成就;才能永葆无产阶级政党的先进性和纯洁性,永葆党的马克思主义执政党本色和活力;才能始终牢记初心使命,坚定理想信念,践行党的宗旨,为实现人民对美好生活的向往和中华民族伟大复兴而不懈奋斗。

第二章 对人民军队建设的探索

毛泽东曾指出:"没有一个人民的军队,便没有人民的一切""人民军队是党领导下执行革命的政治任务的武装集团。"从秋收起义伊始到艰苦卓绝的井冈山斗争时期,毛泽东就在株洲大地对党领导的新型人民军队的建设不断进行艰辛的探索。部署株洲秋收暴动与领导湘赣边界秋收起义,水口休整与调研,湖口肃反挽狂澜,总结攻打茶陵经验并确立"三大任务"建军原则,八担坵集中给部队官兵上政治课,指导株洲地方武装建设,朱毛鄙县首晤两军会师……在领导中国革命战争的实践中,毛泽东不断探索新型人民军队的建设。党的十八大以来,以习近平同志为核心的党中央确立新时代政治建军方略,坚持走中国特色兴军强军之路,矢志把人民军队建设成为世界一流军队。

第一节 水口休整,初步明确人民军队的纪律要求

秋风飒飒,红旗猎猎。1927 年 10 月 13 日,毛泽东率领工农革命军第一师第一团来到鄙县水口墟,部队得以进行将近 10 天的休整,这是工农革命军离开文家市直至上井冈山前最长时间的一次休整。

水口,坐落在群山环抱之中,是一块狭长的小盆地。洣水上游的两条支流,经过这里向北流去,在石岩累累的大风垅峡谷,汇成滚滚激流,呼啸狂奔着继续前行。90 多年前的水口,毛泽东在此进行革命思索和一系列探索活动,革命洪流在这里汇集,又从这里准备奔向前方的险滩暗礁。

率领秋收起义余部南进鄜县

1927年8月7日，中共中央在湖北汉口秘密召开紧急会议即著名的"八七会议"，确定了土地革命和武装反抗国民党反动派的总方针，并把发动农民举行秋收起义作为当时党的最主要的任务。会后，临时中央政治局派毛泽东和彭公达改组湖南省委，领导湘赣边界秋收起义。起义的进攻目标主要是长沙。1927年9月9日，湘赣边界秋收起义爆发。由于敌人的强大和自身兵力分散、指挥失当等方面的原因，加上邱国轩团的叛变，起义军遭受很大损失。毛泽东毅然改变攻打长沙的计划，率领受挫的部队在浏阳文家市里仁学校会师。

9月19日晚，毛泽东在文家市主持召开前委会议，讨论起义军的行动方向。会议开了一整夜，争论得十分激烈。余洒度等人坚持打长沙，认为不打长沙就没有出路。毛泽东则坚决反对打长沙，主张将部队转向山区和农村，在农村中发动农民群众，深入土地革命，坚持武装斗争，保存发展革命力量。

正是以毛泽东为书记的前敌委员会，在起义严重受挫的情况下，冷静地分析了形势和敌我力量的对比，毅然决定向敌人统治力量薄弱的农村进军，从而彻底摒弃了攻打长沙夺取中心城市的原定计划。中国共产党领导的革命斗争也由此找到了一个正确的原点。

20日清晨，工农革命军1500余人集合在里仁学校的操场上整装待发。毛泽东在会上宣布了前敌委员会关于不打长沙转兵向南的决定。他说：革命由高潮转入低潮了，我们也要变，文家市不是久留的地方，要找个合适的落脚点，去当"山大王"。这次秋收暴动打了几个败仗，这算不了什么，万事开头难，要革命嘛，就不要怕困难。毛委员的话通俗易懂，使大家在困难之中受到极大鼓舞。

9月21日，毛泽东同卢德铭、余洒度率领工农革命由文家市出发，沿罗霄山脉南下，向江西萍乡、莲花前进，开始向敌人力量薄弱的农村山区进军。

部队抵达江西萍乡卢溪时,遭敌伏击,总指挥卢德铭牺牲。此时,部队因作战不利与长途行军,情绪低落,思想混乱,意志不坚定分子纷纷离队而去。

9月29日,工农革命军到达永新三湾村。当晚,毛泽东主持召开前委会,决定对部队进行改编:(一)缩编部队,将原来一个师的编制缩编为一个团,下辖一、三两个营,另设军官队、特务连、卫生队、辎重队;(二)建立军中各级党组织和党代表制度:将支部建在连上,班排设党小组,连以上设党代表,整个部队由前敌委员会统一领导;(三)建立民主制度:连以上设立士兵委员会,经济公开,不准打骂士兵。"三湾改编"从组织上确立了党领导军队的原则,这是创建新型人民军队的伟大开端。

"三湾改编"前,毛泽东曾想将部队带往湘南,靠拢南昌起义部队,以实现中央在秋收起义前提出的在湘南建立红色政权的计划。1927年8月3日,中共中央拟定了在湘、鄂、粤、赣4省举行秋收暴动的大纲,指定由毛泽东任湘南特委书记,领导湘南秋收起义。根据中央指示,毛泽东亲自拟定了《湘南运动大纲》,确定"以汝城为中心",由此而"占领桂东、宜章、郴县等四、五县,成一政治形势,组织政府模样的领导机关,实行土地革命,公开与长沙之唐(唐生智)政府对抗"[①]。由于8月18日召开的湖南省委会议发生变化——决定毛泽东前去领导湘赣边界的秋收起义,他关于建立湘南军事割据的设想未能实现。但是这幅构想一直存留在毛泽东的脑海中。

在"三湾改编"的同时,毛泽东派人给袁文才送信,袁文才给毛泽东回了一封信。10月3日,革命军到达宁冈。10月6日,毛泽东带少数随员到大仓村会见袁文才,鼓励袁文才扩大和巩固部队,坚持革命斗争,做好王佐的工作,并决定送袁文才100支枪。袁文才当即筹集1000元块银元赠送工农革命军,表示要积极帮助筹备军粮和安置伤病员,并答应上山做王佐的工作。10月7日,工农革命军进驻茅坪,安置伤病员和留守机关。但是袁文才对工农革命军

---

① 《中国工农革命斗争史上的丰碑——汝城"新湖南"》,井冈山革命博物馆网,2008年9月5日。

还是心存"鸠占鹊巢"的顾忌。在与毛泽东会谈后,他的好友苏兰春(龙冈书院学生,是毛、袁会谈的4名警戒人员之一)问他谈了些什么,袁文才说:"毛委员讲,听说'八一'部队会下广东,他准备去韶关,找贺龙、叶挺的部队,留下的部队就交给我带。我问他留下的是些什么人? 他讲有连长、营长,还有师长。这么多大人物,我一个初中生能带得下去?"袁文才决意推辞,口里却说:"你们既然来了,就有福同享,有难同当,伤员和部队的粮油我管,但钱宁冈有限,还需要到酃县、茶陵、遂川一带去打土豪。"①

工农革命军还在宁冈驻扎的时候,家住酃县十都的共产党员万达才就通过在宁冈做生意的十都人万辉林给毛泽东送去一封信,请革命军到十都来。10月10日,工农革命军经黄上、平寨到达十都墟,万达才立即前去接头,要求参加革命军。当天,革命军在十都宿营,毛泽东就住在李家(今十都中学位置)。当天晚上,毛泽东派何长工去长沙等地找湖南省委和湘南特委,汇报秋收起义部队情况并寻找南昌起义部队的下落。

11日,工农革命军经九峰坳、安坑到达石洲里。当地群众看到部队休息时都坐在路上,不打扰百姓,纷纷将茶水送到队伍上。安坑村农民曾成轩1967年接受采访时回忆:"亲眼看见,士兵戴的帽子上钉有一条红布条,打了红旗,旗上有一架犁的标志。部队经过时也写了标语,'红军不扰乱,杀尽反动派'。"他估计革命军"有几百人,枪比人多,有的担着枪走"②。

工农革命军到达石洲时,将板坑楼一家收租最多、势力最大的地主黄安福抓走了,宣布他重租高利盘剥农民、横行乡里、巧取豪夺等罪状,罚款几百块银元。革命军的行动大长了穷苦农民的志气。当天,工农革命军在石洲里宿了一晚,毛泽东住三育小学。

---

① 中共湖南省委党史研究院:《炎陵县革命斗争史(1921—1949)》,湖南人民出版社 2021年版,第38—39页。

② 中共湖南省委党史研究院:《炎陵县革命斗争史(1921—1949)》,湖南人民出版社 2021年版,第38—39页。

12日,队伍继续南进,经团箕坑、十八排、木垅到达茶垅,在茶垅宿一晚。13日经佛祖坳、南岸、下江洲、高坳、塘铺、女子庙继续南进,当天部队到达水口圩。工农革命军所到之处,纪律严明,买卖公平,给沿途百姓留下很深的印象。

水口圩,是井冈山西南脚下的一个小镇,地处两省三县交界处,背靠井冈山,面向湘南,既远离城市,又十分闭塞,可进可退,便于部队活动。毛泽东命令部队在此停留下来。水口圩外西边山脚下的枫树下小村里,那里有好几栋山墙高翘、青砖黑瓦的大宅院,是当地比较富裕的郭家大屋场。部队的大部分人马就驻扎在那里。而团部则设在靠近墟市的一家朱姓祠堂里。战士们把写着"工农革命军第一军第一师第一团"字样的红旗,插在了一栋面积较宽的祠堂即朱家祠的房屋上。同时,一些士兵提着石灰桶不时地在墙上涮写标语,如"打倒土豪劣绅!""打土豪,分田地!""我们是劳苦大众的部队!""欢迎水口劳苦工农自动起来打土豪分田地!"等等,每条标语后都署名"郭亮"。

郭亮,湖南长沙人,同毛泽东、蔡和森等著名领导人一起,是新民学会会员,1921年加入中国共产党后,从事工农运动,是中共五大选出的中央委员、中共湖南省委书记,在湖南人民中声望很高,当时在人民心目中,郭亮就是共产党。毛泽东这一招果然很灵,大家见了"团长郭亮"的布告,立刻就知道前来水口的工农革命军就是共产党领导的队伍。他们立刻惊呼:"郭亮还在,共产党还在!"①消息如和煦的春风,吹遍了水口圩场和附近的山村,那些躲在山里的村民纷纷回到了自己家里,主动同部队接触起来。部队的活动给寂静的山区增添了生气与活力,也带来了惊恐与不安。山民们互相偷偷地打听与猜疑,一些胆小怕事的村民躲进了深山,也有极少几个胆大的村民好奇地暗随部队。部队到达水口时,郭春发、张保林和李春生等贫苦农民围上去看热闹,工农革命军战士向他们宣传革命道理,要他们到土豪家去担谷,分东西。胆子大

① 中共湖南省委党史研究院:《炎陵县革命斗争史(1921—1949)》,湖南人民出版社2021年版,第38—39页。

的就去了,分了土豪的东西。

石洲安坑村管昌仁回忆:"他们纪律很好,不进老百姓屋,要喝茶都要丢一个铜毫子。"团箕坑农民冯明秀给部队带路,回来时兴奋地说:"累死了,走了一天一夜,部队给了四块钱(银元)。"

革命军经过木垅,有个士兵患疟疾。泥湖石子坑农民陈登鹏、陈茂联两人帮部队抬病员,一直送到水口。

工农革命军在水口时,要找裁缝做棉衣。消息一传开,水口墟、黄泥湾、浆村等地来了二十几个裁缝。做衣服的布料是吊灰色的土布。黄泥湾的邱成柜回忆,他帮工农革命军缝了七天衣服,缝了七八件,每件的工资是 600 元(当时的铜毫子)。邱光生回忆说:"我当时年轻,一天手工可以缝一件,缝一件就交一件。裁衣是在朱家祠楼上裁,手工缝制就在水口群英高学校。"①看得出,老人们谈起当年的事,都是怀着十分亲切、留恋的心情。

工农革命军一路行军,一路播撒革命火种。几个月后,工农革命军所经过的十都、石洲、茶垅、南岸一带都成了井冈山革命根据地坚强的核心区域。

松山坝军训练本领

"红军成分,一部是工人、农民,一部是游民无产者。游民成分太多,当然不好。但因天天在战斗,伤亡又大,游民分子却有战斗力,能找到游民补充已属不易。在此种情形下,只有加紧政治训练和军事训练的一法"②。毛泽东在水口黄泥湾的松山坝,组织部队开展了一系列军事训练。

松山坝,当时叫松山里,是河漠水下游的一个河滩,高出河面两三尺,上面生长着一片郁郁青青的松树林。松树林靠近山坡的地方是一片开阔地,适合部队开展军事训练。按照毛泽东的要求,每天早晨军号声吹响之后,部队就从枫树下郭家大屋驻地出发,排着整齐的队伍,经过水口圩,然后在松山坝进行

① 采访回忆录存于炎陵县档案馆。
② 《毛泽东选集》第 1 卷,人民出版社 1991 年版,第 63 页。

军事训练。傍晚,战士们又排着整齐的队伍从松山坝返回枫树下驻地。

每天在朱家祠团部办公之余,毛泽东都要抽出时间,亲自踏过木桥,到松山坝去看看部队的训练情况,鼓励战士们刻苦训练。他说,大家练好了军事本领,可以多杀敌人,可以更好地保护好自己,为中国革命胜利发挥更大作用。遇到部队操练休息,毛泽东还会和战士们席地而坐,交谈革命道理和人生理想,鼓励战士们要对革命充满必胜信心。在松山坝,部队具体由连长主持各连队的训练,训练项目包括队列、射击、刺杀、肉搏、投弹、跨越障碍,等等。

据水口人朱圣益老人回忆,当时部队开展训练时,还打了靶。打靶前,部队贴了布告,要老百姓不要害怕,布告的署名为"团长陈皓"。开国上将陈伯钧回忆说:"十月中旬,工农革命军遵照毛主席的指示,在水口进行了向井冈山进军以来时间最长的整休训练,部队分批在松山坝进行了实弹射击。"开国中将谭希林回忆说:"在水口练兵打靶是有的,但我们担任警戒任务,没有参加。"开国上将张宗逊也回忆说:"在水口圩部队休整了一个多礼拜,特务连住在一个祠堂里。有一天,下着蒙蒙细雨,我带领战士在宽敞的祠堂大厅里教练使用步枪瞄准。忽然。毛委员走了进来,我当即按照军队的习惯喊了'立正'口令,迎上去向毛委员敬礼,报告了人数和练习科目。毛委员微笑着摆了摆手,说了声继续练习,就走到战士中间看射击预习。他和蔼地问大家:'能打中敌人吗?''能打中!'大家齐声回答。毛委员又问:'能打中多远的敌人?'大家纷纷回答,这个说能够打中300米,那个说能够打中400米!毛委员听了很高兴,鼓励说'很好,就这样练,把本事练好。'随后他便找党代表罗荣桓谈话去了。"

水口松山坝军事训练,是秋收起义之后进行的时间最长的部队整休训练,是人民军队初创时期毛泽东对军队建设的实践探索,体现了毛泽东对部队军事训练工作的高度重视。

融情暖意的一场交谈

离朱家祠不远的水南村桥头,一棵高大苍翠的古松掩映着一栋土木结构的农家房屋。它与叶家祠隔河相望,房屋相比较要简陋许多,但它是南方不多见的四合院式民居,飞檐翘角,小巧别致,透出几分农家的灵秀。院落左边是一排平房,右边是正屋,房东叫江先钦,当地称作"桥头江家"。中午时分,屋里的女主人——江家大嫂(黄昌秀)正在忙活家务时,"大嫂,忙不赢咯?"江家大嫂听到亲切的招呼声,立即放下手中的活计,抬头一瞧,是一个梳着长头发、穿着老百姓粗布衣服,缠着绑腿,套着草鞋,又高又瘦的年轻人,和几个小战士来到跟前。她想起刚才高声哼唱山歌的情形,感觉有点不好意思。她搓了搓手,忙对那个气度不凡的瘦高个子青年说:"长官……"

"他不叫长官,他是毛委员",身边一个机灵的小战士连忙笑着纠正。

"哦!毛委员,你们快请坐。"江大嫂笑着招呼他们。

坐下后,毛泽东就和大嫂拉起了家常。

毛泽东问:"今年收成怎么样?"①

江大嫂顿时愁容满脸,犹豫着回答:"今年天公不作美,总是灰蒙蒙地不下雨,庄稼大部分被干死了。可是给财主的租谷和捐税一点不能少呀!大家正愁着今年的日子难过呢!"

毛泽东望着江大嫂那瘦弱的身段,同情之心油然而生:"天下不公平,我们穷人终年劳苦,还吃不饱,穿不暖,一切都被土豪劣绅剥削去了。穷人要翻身,就要起来革命。"②

"革命?"大嫂疑惑地问。

---

① 中共株洲市委办公室、市委党史工作办公室:《闪亮的桐油灯光——记毛委员在水口桥头江家》,《株洲红色印记》,中共党史出版社2012年版,第61—62页。

② 中共株洲市委办公室、市委党史工作办公室:《闪亮的桐油灯光——记毛委员在水口桥头江家》,《株洲红色印记》,中共党史出版社2012年版,第61—62页。

"是啊。我们这支队伍就是工农革命军,等到将来革命成功了,土豪劣绅打倒了,就没有人剥削你们了,你们就有好日子过嘞!"①

江大嫂听后涨红了笑脸,点点头。这时她忽然看到战士的行李还背在背上,马上说:"啊呀,你们看我只顾了说话。你们还没有住下吧？那就住我家吧。喏,我已收拾好了房子。"

鄱县水口桥头江家

毛泽东和几个警卫战士,是等所有战士住下后才来这里的。他们听江大嫂说完,便感激地对江大嫂说:"那我们就要吵闹你们几天啰。"②

江家正屋共两进,中间为天井,后厅为神龛,左右为住室,两边对称布局,用木屏风与厅屋隔开。除正对着小天井的堂屋宽大一些,旁边的厢房大约只

① 中共株洲市委办公室、市委党史工作办公室:《闪亮的桐油灯光——记毛委员在水口桥头江家》,《株洲红色印记》,中共党史出版社 2012 年版,第 61—62 页。
② 中共株洲市委办公室、市委党史工作办公室:《闪亮的桐油灯光——记毛委员在水口桥头江家》,《株洲红色印记》,中共党史出版社 2012 年版,第 61—62 页。

有十平方米一间,而且窗户小得不足半平方米。因怕挤了房东家人,毛泽东便挑了厅屋右侧后面的第一间小房间住下。这间小屋采光还得借助屋顶开的天窗,天窗上安有透明的玻璃"明瓦"。房间布置非常简单,在两张半圆桌上搭上一块门板,既当办公桌,又当床。桌上一盏桐油灯,摆着一沓纸,一支小楷毛笔,当年毛泽东就是借着这盏简陋的油灯,夜以继日地读书看报、分析敌情军情和民情;就是在这盏油灯下接见了鄢县农民协会领导人何健础,向他了解鄢县县情与农民运动情况。警卫员睡在隔壁,还有一个班的战士睡在大屋边上的矮屋里。

夜,已经很深了,喧嚣了一天的村庄,万籁俱寂,人们都已进入了梦乡。只有毛泽东住的小屋里,桐油灯光依然在闪烁,毛泽东还在伏案办公。一连两天晚上,江大嫂忙完家务临睡时,都从被风吹得半掩的门缝中,看到毛泽东在桌子上写写画画。

住在江家的日子里,毛泽东白天在工农革命军驻地及朱家祠上班,深夜就在这里思量工农革命军中的情况和如何开展工农革命、如何建立革命根据地等问题。空隙时,毛泽东还不时同江家大嫂拉上家常,了解当地风俗民情,了解当地老百姓的生活情况。

深情厚谊的一碗红薯

第三天晚上,正在缝补衣服的江大嫂想着:毛委员为我们穷人翻身的事,每天操劳到深夜,我拿什么东西慰劳他呢? 当时的农家又有什么可以做宵夜的食材呢? 她放下手中的衣服,来到里房,把厨房找了个遍也没有找出像样的东西出来。当她带着责怪自己家里穷而低下头时,看见一个角落里,零散地躺着几个细小的红薯。"有了,我就给毛委员蒸几个红薯垫垫肚子,也算是我这个穷苦人的心意吧!"于是拿了几个红薯,随后又来到厨房,在灶中点燃了一把柴,伴着"噼噼啪啪"的响声,锅中散发出一阵阵清香。

"吱呀!"毛泽东住的小屋里的门被推开了。

"大嫂,你这是……"①

"毛委员,这么晚了,您没有休息,我们山里人,没有什么好东西,这一碗红薯,您趁热吃了吧!"江大嫂说完,掩门出来了。

第二天早上,正在洗碗的江大嫂,看见一个战士拿着昨晚装着红薯的瓷花碗朝她走过来,她马上问:"毛委员全吃了吗?"

毛泽东在水口用过的瓷花碗

"他一个也没有吃,全给我们吃了。"

"为什么?"她不解。

战士把后来的事告诉了她:当天早上吃饭时,毛泽东把昨晚江大嫂煮的那碗红薯端来放在桌上,意味深长地对战士们说:"这碗红薯是房东大嫂送给我们吃的,表达了乡亲们对我们的深情厚谊。我们一定要遵守纪律爱护老百姓,我这里有一块钱,吃完后,给大嫂送去。"小战士一边说一边递过碗和钱。

"你们为我们穷人办事情,吃几个红薯还拿什么钱咯!"江大嫂执意不肯收钱,而小战士坚持要给。两个人你推我让,相持不下。小战士急着说:"这是工农革命军的纪律呀。"②说完,把钱一把塞进大嫂的手中,然后一溜烟跑去值岗了。

江家大嫂一手端着瓷花碗,一手拿着钱,怔怔地站在那里,心里半天也不能平静。后来,江家大嫂又用这只碗盛了煮好的芋头送给毛委员,但每次毛委

---

① 中共株洲市委办公室、市委党史工作办公室:《闪亮的桐油灯光——记毛委员在水口桥头江家》,《株洲红色印记》,中共党史出版社 2012 年版,第 62 页。
② 中共株洲市委办公室、市委党史工作办公室:《闪亮的桐油灯光——记毛委员在水口桥头江家》,《株洲红色印记》,中共党史出版社 2012 年版,第 63 页。

86

员都按价付钱。此后,黄昌秀用红布将瓷花碗包起来珍藏,1965 年捐献出来。此碗收藏在井冈山博物馆,为国家二级文物。一碗红薯的故事,折射出了"军爱民、民拥军,军民团结一家亲"朴素的军民鱼水情,表达了毛泽东爱兵如子、爱民如子崇高的伟人情操。

红薯里面出纪律

遵守革命纪律、重视加强革命纪律,并严格执行统一的纪律,这是毛泽东关于新型人民军队建设的重要思想,是人民军队区别于一切旧式军队的显著标志。

水口江家一碗红薯的故事在演绎着。水口分兵上井冈山途中,10 月 24 日,毛泽东在江西遂川荆竹山向部队动员时指出,上井冈山建立根据地,必须要和山上农民搞好关系,做好群众工作。毛泽东首先给大家简要地介绍了井冈山的情况,然后说:"我们就要上井冈山了,大家一定要和山上的群众搞好关系,要和王佐的部队搞好关系,做好群众工作。没有群众的支持,我们的根据地是建不起来的,革命也不可能取得成功。为了和群众搞好关系,我给大家宣布三项纪律。"接着毛泽东掰着手指说,"这三项纪律是:第一,行动听指挥;第二,不拿农民一个红薯;第三,打土豪筹款子要归公。"①

毛泽东为什么要把"不拿农民一个红薯"这件看似普普通通的小事正儿八经地当众宣布,把它当作部队必须遵守的一项纪律呢?原来,就在前一天,发生了这么一件事。部队在遂川大汾镇遭到地主武装肖家璧靖卫团的袭击后,部队被打散了,战士们既疲劳又饥渴,好不容易看见了一块红薯地,大家一拥而上,连泥带苗拔出红薯,胡乱地揩一揩泥巴,就塞进嘴里吃了起来。这时,毛泽东随殿后的队伍也赶上来了,看到这一情景,他很生气,忙问在场的几位干部:"你们经过了老表的同意没有?"连长曾士娥难为情地摇摇头,小声地

---

① 陈士榘:《三大纪律、六项注意的由来》,《株洲党史资料》第 2 辑,1989 年版,第 36 页。

说:"没有。"

　　毛泽东对大家说:"我们是工农革命军,不是军阀的队伍,怎么能随意侵犯群众的利益呢? 像现在这个样子,我们和旧军队有什么区别?"①听了毛泽东的批评,大家都羞愧地低下了头。毛泽东又耐心地说:几个红薯值不了几个钱,看起来是件小事,但体现了一支队伍的作风和纪律。过去旧军队已经让群众伤透了心,我们只有做到对群众秋毫无犯,才能得到群众的支持啊! 最后战士们赔上6吊钱,用纸包好,又用一块布裹了一层,埋在红薯地边上。由这件事,毛泽东想到,一定要制定几项具体的纪律让大家共同遵守,好让大家"有法可依"。于是,工农革命军最早的"三项纪律"就在偏僻的荆竹山应运而生了。

"三项纪律"颁布旧址

---

　　①　中共江西省委党史研究室:《回望峥嵘读初心》,江西教育出版社2000年版,第236页。

稍后不久,根据所遇到的实际情况,毛泽东又对工农革命军宣布了"六项注意":一、还门板,二、还铺草,三、说话和气,四、买卖公平,五、借东西要还,六、损坏东西要赔。1928 年 1 月 25 日,毛泽东在遂川李家坪主持召开军民大会,会上,毛泽东给工农革命军解释了"六项注意",并把"还门板"改为"上门板",把"还铺草"改为"捆铺草"。"三项纪律、六项注意"的诞生,从而奠定了红军统一纪律的基础,深刻表明工农革命军是完全彻底、全心全意为人民服务的,是和其他反动军队有着本质区别的。从水口桥头江家的"一碗红薯"到"不拿老百姓一个红薯",从"三大纪律"到"三大纪律六项注意",再到"三大纪律八项注意",中国共产党领导的人民军队严密的组织纪律性,时刻注重纪律规矩,从政治纪律到经济纪律,从生活纪律到群众纪律的全面要求,充分体现了人民军队为人民的宗旨,生动诠释了中国共产党人为人民谋幸福、为民族谋复兴的初心使命。它时刻警示我们,在协调推进"四个全面"战略布局、不断奋进全面建设社会主义现代化国家新征程中,更要强化纪律规矩意识,把纪律和规矩挺在前面,立起来、严起来,执行到位。

90 多年前,毛泽东住在江家,几乎每天早晨在门口的古松乌桕树下,时而坐着看书,时而漫步,远眺黛青色的群山和奔流不息的洣水河,思考着革命的前途⋯⋯斗转星移,几十年过去了,如今虽时过境迁,但江家有一个叫江炳乾的老人,依稀还记得毛泽东借住在他家的情景。当年,毛泽东住在他家时,他才十岁。2002 年,水口镇政府组织维修桥头江家毛委员的住屋时,问他毛泽东当年住在这里是什么样子?江老先生说:"毛委员蛮高,单单考考子(客家话:身材单瘦),头发莱(客家话:很)长,着到(穿)的是灰色的粗布衫衣,脚上着双草鞋,对人满和气,每天上昼(上午)出去,夜晚满暗(晚)才归来,每天都会带一些谷芽糖给我们食(吃)。夜晚看书看得满暗(晚),点着我家的桐油灯看书,有时候还看报纸。他睡得满暗(晚),第二早又起得满早,喜欢到门口走来走去散步,然后坐在门口的一棵乌桕树下看书。有时候又会去对面墟街上看队伍操练。那时子,红军每天清早和暗夜边子(傍晚)都要到墟上排着队伍,威威风风地走几转(趟),墟上的人都不敢乱声(讲话)。警卫员睡他隔壁,还有一个班的士兵睡在大屋边上的矮屋里。毛委员到我家住了有十多天,还到周围的老百姓家去和农民打讲(谈话),他问那些农民的日子好过么,农民受穷受苦,就是地主土豪劣绅霸占了农民的谷物,受苦的农民要起来打土豪,分田地,分地主家的浮财。部队走的时候,我家送了两双草鞋给毛委员和他的警卫,我阿哥也跟着队伍走了,那时他才十五岁,后来一直冒(没有)消息了。"①

毛泽东对曾住在酃县水口江家的情况,记忆犹新。1965 年 5 月 24 日,毛泽东重上井冈山,在井冈山宾馆前散步时,回忆初创井冈山根据地的情景,还对陪同他上山的张平化、汪东兴等人说:"水口是个好地方。我们在那里发展了秋收起义后的第一批党员。那时,我住在一个姓江的农民家里……"②

第二节　湖口挽澜,保护了新生的工农革命军

"政治纪律是各级党组织和全体党员在政治方向、政治立场、政治言论、政治行为方面必须遵守的规矩",是"最重要、最根本、最关键"的纪律,遵守政治纪律是遵守全部纪律的"重要基础"③。中国共产党自建立起就一直注重党的政治建设,强调组织的先进性和纪律的严肃性。在共产国际的帮助下,中国共产党遵循列宁主义建党原则,自诞生伊始就高度重视自身组织建设、思想建设、政治建设,并以严格纪律规范党员言行和党内生活,特别是党的二大后,强调民主集中制原则和铁的纪律,使党的纪律建设迈出实质性步伐。但由于大革命的失败,秋收起义时期工农革命军队伍来源不一、结构复杂、参差不齐,党

---

①　政协炎陵县文教卫体和文史委员会:《桥头江家鱼水情》,《毛泽东与酃县》,2021 年版,第 4—5 页。

②　王锡堂:《张平化传》,团结出版社 2020 年版,第 176 页。

③　《习近平关于全面从严治党论述摘编》,中央文献出版社 2016 年版,第 95—96 页。

组织不健全,部队思想较为混乱,存在政治信仰动摇、政治纪律松弛严重情况。1927 年 12 月,毛泽东在茶陵湖口挫败陈皓①、徐庶、黄子吉企图率部叛变投敌的阴谋,在人民军队的发展史上有着特别重要的意义,这是在中国共产党和人民军队内进行的第一次肃反,使尚处在襁褓之中的人民军队免受了一场劫难。毛泽东在这次肃反过程中行动迅速,果断决策,充分展现了他的智慧、胆识与领导艺术。

突审叛徒　速得真相

1927 年 12 月的一天,那是一个阴冷的早晨。毛泽覃②、赵英和赵发仲,忽然从乔林来到茅坪面见毛泽东。

"这么早,是什么风把你们几位吹到我这里来了呀?"毛泽东连忙给他们搬凳,"请坐请坐,有什么事要找我呢?"

毛泽覃、赵英和赵发仲神情严肃,他们互相对视一眼之后,就再不说话。毛泽东见状,顿觉蹊跷:"有什么话,就直说嘛!"③

毛泽覃忍不住从凳上起身走到毛泽东身边,把手掌卷成喇叭筒套着毛泽东的耳轮,悄声把他们要说的话全都说了出来。

毛泽东听后,不免对韩昌剑顿生疑窦。是啊,韩昌剑是副团长,本来要和团长陈皓一起带领部队前去攻打茶陵。他怎么不去攻打茶陵却跑到湘南去了! 跑到湘南去干什么? 他怎么又从湘南回到了乔林? 想到这里,毛泽东立即作出决定:突审韩昌剑。

---

① 陈皓(1898—1927),湖南省祁阳县人,黄埔一期学生,在校期间加入中国共产党。参加了毛泽东领导的秋收起义,三湾改编后担任工农革命军第一师第一团团长。1927 年 12 月 29 日,工农革命军在宁冈县砻市召开大会,毛泽东列举了陈皓等人叛变投敌的罪行,下令予以处决。

② 毛泽覃(1905—1935),湖南省韶山市人,毛泽东胞弟,1923 年 10 月加入中国共产党。曾任长沙社会主义青年团执行委员会书记、宁冈县乔林乡农村党支部书记、中共中央苏区分局委员、红军独立师师长、闽赣军区司令员等职,1935 年 4 月牺牲。

③ 中共株洲市委办、市委党史工作办公室:《立捕叛徒不迟疑　襁褓之年免遭掳》,《株洲红色印记》,中共党史出版社 2012 年版,第 80 页。

韩昌剑在乔林接受审问时,交代了他去湘南的前后经过。原来,陈皓对工农革命军的前途产生了悲观,不甘忍受革命队伍内的纪律约束,曾与韩昌剑等人密谋并派韩昌剑带着一个排,前往湘南寻找国民党十三军军长方鼎英,代他向方表达他欲带领部队前来投靠之意。陈皓以为,方鼎英曾是黄埔军校的教育长,他与这位昔日的教育长存有师生之情,指望投靠肯定不会存在问题。谁也没有料到,韩昌剑煞费苦心,却根本无法找到方鼎英,于是转悠回到了宁冈乔林。韩昌剑在乔林的突然出现,顿使在此工作的毛泽覃、赵英、赵发仲产生了怀疑,警觉驱使他们在探悉了韩昌剑的些微底细之后,便迅速前来报告毛泽东。

经过查证核实,毛泽东怀着沉重的心情,痛下决心,下令将韩昌剑进行秘密处决。很快,韩昌剑得到应有的下场。

毛泽东感到此事并未结束,茶陵事态严重。1927 年 12 月 25 日,毛泽东带领毛泽覃、陈伯钧、黎育教等人,从江西宁冈茅坪出发,徒步 70 多公里紧急前往茶陵。

陈皓沉船　阴谋投敌

1927 年 11 月,暂获喘息机会的国民党湖南当局派吴尚第八军俞业裕的加强团,对醴陵、攸县、安仁等地的挨户团进行庇护,并于 12 月 26 日向茶陵县工农兵政府发起进攻。面对强敌的反扑,工农革命军一营和特务连在县游击队、赤卫队的支援下,奋起反击。正处危急关头,工农革命军第三营赶来支援,战场局势稍有改观。原来,第三营在张子意的率领下,曾在遂川大汾遭肖家璧靖卫团袭击与团部失去了联系。他们几经转战,准备返回宁冈,在途经酃县时得知一营在茶陵遭敌进攻,于是快速赶来驰援,来得正是时候。

然而,工农革命军全团只有 7 个连,不论是兵力,还是武器装备,均远远不及进攻之敌,实力相差悬殊。战至天黑,团部决定立即撤退。

工农革命军理应东撤,因为东撤可抄近路直接回到宁冈的大本营。可是,令人不可思议的是,茶陵城的东门渡口原来已经搭起了浮桥,可浮桥却早被团长陈皓下令拆除,东撤无桥。于是,工农革命军的干部、战士怨声载道,只得从陆路南撤。"这是一场关系到数百名革命军战士生死存亡的斗争,我们一定要保住部队,千万不能让他们的阴谋得逞。"①宛希先在黑暗中郑重而又坚定地对张子清说。

的确,陈皓下令拆除浮桥,隐藏着不可告人的祸心。面对干部、战士的斥问,陈皓反以部队"破釜沉舟,背水一战"为由,声称这是对部队意志的考验。陈皓强词夺理,善于狡辩,干部战士此时尚未识破他的罪恶阴谋。

然而,当部队撤到茶陵城以南的大墟镇湖口时,陈皓的阴谋开始露出破绽。部队至此,处在湖口这个十字路口,从湖口往东即到宁冈,往南即去酃县、桂东。部队到达这里即发生了一场大的争执。陈皓意欲向方鼎英靠拢,以"去湘南发展、扩大队伍再回井冈山"为借口。命令部队继续南撤,得到了团参谋长徐庶、一营营长黄子吉的附和。以宛希先为首(包括茶陵党政领导陈韶②、谭震林等在内)的党政军干部,则主张部队东向宁冈,回到毛泽东身边去。这样争论了好几个小时,两种意见相持不下。这时,陈皓心急如焚,于是狗急跳墙,拿出团长的架势,蛮横地说:"不管愿意不愿意,军人以服从为天职,'革命'就得听指挥。现在我宣布:开拔酃县,违令者'斩'。"③陈皓一伙继续南撤,是不得人心的。李炳荣等部分茶陵赤卫队员,对此难以理解,一气之下跑到东西岭打游击去了。离开井冈山40多天的广大工农革命军指战员,此时希望回到毛泽东身边去。他们步履沉重,心事重重,纷纷议论说:"为什么不回到毛委员身边去呢?""三营刚从湘南来,那边有敌军的重兵把守,为什么

---

① 尹烈承:《毛泽东与茶陵》,湖南人民出版社 2006 年版,第 44 页。
② 陈韶(1905—1933),湖南省茶陵县人,1926 年 10 月加入中国共产党。曾任茶陵游击队队长、中共茶陵县委书记、湘赣边界特委委员、湘东独立师政治部主任、师党委书记、红八军政治部主任、湘赣红军新编独立一师政委等职。1933 年夏被错杀于江西永新东门洲上。
③ 尹烈承:《毛泽东与茶陵》,湖南人民出版社 2006 年版,第 44 页。

这时要往南边去?"①但"军人以服从命令为天职",慑于团长的命令,只好向南行进。所以,行进速度十分缓慢。

火速追赶 传令回撤

时值隆冬,寒风凛冽。毛泽东一行匆匆走来,翻山越岭,疾走田间,他们不但不觉寒冷,反而觉得全身发热不得不敞开衣襟。没有歇息,没有疲倦,只有急切,毛泽东一行赶到茶陵坑口时天已大黑,于是决定当晚按预定计划在坑口宿营。

12月26日,毛泽东一行又从坑口向茶陵县城进发,生龙活虎的赤卫队员为他们站岗放哨。走到离县城只有十多公里的地方,忽然从远处传来激烈的枪炮声,毛泽东一行来到与县城只有一水之隔的中瑶村时,夜幕已经降临。茶陵中尧赤卫队队长陈苟仔忽然一个立正给毛泽东敬礼道:"毛委员,赤卫队陈苟仔向您报告,县城的情况暂时不明,不宜进城。"

毛泽东点头,决定夜宿时任茶陵县委书记陈韶的家中,度过了他34岁的生日。当晚,为了进一步掌握城里的情况,毛泽东又派赤卫队去打探消息,同时还安排人员轮流值班,以防不测,毛泽东亲自同陈伯钧值从深夜至拂晓这班岗。赤卫队员3人一组的前往县城打探情报,他们一会儿去县城,一会儿汇报已经掌握的情报,来来去去,通宵未停。赤卫队长陈苟仔向毛泽东报告,城东门的浮桥已被拆除,东门外没有发现敌人。毛泽东听罢心想,这就怪了,撤退返回宁冈,怎么不走东门,还把东门浮桥拆除,这是干什么? 天刚拂晓,返回的赤卫队则报告:我军已由茶陵城往南撤退,敌人尚未进城。听完,毛泽东随即决定立即向南追赶部队。毛泽东理了理额前的头发,默默地吸烟,神色一如寻常,但内心却思绪如潮。自秋收起义失败后,刚刚诞生的中国工农革命军历经千辛万苦,经"三湾改编"上了井冈山,占领了宁冈、打下了茶陵,看来陈皓此

---

① 尹烈承:《毛泽东与茶陵》,湖南人民出版社2006年版,第44页。

陈韶故居

时拆桥真的是带人南去投靠国民党方鼎英的十三军,他们要叛变革命了,这次从茅坪赶来,来得及时,如果晚来一步那就不行了啊!于是,毛泽东当机立断,改变行程,不再前往县城,决定明天早上直接赶往湖口。想到这里,毛泽东长长地嘘了一口气,中瑶村的赤卫队不简单,如果没有他们及时提供部队的行踪,岂不误了大事!当时这一紧急情况,负责护送并保卫毛泽东的陈伯钧在《毛委员率领我们上井冈山》一文中这样记述道:"……我想着、想着,忽然又闪出一个念头:万一在我们住村附近发现敌情,怎么办呢?我们八九人,只有我和毛委员的警卫员各有一条驳壳枪,另一个同志有条马枪,统共只有三条枪呀!遇到敌人怎么招架,怎样才能保证毛委员的安全?我的心情顿时紧张起来。我看看正在值班的毛委员,他神色泰然,默默地吸着烟,似乎在思考问题、判断情况……"①

27日拂晓,中瑶赤卫队和群众听说毛泽东一行已经改变行程,直接从中瑶前往湖口,于是立刻将一条泊在河滩上的小船推入水中,毛泽东一行登上小船摆渡至对岸后,立刻前行追赶部队。途中,他们遇到了三个伤员。伤病员见到毛泽东就似久别的孩子见到了母亲,急切地向毛泽东诉说着自己所知道的一切情况。毛泽东听到这些情况后,感到部队情况紧急,更加快了步伐。赶至湖口墟时,已近半下午,经打听,才知部队前不久已向酃县方向出发。

此时,工农革命军刚刚离开湖口南撤不到1公里,毛泽东立即委派陈伯钧、黎育教策马往前追赶。两匹白马一阵急奔,很快追上部队,陈伯钧骑在马背上,大声传达了毛泽东的命令:部队立即回撤,开回湖口宿营! 命令迅速在部队中传递,"毛委员来了,毛委员来了"的消息,使战士们情绪高涨。陈皓、徐庶听到"毛委员来了",大惊失色。刚想溜,宛希先、张子清已经把他们控制住。部队撤回湖口后,宛希先发现一营营长黄子吉不见了,便向毛委员报告。毛泽东当即指示宛希先带一个排去把他们追回来,指示谁不回来立即处决。

挫败阴谋 进军宁冈

部队在湖口宿营后,张子清首先向毛泽东汇报了陈皓等人的情况,并谈了对事情的看法。宛希先将黄子吉等人追回来后,向毛泽东详细地汇报了这几个人的情况。心情十分沉重和矛盾的毛泽东,对于事情的处理方法渐渐理出了头绪。

当天晚上,毛泽东在住处——湖口墟老园背王其生家,主持了连以上干部参加的紧急会议。会上,宛希先、张子清、何挺颖等人,揭露了陈皓一伙企图将部队拉向湘南叛变投敌的阴谋,陈皓一伙则百般狡辩:"我们不是叛变投敌。要知道,我们刚来井冈山,脚跟未立稳,为什么不能多跑几个地方,扩大我们的

① 陈伯钧:《毛委员带领我们上井冈山》,《回忆毛主席》,人民出版社1977年版,第102—103页。

地盘?"徐庶跟着附和:"就是呀,革命嘛!到哪里都一样。"①

湖口王其生家旧址

毛泽东一听他们的狡辩,知道他们不会认错。看着他们阴阳怪气的样子,一下子就火了,指着陈皓等人大声喝道:"把他们捆起来!"特务连连长曾士峨和陈伯钧立即带人上前,将陈皓、徐庶、黄子吉捆了起来。陈皓叫道:"我是团长,凭什么捆我?""就凭这个。"毛泽覃边说边将从韩昌剑身上收缴的陈皓给方鼎英的密信拿了出来。陈皓一见,知道事情败露,便低头不语。毛泽东说:"你好大的胆子,要把革命军往哪里带!"陈伯钧说:"还说这不是叛变投敌。"待了一会儿,陈皓对毛泽东说:"毛委员,事情到了这个地步,把话挑明也好。你这样干涉我们的指挥权,没办法干了,我向前委辞职。"徐庶也跟着说:"我也辞职。"毛泽东吸了口烟,脸色格外严峻。停了片刻,他说:"你们已经不是

---

① 中共株洲市委办、市委党史工作办公室:《记毛泽东在茶陵湖口处理陈皓一伙》,《株洲红色印记》,中共党史出版社 2012 年版,第 81 页。

辞职不干的事了,我代表前委宣布,现在就解除你们的职务。"陈皓一改过去沉默寡言的习惯,竟然大笑了两声:"谢天谢地,毛委员恩准。我要是贪恋这个团长就是孬种。这里不革命,我去哪里不能革命? 我马上就走!"徐庶也说:"谁想回井冈山谁就回吧,我再也不去与土匪为伍了。"毛泽东扫视了他们一眼,平静地说:"要走么,没那么简单,你们必须听候工农革命军的审查。"①随即命令将陈皓、徐庶、黄子吉一伙看押起来(后在砻市处决)。然后,会议讨论了部队的行动方向。

28 日早晨,太阳高高升起,湖口墟的稻田里人声鼎沸,旗帜飘扬,毛泽东要在这里召开工农革命军全体指战员会议。稻田里,秋收后留下的稻茬结着冰凌,人们踏在上面发出咔嚓的声响,远处炊烟袅袅,不时传来三两声鸡鸣和狗吠。在稻田里追逐嬉戏的孩子直至大会正式开始,才开始变得中规中矩,他们把小指头塞进嘴里,无不好奇地站在那里看开会。参加会议的,既有随城里工农革命军一起前来的茶陵游击队、赤卫队、纠察队队员,也有参加南昌起义被打散潜回家乡的谭家述②并由他带来的许多农民。陈皓一伙企图叛变革命的罪行被公布,会议宣布了逮捕陈皓、徐庶、黄子吉的决定和由张子清代理团长的命令。

话音刚落,被捆绑的陈皓、徐庶和黄子吉,由工农革命军战士带到了会场,他们把头垂得很低。人们无法知道,这 3 个叛徒的心里此时此刻正在想一些什么。

毛泽东向大家作了激动人心的演讲。他精辟地分析了当时的形势,指明

---

① 《毛泽东全书》第一卷,河北人民出版社 1998 年版,第 141 页。又见,中共株洲市委办、市委党史工作办公室:《记毛泽东在茶陵湖口处理陈皓一伙》,《株洲红色印记》,中共党史出版社2012 年版,第 81—82 页。

② 谭家述(1909—1987),湖南省茶陵县人,1928 年加入中国共产党。曾任茶陵县农民自卫部部长、湘东独立第一师三团团长、红六军团参谋长、晋察冀军政干部学校教育长、华北军政大学教育长、高炮指挥部司令员兼军校部部长、防空部队副司令员兼参谋长等职。1955 年被授予中将军衔。

了中国革命的前途和工农革命军的任务。大意是,当前军阀之间的矛盾仍然突出,别看湖南军阀这次来"管"我们,这种形势不可能维持太久,军阀混战的局面将会持续。军阀一混战,就没有精力来管我们了,而革命群众经过挫折,觉悟提高了,这些对于我们都有利。我们现在的任务是建立井冈山根据地。有了这块根据地,我们屁股坐在罗霄山脉,两腿伸向江西、湖南,向西有茶陵、酃县,向东有遂川、万安、泰和,向南有桂东,向北有永新、莲花,周围几十个县,上千万人口,只要我们依靠和发动群众,扩大部队没有问题,不愁没有回旋的余地,革命大有前途。当然,要建立起根据地,要形成武装割据的局面,想不吃苦,贪图享受与舒适安逸是不行的。目前,根据地建设刚刚开始,周围各县党的组织还未健全,豪绅地主、国民党军阀又制造白色恐怖,妄图消灭我们。所以我们不要被白色恐怖吓倒,要坚持不懈地与敌人作顽强的斗争。陈皓一伙投机革命,贪图享乐,又被白色恐怖吓倒,反对建立农村革命根据地,终于来了个大暴露,想叛变投敌。现在,我们把他们抓起来了,事实证明,想背叛革命,背叛人民群众的,是没有好结果的。[1]

毛泽东对工农革命军官兵与在场的群众激情澎湃地说:"我们是革命军队,是工农革命军,是为解放穷苦人民而打仗的。我们穷苦人民为什么没有饭吃? 就是因为受了地主、资本家的压迫和剥削,要翻身就要起来革命。我们革谁的命? 革地主、资本家的命。我们能不能胜利? 我们是多数,只要团结一致,有正确的领导,就一定能够胜利。"[2]毛委员的话,正讲在穷苦老百姓的心坎上,好多人激动得流下了眼泪。

听着毛泽东的讲演,人们不时报以热烈的掌声。毛泽东的话好似灿烂的明灯,照亮了广大指战员和在场工农群众的心,他们感到革命大有奔头,无不

---

① 谭家述:《给茶陵县纪检办的信》,《亲历井冈山革命根据地创建》,江西人民出版社 2007 年版,第 30 页。

② 龙开富:《工农革命军在茶陵的革命活动》,颜秋华、朱汉兴采访龙开富记录(1968 年 10 月 17 日),存于茶陵县档案馆。

精神振奋,斗志昂扬。尤其是在场的工农群众目睹逮捕陈皓一伙,感受到共产党和工农革命军的强大力量;听了毛泽东的讲话,深受教育和鼓舞,对革命充满了必胜的信心。正如谭家述回忆这段往事时所说的一样:"我潜回茶陵时悲观失望不想干革命了。听了毛委员的这段话,觉得革命有奔头,在湖口跟毛委员上井冈山了!"①

正是被毛泽东讲话所鼓舞,许多赤卫队员、纠察队员、游击队员和农民群众,当即纷纷要求加入工农革命军,"跟随毛委员闹革命"。

得到毛泽东同意后,会场上很快就出现了一个争先恐后报名参军的火热场面:有父母携儿女的,有妻子送丈夫的,有兄弟姐妹争相报名的,整整一个上午报名参军的络绎不绝。

茶陵民众争相报名参加工农革命军的场面,与秋收起义途中邱国轩叛变、芦溪战斗后一些官兵逃跑、师长余洒度不辞而别、陈皓一伙叛变,形成强烈的对照。毛泽东被这一场景深深感动,泪水从这位历尽艰辛的坚强领袖眼中流了下来,这是高兴的泪水,激动的泪水。每一个在场的工农革命军战士都被茶陵人的壮举所感动。

茶陵这一次报名参军的有数百人,茶陵县委、县政府与张子清、宛希先等团领导酌情选定了200多人,报告毛泽东批准后,编入中国工农革命军第一军第一师第一团第二营,并任命尹吉希为营长,袁肇鸿为副营长。

会议结束后,毛泽东率领工农革命军离开湖口,浩浩荡荡地向宁冈进发。28日傍晚时分,部队来到酃县瑞口宿营。沉静的山村顿时热闹起来,当地群众纷纷打开家门,迎接部队。有的还带着蜂蜜、茶叶等土特产来团部慰问。

晚上,在一团临时指挥部里,毛泽东、张子清、宛希先、何挺颖分析了这次陈皓叛变的教训,研究部队的下一步行动。毛泽东表扬宛、何等人经受了考验。并说部队经受这次挫折,大家的觉悟提高了。目前军阀混战,没有精力来

---

① 谭家述:《亲历井冈山革命根据地创建》,江西人民出版社2007年版,第440页。

管我们,这对我们有利。当前最要紧的任务,就是要充分发动群众,建立好根据地。这次会议进一步统一了在井冈山建立革命根据地的思想,坚定了干部战士的信心。

毛泽东走到哪里都不乏强大的吸引力,几个老人围过来指着厅中的煤气灯问:"这是什么灯? 真像个'小太阳'"。毛泽东笑着站起来,握着一位老人的手说:"这叫煤气灯,是我们在茶陵一家大土豪家里没收来的,装上煤油,打足气,就可以点亮。现在只有财主家有,等到革命胜利了,全国解放了,我们每个农民家里都会有个'小太阳'"。①

毛泽东的话使这些过惯了漫漫长夜的山区农民对"革命胜利"生出无限的憧憬。

毛泽东把部队带回宁冈砻市,在砻市处决了陈皓一伙叛徒。

毛泽东在湖口处理陈皓一伙叛变阴谋这一力挽狂澜的伟大革命实践活动,意义非常重大,不仅为中国革命的胜利留下了火种,而且有力地证明了:只有坚持党对军队的绝对领导,才能确保人民军队经受考验,并走上正确的发展道路。一路跟随毛泽东到湖口的陈伯钧在《井冈烽火岁月》一文中曾写道:"这样,新生的工农革命军所遭遇到的一场极端严重的危机,由毛委员挽救后,又在毛委员的领导下,投入了创建井冈山革命根据地的伟大斗争。"②谭家述在其所写的回忆文章《回忆毛泽东同志早期在茶陵的革命活动》更是高度评价道:"我工农革命军通过三湾改编以后,当时仅有两个营的兵力,极大部分都到了茶陵,如果不是毛泽东及时赶上部队,让叛徒的阴谋得逞了,那我们的革命还会要走一段弯路。所以我们说意义重大,就是在这支军队生死存亡的关键时刻,被毛泽东挽救了。"③

---

① 中共湖南省委党史研究院:《炎陵县革命斗争史》,湖南人民出版社 2021 年版,第 54 页。

② 陈伯钧:《井冈烽火岁月》,《井冈山革命根据地》(下),中共党史资料出版社 1987 年版,第 52 页。

③ 谭家述:《亲历井冈山革命根据地的创建》,江西人民出版社 2007 年版,第 440 页。

第三节　总结攻打茶陵经验,确立
"三大任务"建军原则

如何建设一支革命的军队,在建军初始特别是秋收起义后,毛泽东就非常重视这一问题。

工农革命军战士从参加湘赣边秋收起义那天起,就下定了革命决心,从旗帜到服装都摒弃了旧的,从内到外有了一套全新的模式,以示与旧式军队决裂。实践表明,一个军队是不是新式的革命的军队,仅仅凭下定了革命的决心,甚至标志完全翻新是不够的,还必须有正确的路线和行为规范。1927年10月,工农革命军在茅坪安家后,曾经派出两个连经鄜县到安仁县打土豪,没收了土豪好些资财。按理应该将这些资财分给贫苦群众,以发动群众起来闹革命。可是他们研究了好久,谁也不知道应该怎么办,只是考虑到怎样公平合理地将这些资财分给全体士兵。他们采取绝对平均的办法,把部队带到空场上,两个连混合成队站在墙的一边,墙的另一边堆着事先堆好了的东西,其中有皮袄、鞋子、被子、毯子,还有草篮子、鸡蛋之类。一切准备停当后,就喊起来:"第三队前一名出列""倒数第二队后一名出列……"就这样吆吆喝喝地把大堆资财分掉了,士兵们很高兴,觉得平等了①。实际上这种做法形同"绿林",与工农革命军的称号是不相符的。当时,他们自己并没有意识到这一点,还以官兵平等,人人均分为快,满以为这就是革命,这足以说明在没有提出"三大任务"之前,他们是想革命而不知道怎样革命。

1927年11月,工农革命军第一师第一团打下茶陵后,团长陈皓等人受旧军队的影响,部队不做群众工作而是停留在"每天三操两讲二点名"的做法,单纯搞军事操练,不去打土豪解决给养问题而是靠摊派,损害了群众特别是工

---

① 赖毅:《毛委员教我们发动群众》,《回忆毛主席》,人民出版社1977年版,第112页。

商业者的利益,引起了人民群众的不满。

湖口挽澜处理陈皓一伙企图叛变投敌阴谋后,毛泽东在从茶陵回宁冈的路上,广泛接触工农革命军战士,听取了许多的情况。对于工农革命军打下茶陵城后不去做群众工作、不打土豪筹款子、按兵于洣江书院的做法,表示不满意,认为这背离了工农革命军的宗旨;对于工农革命军面对强敌的进攻,所采取的死打硬拼的战术,表示不可取,认为这是一种不顾客观条件的冒险行为,正如有些战士说的一样:如果没有茶陵民众的鼎力支持、勇敢参战,如果张子清带领的三营不能及时赶来参战,那驻茶陵部队就非常危险,后果不堪设想。因此,毛泽东决心很好地帮助工农革命军解决这些问题。

部队从湖口到宁冈砻市后,毛泽东即召集工农革命军第一团干部、战士与当地群众参加的军民大会。会上,毛泽东首先表扬了部队在茶陵战斗打得很勇敢,但又指出这种死打硬拼的战法不可取,单纯的军事战斗是不行的。他说,战无常法,要善于根据敌我情况,在消灭敌人保存自己的原则下,抛掉旧的一套,来个战术思想转变。打仗也像做买卖一样,赚钱就来,蚀本不干。现在敌强我弱,不能用过去那套战法,想一口吃成个胖子。他还讲到走路的问题,说:走路,连两三岁的小孩也会,可是说到打仗,走路是一门好大的学问哩!他举了例子,从前井冈山上有个老土匪,和"官兵"打了几十年交道,总结了一条经验,不要会打仗,只要会打圈。打圈是个好经验,但土匪打圈是消极的。我们要改它一句:既要会打圈,又要会打仗。打圈是为了避实击虚,歼灭敌人,使根据地不断巩固扩大,强敌来了,先领它兜几个圈子,等它的弱点暴露出来,就要抓得住,抓得狠,要打得干净利落,要有缴获。茶陵游击队也有"敌人来得多,我们就在茅草里坐;敌人来得少,我们就跟他搞;敌人走远了,我们就打土豪"的口诀。最后他笑着说:打得赢就打,打不赢就走,赚钱就来,蚀本不干,这就是我们的战术。

接着毛泽东又指出,部队在茶陵没有做群众工作,没有筹款子,是这次行动很大的缺点。他对大家说:中国有史以来,官兵都是骑在老百姓头上的,现在老百姓见到我们和颜悦色,就像是见到皇帝开了恩。我们是工农革命军,只是对群众态度好还不够。我们每个人是战士,也是宣传员,不仅要打仗,还要向群众宣传我们的主张,组织群众,武装群众。只要我们和群众团结一起,革命胜利就有把握了。说到这里,他停了停,随即伸出双手,用右手手指一个一个地扳着左手手指,边扳手指边逐条宣布了工农革命军的"三大任务":第一,打仗消灭敌人;第二,打土豪筹款子;第三,组织群众、武装群众,帮助群众建立政权①。这三大任务,是中国工农红军"三大任务"的基本内容,也是中国工农红军"战斗队、工作队、宣传队"思想的理论根源。

在宣布三大任务的同时,他还教给干部战士们发动群众、组织群众的方法。他说:开始时穷人一般不敢要地主的东西,我们就要在晚上把东西秘密地送到穷人家里去,或者把这个地方土豪的资财,带到另一个地方给穷人。

"三大任务"的制定,既进一步明确了工农革命军的建军宗旨,正确地确定了工农革命军的任务,使工农红军彻底摆脱了旧军队影响,明确了人民军队是党领导下的执行政治工作的武装集团,厘清了军队政治与军事的关系,密切了军队与人民群众之间的血肉关系,对于工农革命军的成长与壮大、革命根据地的建立与巩固,对于加速中国革命进程,起了十分重要的作用,在人民军队建军史上具有十分深远的意义。根据毛泽东制定的"三大任务"的要求,工农革命军每打一仗之后,全军分成几路奔赴各地,广泛开展群众工作。每一路又分连、排、班深入到各个乡村,根据敌我双方的形势,以及当地工作的基础,力争按质按期完成既定的工作任务。

为了更好地统一军事指挥,统一领导筹款和发动群众等各项工作,毛泽东又规定每一路单独行动的部队,或营或连,不分大小都要组织行动委员会。行动委员会由军事首长、党代表和一部分班、排干部组成。行动委员会要三五天检查一次工作,例如进行了几次宣传,组织了多少群众,打了多少土豪,没收和分发了多少东西,筹了多少款;工作中的经验、优缺点,以及附近的敌情等等,

---

① 赖毅:《毛委员教我们发动群众》,《回忆毛主席》,人民出版社1977年版,第114页。

都要作详细的汇报,并按级上送,直到毛泽东那里。经过一段时间的努力,"三大任务"的贯彻执行终于取得了明显效果,工农革命军自从制定和执行了"三大任务",就与一切旧式军队有了质的区别,干部、战士对于革命的含义才有了进一步认识,懂得工农革命军不能单纯地为打仗而打仗,知道自己怎样去做才是革命,感到搞革命有章可循了。在后来的 1928 年 1 月,毛泽东率工农革命军占领遂川县城时,避免了走茶陵这些弯路,发动和组织群众革命工作比在茶陵做得更好。赖毅就此回忆道:"我们向没有走的老人宣传,他们多半都不理睬;把财物分给他们,他们摇摇头,拱拱手,推都不接受。于是我们就从小处着手,先分一些可吃的东西,因为东西吃掉了不留痕迹,不怕土豪倒算。以后,我们加强宣传,消除群众顾虑,使留在城里的人逐渐靠近我们。工农革命军爱护群众的行动,很快传开来。两三天里,穷人们都陆续回来了。我们的宣传工作也繁忙起来。由班、排干部组成小组,每个组都有红布做的小旗子,旗子上横写着三个大字:宣传队。红旗到处,群众团团围住,静听红军战士讲话。……跟工农革命军打土豪去!"[1]所以,罗荣桓曾经指出:"这三者(即革命武装、土地革命、革命根据地)的结合就是当时毛泽东同志革命战略思想的中心"[2]。38 年后的 1965 年 5 月 21 日,毛泽东主席夜宿茶陵县委大院时,对张平化说:"想当年,连茶陵也守不住,什么原因呢? 因为部队没有纪律,我们不能像国民党光是向老百姓要东西,我们应该用百分之九十的精力帮助老百姓搞生产,用百分之十的时间征粮。老百姓的利益过去、现在、将来都是我们胜利的保证。"[3]

之后,毛泽东等老一辈革命家对中国工农红军的"三大任务"进一步完善。1929 年 9 月 28 日,中共中央在给中国工农红军第 4 军前敌委员会的指示信中提出,红军的根本任务是发动群众斗争,实行土地革命,建立苏维埃政

---

[1]　赖毅:《毛委员教我们发动群众》,《回忆毛主席》,人民出版社 1977 年版,第 116—117 页。

[2]　罗荣桓:《秋收起义与我军初创时期》,《历史教学》1966 年第 3 期,第 29 页。

[3]　中共湖南省委党史研究院:《茶陵县革命斗争史(1921—1949)》,湖南人民出版社 2021 年版,第 79 页。又见《毛主席和张平化在茶陵漫步时的一次谈话》,存于茶陵县档案馆。

权;实行游击战争,武装农民并扩大自身组织;扩大游击区域及政治影响于全国。指示信指出,红军不能实现上述任务,则与普通军队无异。同年 12 月,《古田会议决议》明确规定,红军除了打仗消灭敌人军事力量之外,还要担负宣传群众、组织群众、武装群众、帮助群众建立革命政权以至建立共产党的组织等几项重大的任务,并将"三大任务"教育作为红军政治训练的重要内容。全国各地红军执行"三大任务",在"三大任务"这一建军原则指引下,全心全意为革命战争和根据地建设服务,在强敌包围之中不断发展壮大。红军在执行作战任务中,连续击败了国民党军队优势兵力的"进剿""会剿"和"围剿",累计消灭近百万国民党军队。红军除担负打仗消灭国民党军事力量外,还大力开展群众工作,宣传、组织、武装群众,帮助群众实行土地革命,带领群众打土豪、分田地,组织赤卫队,建立工农兵革命政权。在共产党的统一领导下,全国革命力量由小到大、由弱到强,先后创建了江西中央苏区和湘鄂西、海陆丰、鄂豫皖、琼崖、闽浙赣、湘鄂赣、左右江、川陕、陕甘、湘鄂川黔等根据地,成为蒋介石反动统治的最大威胁,给全国人民带来最大希望。

1945 年 4 月党的六届七中全会通过的《关于若干历史问题的决议》称"三大任务"为红军"三位一体"的任务。随着革命形势的发展,"三大任务"的内容不断地得到了丰富和发展。1942 年,为适应新的斗争形势,毛泽东重新规定人民军队的"三大任务"为"打仗、做群众工作、生产"。1949 年 3 月,面对即将取得全面胜利的形势,为适应接管大城市的需要,毛泽东又提出军队既是战斗队又是工作队和宣传队,赋予"三大任务"以新的含义,从而为新民主主义革命的最后胜利提供了可靠保障。

第四节　八担坵集中上政治课,开创
人民军队思想政治工作先河

毛泽东曾指出:"政治工作是革命军队的生命线"。注重在军队中建立和开展革命的、进步的政治工作,是毛泽东人民军队建设思想的重要内容,也是中国工农红军区别于旧军队和其他一切剥削阶级军队的显著标志。

1927 年 10 月,毛泽东正式创立了井冈山革命根据地,开辟了以宁冈为中心的湘赣边界工农武装割据局面。但一方面,由于根据地各方面条件非常艰苦,"在白色势力的四面包围中,军民日用必需品和现金的缺乏,成了极大的问题。……红军一面要打仗,一面又要筹饷,每天除粮食外的五分钱伙食都感到缺乏。"①另一方面,部队的组成成分比较复杂:"三湾改编"后,部队主要是由原武汉警卫团、余贲民部和萍浏农军组成,这些人员尽管有许多是自愿参加革命的,但也还存在一些投机分子和意志薄弱者。再者由于湘南特委推行盲动主义路线,改组前委等因素的综合影响,当时部队广大官兵的思想比较混乱,人心浮动,众说纷纭。特别是余洒度、苏先俊的出走,陈皓、韩昌剑等人的叛变,更给部队带来恶劣影响。这一切对部队的进一步行动非常不利,如果不及时进行革命性质、形势的宣传教育,提高广大官兵对中国革命发展趋势的认识,统一大家的思想,那么刚刚建立起来的队伍就有可能被摧毁,革命的形势将面临更大的危险。

酃县南面,有一处四面环山的小盆地,在盆地的中央有一丘两亩左右的稻田,它就是中村乡中村小铺头的"八担坵"。在这丘稻田里,90 多年前,毛泽东给红军战士上了一场别开生面的政治课,在中国革命的关键时刻起到极其重要的作用,成为中国共产党思想政治工作史上的经典传奇。

1928 年的阳春三月,酃县中村风和日丽,杜鹃花开。毛泽东为策应湘南起义,率工农革命军第一师第一团、第二团到达中村集结,酃县三月暴动的暴动队员也随同来到这里。人们奔走相告,"红军来了! 毛委员来了!"村民们涌向村头,欢天喜地迎接自己的子弟兵。

18 日,部队在中村周南学校住下,毛泽东与师委书记何挺颖、一团团长张

---

① 《毛泽东选集》第 1 卷,人民出版社 1991 年版,第 53 页。

工农革命军第一师第一团驻地周家祠

子清一起商量研究工作时,提出了部队思想政治工作问题。他说:"上井冈山以来,部队辛劳奔波,战事频繁,来不及对干部战士进行思想政治教育,不少同志产生了悲观情绪,特别是余洒度、苏先俊等的出逃,陈皓等的叛变,对部队产生了极坏的影响。还有的留恋城市,不愿在山沟里转,有的怀疑'红旗到底打得多久',因此有必要让部队在这里休整一段时间,进行一次集中的、深刻的思想政治教育,以提高觉悟,坚定信心,发动群众,巩固和发展已经建立起来的红色政权。"①

毛泽东的建议,得到了何挺颖、张子清等同志的赞同。他们说:"毛委员的主意好,找到了问题的根子,解决思想问题,稳定人心军心,将会极大提高部队的战斗力。"

---

① 中共株洲市委办公室、市委党史工作办公室:《毛委员在稻田里上政治课》,《株洲红色印记》,中共党史出版社2012年版,第94页。

晚上,周家祠后厅楼上的一间小屋里,燃着一盏桐油灯,桌上摆着一沓粗糙的毛边纸和一个小砚池,毛泽东正在伏案疾书,为第二天给部队上政治课备课。毛泽东一边抽着烟,一边思考着,他眉头紧锁,仰望窗外满天星斗,在眼前浮现一个个画面。从秋收起义上井冈山至今,部队中现实表现出来的突出问题,是思想认识模糊,军心不稳的问题。治标要治本,首先必须使广大指战员明确中国革命的性质、特点、任务和前途,从思想根子上纠正党内和军内的各种错误思想,正确面对艰苦斗争环境,使意志薄弱者克服悲观情绪,充分认清革命形势,坚定信心,明确方向,继续前进。毛泽东以清晰的思路,挥毫写下了《中国革命的性质、特点和任务》……备课一气呵成,直至第一缕曙光射进窗户。毛泽东又一个一夜未眠,他伸展双臂,起身推开窗户,深深地吸了一口新鲜空气,倦意尽去,重现振奋的神情。

第二天上午,中村小铺头的八担坵稻田里红旗招展,人头攒动。田边摆着一张小方桌,一条小板凳,竖着一块二尺见方的小黑板。战士们将禾苑当凳子席地而坐。部队分作两部分轮流听课,一堂课讲了三天,半天听课,半天讨论。不听课的下村发动群众,插牌分田。

毛泽东神采奕奕来到小方桌前,两手叉着腰,把灰色的棉衣掌得像把伞,显得十分镇定,充满信心。他嘴里吐出的烟圈,在阳光下变成一个个美丽的乳白色光环。一开始,他就在黑板上写了"中国革命的性质、中国革命的特点、中国革命的任务"三个标题。毛泽东时而坐着讲,时而站起来比画着手势讲,时而在黑板上写着,战士们听得聚精会神。

在这次集中政治思想教育中,毛泽东以《中国革命的特点》为题对中国革命的性质、对象、任务和前途进行了科学的分析,在谈到红色政权为什么能够发生、发展和长期存在的道理基础上,进一步阐述建立革命根据地的思想和重大意义,论述了革命的形势和任务。他操着一口浓重的韶山口音说:"去年八一南昌起义和党的八七会议以来,城市和农村暴动已在南方各省发展起来,可以预见,中国革命的高潮即将到来。中国是一个经过了第一次大革命的半殖

中村八担坵

民地半封建大国,也是个落后的农业大国,政治经济发展不平衡。经济上主要依靠农村,城里人的生活资料也要靠农村供给。通俗地讲,城里的青石板上是不长禾的,而城市统治着农村,剥削着农民,所以,农民最要求革命。随着军阀之间的分裂与混战,反动统治在农村的力量逐渐薄弱,我们可以在农村开展游击战争。这是工农革命军和革命根据地能够存在和发展的重要条件。"①他给官兵们分析了军阀混战的形势,讲军阀之间为独霸地盘,抢夺势力范围,战争不断出现。他们争夺的地方是城市,交通要道,我们与其相反,暂时丢开城市,交通要道,到农村去,到交通阻塞,偏僻的农村,建立根据地,发展农村,将来占领城市。

　　"中国要进行什么样的革命呢?"毛泽东的右臂向前一挥,说,"中国需要

---

　　①　中共株洲市委办公室、市委党史工作办公室:《毛委员在稻田里上政治课》,《株洲红色印记》,中共党史出版社 2012 年版,第 95 页。

一个反帝反封建的资产阶级民主革命。我们闹革命就需要找一块地盘,找一个落脚生根的地方,也就是要建立根据地。有了根据地,就好比有了个家,部队的粮食有地方供给,伤病员有地方安身,部队也有地方整休。这个根据地要建立在什么地方? 应该建立在反动统治阶级的触角不能到达的偏僻山区。井冈山地处湘赣两省交界,周围有六七个县,地盘很大,利于游击战,有回旋余地。这些地方经过第一次大革命,党组织还在,农民群众很有基础,最适宜于根据地的巩固和发展。如果到大城市去硬拼硬打,我们势单力孤,必不能胜。"他继续讲道:"你不要看国民党军队比我们多,他们的'枪杆子'是不能与民众相结合的,而是反人民的。得不到群众帮助的。在官兵之间,政治上也存在分歧,士兵群众不愿意为国民党统治者当炮灰,这就削弱了它的战斗力。我们工农革命军目前虽少,但有中国共产党的领导,工农革命军是人民的子弟兵,执行'三大任务'和'三项纪律、六项注意',与人民群众紧密结合,能有强大的战斗力,革命是能够胜利的。我们只有一心一意为人民办事,紧紧依靠人民群众,才能立稳足,才能巩固,才能发展。我们现在的任务,就是要枪杆子与民众运动结合起来,不仅打仗,消灭敌人,打退敌军'进剿',建设根据地,而且要宣传群众,组织群众,武装群众,帮助群众建立武装,建立政权,开展土地革命,部队离开群众,是危险的,是注定要失败的。"①

　　毛泽东平举双臂,一边做上下起伏动作。他在谈到要建立根据地这个问题时,强调我们革命要有一个落脚的地方,部队也要有地方整休嘛! 革命根据地要建立在边区,地形很大,有革命群众和党的组织,井冈山是罗霄山脉的中段,井冈山的周围有两个省十二个县,党的组织还存在,又有革命群众。地形是边区,山大,交通不便,在这样的地方建立革命根据地是很好的。据调查这个地方的土匪没断过,土匪能存在,我们有政治主张,有阶级路线,有党的政策和策略,为穷苦人民谋福利,有党的组织和领导,有基本群众,而且也不是孤立

① 中共株洲市委办公室、市委党史工作办公室:《毛委员在稻田里上政治课》,《株洲红色印记》,中共党史出版社 2012 年版,第 95—96 页。

的,有全国各地的革命运动配合,还不能存在吗? 一定能存在,而且会迅速地壮大和发展。在谈到坚持井冈山根据地的斗争策略时,毛泽东强调我们要坚决地和敌人作斗争,反对逃跑主义,要建立根据地,深入根据地开展土地革命,军队党帮助地方党的发展,正规部队帮助地方武装的发展,集中兵力以应对进犯的敌人,分兵以发动群众,巩固井冈山根据地,然后,采取波浪式的发展根据地,发展革命力量,由无到有,由小到大,由一点到多点,由多点到一片地发展,在农村积聚和发展革命力量,由农村包围城市,最后达到夺取全国政权的目的。中国革命舍此别无其他道路可走。此外,他还提出了对城市工商业政策问题,不能没收商店。如果地主兼商业资本,就只能没收他的地主封建剥削部分,要保护工商业。还提出了反帝反封建反对国民党反动统治的统一战线,不能打击面过宽,树敌过多,以及不要造成红白区对立局面,不利于根据地发展等当时很重要的政策和策略问题,以及工农革命军队要严格遵守"三大纪律、六项注意"等有关重要的建军方针和政治主张,等等①。

这是井冈山革命根据地建立以来,工农革命军走"工农武装割据"实践的一次集中回顾总结,也是毛泽东第一次比较系统全面向全体官兵阐述红色政权思想。

针对向湘南开进途中部队思想比较混乱、有些官兵革命意志不太坚定情况,毛泽东指出无产阶级不是无业游民,批评危害革命的"左"倾盲动错误,严厉指责那些叛逃行为。毛泽东讲到这里时,以余洒渡、陈皓叛逃为反面典型例子进行剖析后对战士们说:"革命不是请客吃饭,不能强迫,革命完全靠自觉,要走就不要偷着跑,干脆就公开走,走了以后,只要不叛变,还可以回来。"毛泽东坚定地说:"我不相信都会走光,总还会有要革命的。有两句俗话说得好,'宁要鲜桃一个,不要烂桃一筐',革命也是这样,部队光人多不行,贵在要有战斗力。"毛泽东通过反面例子要大家充分讨论,分析危害,吸取教训。他

---

① 《访问陈士榘同志谈话记录》(1967 年 4 月 6 日下午),采访地点为工程兵司令部会议室,原件现存于炎陵县档案馆。

谆谆告诫大家,要在尖锐、复杂的对敌斗争中,认清革命形势,提高战斗勇气,坚定革命信心,树立顽强的斗争意志,加强革命纪律性,当好老百姓的子弟兵。全体干部战士听完毛泽东生动深刻、精辟通俗、解疑析惑的政治课,多少疑问、多少困惑都迎刃而解,他们看到了革命的光明前途,"都有了阶级觉悟,都有了分配土地、建立政权和武装工农的常识,都知道是为自己和工农阶级而作战。因此,他们在艰苦的斗争中不出怨言。"①

讲课中,毛泽东泰然自若。对中国的解放事业和我们这支革命队伍,满怀赤子般的深情和不可动摇的坚定信心。他对中国国情的分析,使干部战士感到特别亲切明了,他对形势和任务的阐述,向人们展示了一派十分光明的前景。其中,毛泽东还不乏诙谐地说:你们现在都很年轻,嘴上还没有毛哩,应该有信心。我比你们年龄都大,我也充满信心。只要我们真诚地团结起来,坚决地斗争下去,我们都能够看到中国革命的胜利!②

当毛泽东讲到这里时,大家都很激昂和振奋,不时发出掌声和笑声。听课的有张子清、伍中豪、罗荣桓、陈士榘、杨岳彬、熊寿祺、何挺颖、朱云卿、谭政、张宗逊、谭希林、陈伯钧、韩伟、张令彬,等等,一个个神采焕发,都有一种说不出来的自豪感和自信心。

这是一篇共产党人建立农村武装割据的政治宣言。毛泽东用通俗的语言讲述了当前的政治形势和中国革命的任务,第一次全面系统地阐述了武装割据的政治主张,指明了中国革命的前途,使工农革命军受到了一次系统的政治思想教育,澄清了一些错误认识,明确了革命的方向和前途,坚定了革命必胜的信心,树立了艰苦奋斗的精神,增强了革命纪律,为工农革命军的健康成长,打下了坚实的思想基础,从而使这支年轻的工农革命武装认清了形势和方向,坚定了革命必胜的信心。

时值阳春三月,阵阵春风,徐徐拂面。大地泛起一片绿色,呈现出勃勃生

---

① 《毛泽东选集》第 1 卷,人民出版社 1991 年版,第 64 页。
② 中共湖南省委党史研究院:《炎陵县革命斗争史》,湖南人民出版社 2021 年版,第 72 页。

机。革命军的官兵们坐在土地上,听着毛师泽东的这一番讲解,心里也都是春意融融的。对于中村授课,不少老同志均有所回忆。陈士榘回忆说:"记得毛委员坐在一条长凳上,面前放着一张小条桌,我们坐在禾苑上。南方的春天是来得早的,这天又是个大晴天,春天的太阳使我们感到特别亲切和温暖。集合当时所有的部队讲政治课,讲的题目,记得是:中国革命的特征。"①毛泽东具体而又通俗地解释了什么叫帝国主义,什么叫军阀混战。《罗荣桓传》记载了毛泽东对基层连队的政治教育情形:在中村整训时,罗荣桓除自己对连队进行教育,还请毛泽东到连里来讲话。毛泽东是一请就到,到了就讲。他的讲话很有风趣,深入浅出。他一讲话,部队就好带了。当时部队一天5分钱的伙食钱也不能保证,已取消发饷。而毛泽东的讲话比发饷还更受战士们的欢迎。因此,他一到连队来,战士们就开玩笑地说:"毛委员又来'发饷'了。"陈伯钧回忆说:"讲课时,毛泽东同志找来一块小黑板,一边讲,一边写。讲课的题目是:目前的政治形势和工农运动的兴起。毛委员深刻地分析了当时中国革命的形势和革命的性质,用通俗易懂的语言讲解了建立井冈山革命根据地的伟大意义,用铁的事实严厉地批判了'左'、右倾机会主义和错误路线,使全体战士在极其尖锐、复杂的阶级斗争中,认清了革命形势,提高了战斗勇气,坚定了革命信心。"②

第五节 "藏兵于民",指导株洲地方武装建设

古人云:"坎水为兵,地坤为民,兵从民中来,藏兵于民。"反动力量对工人运动与农民运动的武装镇压,使毛泽东逐步认识到武装斗争和建立地方武装

---

① 《访问陈士榘同志谈话记录》(1967年4月6日),采访地点为工程兵司令部会议室,原件现存于炎陵县档案馆。

② 中共湖南省委党史研究院:《炎陵县革命斗争史》,湖南人民出版社2021年版,第72页。又见,陈伯钧:《红军在酃县的几次革命活动》,《毛泽东在酃县》,政协炎陵县文教卫体和文史委员会,2021年版,第130—131页。

的重要性。秋收起义后,毛泽东带领工农革命军上井冈山时进一步认识到地方武装的重要,在加强部队建设的同时,他提出要"藏兵于民",积极支持发展地方武装,也就是"正规军队帮助地方武装",对袁文才、王佐的地方农民武装进行改造,并积极帮助湘赣边界各县建立县赤卫队和乡暴动队。这些地方武装不仅配合工农革命军作战,而且是正规军兵员补充的重要来源。株洲茶陵、酃县是井冈山根据地重要组成部分,攸县、醴陵是井冈山根据地游击范围,毛泽东对株洲地方武装给予了指导与帮助,从而推动了株洲地方武装的建设,保卫了井冈山根据地与湘赣根据地。

关心茶陵游击队

毛泽东非常关心地方武装建设,还在宛希先主持建立茶陵县工农兵政府时,毛泽东曾指示宛希先送给茶陵县工农兵政府一些枪支。1927 年 12 月下旬谭家述上井冈山后,毛泽东在与谭家述的接触中,知道谭家述原是叶挺独立团的,参加过南昌起义,对军事斗争有着一定的经验。于是,在工农革命军攻打遂川县城时,毛泽东对宛希先说:"谭家述懂军事,让他担任二营营长吧!"[1]二营到井冈山后即担负井冈山前委的警卫工作。谭家述的妻子沈阳在《我为主席来站岗》的回忆录中记叙了这样一个故事:"那时,谭家述担任一团二营营长,带领战士在井冈山为毛主席站岗放哨,有一次轮到他为毛主席站岗时,正巧是开饭时间,他好奇地透过窗户朝里望,想看看毛主席吃的是什么,一定比大家吃的好些吧,谁知他只见毛主席手里正端着半碗红米饭,筷子伸向放着两个烤辣椒的小盘子,小盘子放在堆满了书的桌子上。"[2]目睹了这一幕,谭家述被毛泽东艰苦朴素的作风所感动,深深感到,"身教重于言教",军民一致,官兵一致,这就是军队无往而不胜的保证。

1928 年 1 月,由茶陵游击队(赤卫队)改编成的工农革命军第一团第二

---

① 王震:《活跃在湘赣边界的红六军团》,原件存茶陵县档案馆。
② 尹烈承:《毛泽东与茶陵》,湖南人民出版社 2006 年版,第 123 页。

营,随毛泽东至宁冈之后,旋即参加了占领遂川县城的战斗。2月初,井冈山前委为发展壮大地方武装,扩大革命影响,将工农革命军一团二营建制取消,重新组建茶陵游击队,任命懂军事的谭家述为茶陵游击队队长,谭趋新为党代表。

从遂川回砻市后,毛泽东把懂军事的谭家述叫来,要他担任茶陵游击队队长,并提出了具体要求。谭家述奉毛泽东命令,挑选了80多个游击队员,整顿训练了一个星期后,带着毛泽东送给的5支枪和在遂川城缴获的3支枪,跋山涉水来到了潭湾山区,开辟新的革命根据地。

茶陵游击队随即离开宁冈,经坑口、湖口,重返潭湾山区。根据毛泽东的指示,茶陵县委和工农兵政府机关随游击队活动。此时,因原县委书记谭震林调前委工作,毛泽东派谭思聪任中共茶陵县委书记,谭普祥任县工农兵政府主席。随之,将共青团茶陵支部改为共青团茶陵县委,罗青山任书记。早在茶陵游击队返回茶陵之前,县委派张善诚、陈和南、陈为、周球保(周仁杰)等人先行一步回到马江,组织起了一支游击队,配合县游击队重返潭湾地区的行动。

茶陵县委、县工农兵政府机关和茶陵游击队移驻潭湾山区后,一方面配合茶陵县委、县工农兵政府在梅林、寒江、飞盐坪等地发展党组织,并建立区红色政权,领导贫农雇农开展打土豪斗争,另一方面潜入茶陵城较近的东、西二岭,开展游击斗争。

此后,茶陵革命形势出现了新的转机。为进一步扩大茶陵的红色区域,1928年3月底,毛泽东派尹宁万到茶陵从事白区工作。尹宁万不畏艰险,日夜兼程,很快即与茶陵县委和游击队取得联系,及时传达了毛泽东的指示:"要把工作做到敌人心脏里去。"①县委即派出谭余保等几名共产党员配合尹宁万工作。

茶陵游击队为井冈山革命根据地的建设和发展发挥了重要作用。1928

① 中共湖南省委党史研究院:《茶陵县革命斗争史(1921—1949)》,湖南人民出版社2021年版,第86页。

年 4 月初,朱德率领的湘南起义部队经茶陵向井冈山进发,谭思聪、谭家述、谭趋新率茶陵游击队与朱德部会合,导引朱德向茶陵进发。5 月高陇战斗打响,谭家述率领茶陵游击队,配合工农革命军二十八团、三十一团一营作战,取得高陇战斗的胜利。战后,茶陵游击队抽调 18—20 岁青年战士,补入红四军二十八团。后来,游击队队长谭家述按照要求率部辗转到茶陵、永新、宁冈交界的九陇山地区活动,发动群众打土豪,"吊羊"上山,为开辟和建立九陇山军事根据地打下了坚实的基础,得到了特委书记邓乾元的认可。在他提交的《关于湘赣边界五月至八月工作对中央的报告》中,他写道:"最近各县都是越界吊羊,在本县唯有茶陵还稍有办法"[①],对茶陵游击队给予了高度评价。

正是地方武装的发展,不断壮大了红军队伍,仅茶陵这个 20 余万人的县,1927 至 1934 年,茶陵游击队等地方武装整排、整连、整营、整团编入红军部队就达 10 次之多。正如谭家述所说:"我们这支游击队就在艰难残酷的斗争中锻炼成长起来,由几十人、几百人、几千人,一直发展成为红军二方面军六军团。"[②]

关怀酃县地方武装建设

1928 年 3 月 19 日,工农革命军到达中村后的第二天,毛泽东与师委书记何挺颖商量,决定师委和酃县特别区委召开一次联席会议,总结酃县开展革命斗争的经验和研究一些具体问题。中共酃县特别区委书记刘寅生、周里等闻讯从黄挪潭赶来参加会议。在周南学校,刘寅生、周里在联席会议上向毛泽东详细汇报了酃县"三月暴动"的情况,感谢毛泽东派戴奇(戴寿凯)、邱笛送来了紧急批示信,接着提出了中共酃县特别区委关于组建县赤卫大队保卫酃县苏区要求。

---

① 中共株洲市委党史工作办公室:《株洲党史资料》第 2 辑,1989 年版,第 116 页。

② 中共株洲市委党史工作办公室:《株洲党史资料》第 2 辑,1989 年版,第 172 页,原载《星火燎原》第一卷第一集。

毛泽东听后兴奋地说:"酃县这次暴动搞得好,成绩很大。你们要组建自己的武装,我很同意。我们就是要用革命的武装去推翻反革命的武装,建立工农兵政权,没有枪杆子是不行的!"

"我们缺乏军事干部。"刘寅生接着说,"请毛委员帮我们解决吧!"

毛泽东指着在座的戴奇,说:"那就把他留给你们吧。他可是我们的军事骨干呢!"

刘寅生、周里会心地笑了,一齐说:"感谢毛委员,欢迎戴连长!"

毛泽东说:"考虑到枪支、供养都有困难,赤卫队开始人数不宜过多,建议何国诚任大队长,戴寿凯任党代表。"①

春暖花开,阳光普照。1928 年 3 月 25 日上午,中村墟操场上热闹非凡,北端两棵大树下挂着一条横幅,上书白底红字:"酃县赤卫队成立大会"。主席台中央摆着并列的 3 张长条桌子,几条长凳子。毛泽东在刘寅生等县领导的陪同下向主席台这边走过来。

见领导步入会场,赤卫队长何国诚随即吹出了一长串尖厉的哨声,他威严地面对赤卫队员站着,大声喊"全体集合!"一刹那,穿着各异服装的 102 名年轻人,按班排整齐地站好了 6 列横队,顿时全场鸦雀无声。

刘寅生代表中共酃县县委宣布正式成立酃县赤卫大队后,在热烈的掌声中,毛泽东兴奋地说道:"首先祝贺酃县赤卫队召开成立大会! 祝贺酃县有了自己的武装,再祝酃县三月暴动的胜利。希望你们在县委的领导下,刻苦训练,多打胜仗,从反动派手里夺取更多的武器,扩大自己的队伍,保卫自己的政权。每个赤卫队员都要时刻牢记自己是老百姓的队伍,是人民的子弟兵,要处处保护老百姓的利益,遵守群众纪律。战斗力是什么,就是要有严格的纪律,要有老百姓的支持。只要有强大的战斗力,才能战无不胜,才能用小石头砸烂蒋介石这口大水缸。"②

---

① 周里:《回忆井冈山斗争》,《株洲党史资料》第 2 辑,1989 年版,第 162—163 页。
② 政协炎陵县文教卫体和文史委员会:《毛泽东在酃县》,2021 年版,第 173 页。

毛泽东话锋一转,笑着说,"为了表示祝贺,工农革命军把从敌人手里缴来的 11 支步枪送给赤卫队做见面礼,请笑纳。大家参加赤卫队的热情很高,今天就多出了 2 人,多就多吧！是件好事,只不过我们现在人多枪少,不能充分发挥人的作用,希望大家多打敌人,多缴枪,到那时我们枪多了,人也多了,因为逐步扩大武装力量是我们今后的主要任务嘛!"①

刘寅生站起来说:"按照毛委员的提议,经军地联席会议决议,现在我宣布,何国诚任队长,戴寿凯任党代表,盘圆珠任通讯员。"

毛泽东解释道:"我们之所以要何国诚担任赤卫队长,是因为他懂军事,他是黄埔军校第五期毕业生,参加过国民革命军东征和北伐,有相当丰富的军事知识和实践经验,所以大家要虚心地向他学习,也要相信他会把队伍带好。常言道名师出高徒嘛!"何国诚曾回忆说:"这时,我还不是共产党员。但我痛恨蒋介石背叛革命,屠杀共产党人,回乡后又积极参加地方党组织领导的武装斗争,思想倾向革命,加上我是黄埔军校毕业,懂点军事,党组织对我信任。就这样,鄱县赤卫大队在毛委员的关怀下正式成立了。这是 1928 年 3 月下旬的事。赤卫大队下面分三个中队,有 100 多人。当时枪支很少,除我借了一支驳壳枪,戴寿凯带了一支马枪外,其余是工农革命军送的一批枪支。大多数还是梭镖。"②

毛泽东讲话后指示工农革命军赠送枪支给赤卫队。当时子弹很困难,每支枪能配上三、五排子弹就很不错了。毛泽东说:"你们要把好枪给人家,要给子弹,没有子弹可不行。"他要求鄱县赤卫大队在县委领导下,刻苦训练,多打胜仗,从反动派手里夺取更多的枪支。在授枪仪式上,革命军干部叮嘱鄱县赤卫队:有了枪杆子才能夺取政权,枪杆子是我们穷人的命根子,千万不能让敌人搞走。石洲马坳村吴声甫回忆:"会上,毛师长给我们讲了话,……只记得一句:'你们的小资产阶级尾巴还没有丢掉。'这句话我印象最深。因为听

---

① 何国诚:《忆鄱县地方武装》,《毛泽东在鄱县》,2021 年版,第 173—174 页。
② 何国诚:《忆鄱县地方武装》,《毛泽东在鄱县》,2021 年版,第 173—174 页。

了毛师长这样一讲,我们(大都是知识分子)便把穿的长衫剪短了,把礼帽的帽檐扯掉了。"①

接着毛泽东和刘寅生一起把 11 支枪授给赤卫队长何国诚和党代表戴寿凯。接到枪支的赤卫队员高兴得跳起来,笑着叫着,宝贝似的握着枪,高高举着,爱不释手,高兴地相互拥抱,沉浸在一片欢腾之中。

主持成立酃县赤卫队旧址——中村墟

红军正规部队帮助地方发展武装,建立农民赤卫队,用革命的武装反抗反革命的武装,实行农村包围城市,"枪杆里面出政权",是毛泽东人民军队建设的一项重要内容,是中国革命从低潮走向胜利的法宝。

毛泽东主持建立的酃县赤卫大队,使酃县人民终于有了自己的武装。他们如虎添翼,狠狠地打击敌人。他们为保卫红色政权和人民的胜利果实,立下了不朽功勋。

西坑会议鼓斗志

1928 年 7 月 12 日，红四军 28 团、29 团在朱德、陈毅、杜修经等人的率领下，击退湘敌吴尚第八军一部，攻克鄜县县城。但是，以宜章农军为主体的 29 团官兵，受乡土观念影响，经士兵委员会鼓动，擅自作出向湘南冒进的决定。在"杜修经采纳 29 团的错误意见，军委亦未能加以阻止"的情况下，28 团、29 团贸然向湘南进军。7 月 24 日，28 团、29 团到达郴州，与国民党范石生部队多次交战后，先胜后败，29 团剩下不到 100 人，28 团也遭受不小伤亡。8 月初，部队被迫撤往汝城、桂东，陷于生死存亡的绝境，史称边界"八月失败"。

28 团、29 团失败的消息传到井冈山革命根据地，毛泽东决定率领部队前往桂东迎接朱德部队返回边界。1928 年 8 月 21 日，毛泽东率领红四军 31 团第 3 营，从永新出发，经荆竹山到达大院东、西坑。当地干部群众听说毛泽东带领红军来了，便高兴地送来粮食、蔬菜，热情慰劳部队将士。20 世纪 70 年代，大院的老人还清楚地记得，毛泽东住在曾昭先（注：中共党员）家的吊楼上，大红旗插在门前的稻田里。部队驻扎在刘屋、白果树下、田心里、墩子里、塘子里一带。

大院根据地的干部群众听到红军大队在郴州失利的消息后，不免为今后的革命斗争担忧。晚上，毛泽东召开有县、区、乡三级干部参加的会议。据周里回忆，当时是李却非代表鄜县县委向毛泽东汇报工作。会上，毛泽东向中共鄜县县委书记李却非和工农兵政府主席徐鼎燕等人询问了鄜县的情况，肯定了鄜县的工作成绩。然后又分析了这次红军失利的原因，鼓励大家要坚定革命意志，要求紧密依靠群众、宣传群众、发动群众，坚信革命一定会胜利。他说，我们虽然在郴州打了败仗，但是留得青山在不愁没柴烧，红军的主力还在。我们这次去，就是接朱德部队回井冈山。我们还会回来的，只要我们根据地的军民团结一心,我们就一定能战胜一切困难,战胜一切敌人,就一定能够取得革命的最后胜利。据周里回忆:"毛主席反复说明,困难是暂时的,我们很快就会回来,大家不要灰心,要继续坚持斗争。"①听完毛泽东的讲话,大家受到极大鼓舞,消除了悲观情绪,进一步增强了保卫红色政权,巩固和发展革命根据地的信心,彻底荡涤了笼罩在革命干部群众心头的失败阴霾。次日,毛泽东带领红军离开大院,经黄挪潭、梨树洲前往桂东,于 23 日在桂东县城与朱德率领的红军大队会合。

1967 年 12 月 27 日,大院的凌其庭接受酃县党史部门工作人员张德明、肖应华采访时,回忆说:"那天,我们少先队员正在杉树垄坎下屋里集合。我们队派我去塘池里曾昭先家,协助曾昭先帮红军舂米。我到曾昭先家不久,红军就陆续来了。这次大约有四五百人。第二天红军从上西坑到大院,听说去桂东了。"②

1971 年 11 月 17 日,大院的徐凤秀接受酃县党史部门工作人员洪运其、张志强、周达元的采访。她的回忆也印证了凌其庭的话。她说:"毛主席率领部队从荆竹山来,在西坑住了一晚。部队来到的当天晚上,乡(苏维埃)政府向群众借了一些谷子招待。我(丈)夫李德煌担任把谷碾成米的任务。这一点,我记得很清楚。部队在西坑住的地方有田心里、白果树下、塘子里、杉树垄、墩子里。"③

尽管时过境迁,但是一些老人甚至还能清楚地说出部队行军路线:荆竹山—东西坑—和坪(牛场)—石墩背—龟龙窝—白茅场—洪水江—坪坑—桂东。在桂东接到朱德部队后,经过休整,朱毛两支部队从桂东出发,然后经过江西上犹、崇义返回了井冈山革命根据地。

---

① 中共湖南省委党史研究院:《炎陵县革命斗争史》,湖南人民出版社 2021 年版,第 107 页。

② 采访件现存于炎陵县档案馆。

③ 采访件现存于炎陵县档案馆。

状元洲指示成立湘东独立师

秋高气爽,枫叶正红。醴陵城红旗招展,锣鼓喧天,鞭炮齐鸣。街道两旁列队的市民,挥动着手中的三角小红旗,"红军万岁!""共产党万岁!""打倒土豪劣绅!"的口号声响彻渌江两岸。红绿标语,贴满大街小巷。全城一片欢腾,盛况空前。原来,这是醴陵县城市民正在欢迎黄公略率领的工农红军第一方面军第三军团的到来。

1930 年 9 月 15 日下午,红三军团来醴陵,是根据红一方面军总前委书记兼总政委毛泽东、总司令朱德于 12 日在长沙白田铺肖家祠堂决定的"拟占萍攸醴株待机"命令进驻的。① 与此同时,前卫部队先期开道,沿途及县城守敌,一部分被歼灭,一部分不战自退,所到之处,敌人闻风逃遁。醴陵城周围数十里,完全在红军控制范围之内。

与此同时,15 日下午 6 时左右,毛泽东偕同湘东特委书记张启龙等人,从萍乡乘火车赶来醴陵参加湘东特委会议。

毛泽东从东门进城,然后缓步来到县政府门前的渌江桥上。曾多次到过醴陵的毛泽东环顾四周,驻足沉思,多少往事涌上心头! 早在八年前就来到醴陵文庙甲种师范讲习所作过题为"阶级和阶级斗争"的演讲;1927 年初,到先农坛、东富寺、伏波庙作社会调查,考察湖南农民运动情况;同年,途经醴陵去安源召开军事会议;然后,组织秋收起义队伍上井冈山。谁曾想到 3 年前的秋收起义队伍不足千人,今天红军发展到几万人,其间的千辛万苦和风险,有谁知,有谁晓? 尤其是爱妻杨开慧的被害和 3 个孩子下落不明,勾起了他无限的情丝,心中涌动着一阵阵悲凉。他情不自禁地抹了一下眼眶,强忍住哽咽的喉

---

① 中共株洲市委办、市委党史工作办公室:《毛委员主持状元洲湘东特委会议纪实》,《株洲红色印记》,中共党史出版社 2012 年版,第 115 页。

哝,随口轻声地吟了句"一叶秋风飘然落,世事沧桑情依旧"①。他面对缓缓西去的江水,心潮澎湃,思绪万千!

毛泽东在黄公略的陪同下,步下渌江桥,来到状元洲上的桥公所二楼东南边一间宽敞的房间下榻。

状元洲是醴陵古代著名"渌江八景"之首,它近闹市而远离城区尘嚣;借引桥而通渌江桥连通南北。宋元明清历来是县署驻地。故明《一统志》曾载民谣:"洲过县门前,醴陵出状元。"一千多年的状元情结,激励着醴陵人民不断开拓进取,谱写历史新篇。大革命时期,这里曾是国民党反动派杀人的刑场,革命烈士的鲜血,染红了洲上的土地。碧血丹心,召唤人们永远铭记过去的岁月。

毛泽东推开窗户,远眺西山,近观渌江,带着凉爽的习习秋风吹拂着他的长发,他风趣而幽默地对陪同的黄公略说:"醴陵千百年没有出过一个状元,状元洲名不符实嘛! 古人不行,今人肯定行,说不定我们红军干部就要出状元喀。"②

毛泽东就在下榻的房间里与黄公略商量了红三军团在醴陵发动群众,打土豪、筹款子和扩大红军等问题之后,督促黄公略去休息,自己却夜不能寐,忧心忡忡坐到灯下,提起那支所向披靡的笔准备给湖南省委和中央写报告。

然而,这个报告就像块沉甸甸的石头压在心上,为什么第二次攻打长沙失败? 为什么要撤围长沙? 为什么改为进军赣西攻打吉安? 等等一系列的问题,他要有理有据地回答,并解释清楚,据理力争表达自己的不同观点。这个非同小可的报告,他期望出现两个效果,一是促使中央纠正"左"倾冒险错误;

① 中共株洲市委办公室、市委党史工作办公室:《毛委员主持状元洲湘东特委会议纪实》,《株洲红色印记》,中共党史出版社2012年版,第115页。
② 中共株洲市委办公室、市委党史工作办公室:《欢腾的渌江——毛委员主持状元洲湘东特委会议纪实》,《株洲红色印记》,中共党史出版社2012年版,第115页。

二是消除中央某些人对建立农村根据地,以农村包围城市的偏见。

渌江桥公所

状元洲上的灯光彻夜不眠,毛泽东从深夜到黎明,奋笔疾书,一吐为快,当他撂下笔时,已经是第二天的下午。毛泽东如释重负,如一块石头落地。这是一份特殊的考试答卷,能否及格,他将拭目以待。

17日晚上,在桥公所二楼中厅堂屋里,亮着两盏马灯,中共湘东特委会议就在这里举行。

毛泽东为什么要选择在这里召开这样一个地方党委的会议?这还得从湘东特委的重建说起。

早在1928年2月,湖南省委曾在醴陵组建过湘东特委,同年9月遭破坏,一直没有恢复。为了发展湘东地区的革命斗争,1930年8月省委决定重建湘东特委,派省委委员张启龙去任书记。当时特委管辖的范围,除醴陵、株洲、攸县、茶陵、鄱县、浏阳外,还包括江西省的莲花、萍乡、安源、袁州和万载。8月

125

上旬,张启龙与石青、李孟弼等在萍乡桐木成立特委不久,适逢毛泽东、朱德率领红一军团由赣南来到了这里。

实际上这个会议是贯彻红一方面军总前委株洲扩大会议精神的继续。会议在扩大根据地,推动壮大发展地方苏维埃政府建设和武装割据工作方面的计划、措施更加具体化。

毛泽东十分了解醴陵的战略地位,总前委株洲扩大会议决定进军赣西、攻打吉安、目的在于建立赣西革命根据地,然后与湘东根据地连成一片,而醴陵是连接湘东赣西的枢纽。因此,毛泽东将湘东特委书记张启龙及全体特委成员带到醴陵,目的就是要求做好以醴陵为中心的湘东工作,以便与赣西的工作紧密配合,开创湘东、赣西革命根据地新格局。

晚上 8 时,湘东特委会议准时召开,参加会议的有湘东特委委员张启龙、石青、袁德生、李孟弼、袁肇鸿、谭思聪,妇运书记李贞,醴陵县委书记易克仁等。毛泽东在开会人都到齐后来到会场,大家起立,鼓掌欢迎,张启龙将与会同志向毛泽东一一作了介绍。毛泽东示意大家坐下,并对张启龙说,会议按原定方案进行。

首先,张启龙、石青、袁德生、谭思聪、易克仁分别汇报了湘东地区党、团组织、苏维埃政权、武装力量和群众发动等方面情况,以及根据省委决定,建立湘东独立团、扩大武装割据的计划。

毛泽东耐心听取了汇报后,习惯地点起一根烟,从容地说:“这个会是我要启龙同志召开的。其目的是想同你们商量如何借这次红军在湘东筹款之机,进一步发展湘东革命形势的问题。”①

毛泽东首先分析了红军没有第二次攻下长沙的原因与进军江西的意义,传达了总前委株洲扩大会议精神,然后说:“在湘东,醴陵、株洲、攸县、萍乡等县的地方工作,对于夺取湖南政权,打通湘赣联系颇为要紧。刚才听你们讲,

---

① 中共株洲市委办公室、市委党史工作办公室:《欢腾的渌江——毛委员主持状元洲湘东特委会议纪实》,《株洲红色印记》,中共党史出版社 2012 年版,第 116 页。

湘东革命形势不错,但发展不平衡。"说到这里,他向身旁的张启龙问道,"你刚才说,除攸县、株洲外,其他县都成立了县委、县苏维埃政府,哪几个县干部力量较强?"①

张启龙回答:"从党的组织而言,醴陵、浏阳较强,就武装力量来说,浏阳、茶陵较好。除攸县外,醴陵苏维埃政府也还没有建立起来。"

毛泽东继续说:"攸县与萍乡、莲花毗邻,是连接茶陵、醴陵、株洲的要津。株洲交通方便,西北连接湘潭、长沙,有利于了解城市情况,这两个地方对发展湘东革命都十分重要,你们要从干部力量比较强的地方,选派得力干部去那里开展工作。省委要你们组建独立团,依我看,你们辖区内有1000多赤卫队员、游击队员,将来要发展游击战争,扩大苏区,同时,我们这次撤退敌人一定会向湘东反扑,我们军事上要做好准备,应该搞个地方独立师,不要搞独立团,就称'湘东独立师'吧。"②

"组建独立师当然好咯! 兵源有,政治干部也有,就是缺少有带兵经验的军事干部。"张启龙接过话题答道。

"这没有问题!"毛泽东手一挥,肯定地说,"我给你们派个师长来!"(10月上旬,在萍乡成立了湘东独立师,毛泽东派来的刘沛云任师长。)③

"好!"与会同志们不约而同地回答。

毛泽东接着说:"对于湘东的工作,我们13日在发布进军吉安的命令中已经作了部署,一、三两军团将用12天的时间,在醴陵、攸县、萍乡筹款,他

---

① 中共株洲市委办公室、市委党史工作办公室:《欢腾的渌江——毛委员主持状元洲湘东特委会议纪实》,《株洲红色印记》,中共党史出版社2012年版,第116页。

② 陈昌奉:《回忆1930年随毛主席到醴陵》,《毛泽东在湘东》,中共株洲市委办、中共株洲市委党史工作办公室,1993年版,第202—204页。又见,中共株洲市委办公室、市委党史工作办公室:《毛委员主持状元洲湘东特委会议纪实》,《株洲红色印记》,中共党史出版社2012年版,第117页。

③ 陈昌奉:《回忆1930年随毛主席到醴陵》,《毛泽东在湘东》,中共株洲市委办、中共株洲市委党史工作办公室,1993年版,第202—204页。又见,中共株洲市委办公室、市委党史工作办公室:《毛委员主持状元洲湘东特委会议纪实》,《株洲红色印记》,中共党史出版社2012年版,第117页。

们会帮助地方发展党团组织,建立苏维埃,建立赤卫队。你们要配合红军筹款行动,迅速采取措施,把湘东革命来一个大发展,将来要和赣西联成一片。"①

毛泽东谈到醴陵工作时,目光转向易克仁,风趣地说:"我与你是老相识了,我对醴陵情有独钟,醴陵的工作很重要,这里的战略地位很特别,是湘东中心,四通八达,水陆交通方便。过去有好的革命基础,醴陵人民敢于斗争,两年前斗出了一个'南四国'(南四区苏区)很有名气,现在要进一步扩大党组织,尽快建立县苏维埃政府。同时,攸县、株洲是醴陵的左邻右舍,那里还没有建立县(区)党的领导机构,醴陵县委要派出得力干部帮助他们建立党组织,开展革命斗争,不仅对醴陵工作有利,对整个湘东革命的发展都很重要。希望醴陵再斗出个'南四国'来。"②

毛泽东讲话以后,与会同志精神振奋,干劲十足。张启龙根据毛泽东的指示精神,就有关具体问题,深入进行了研究,制定措施,分工到人,会议开到深夜。

湘东特委会议后的第二天即 18 日,毛泽东同湘东特委成员一起乘火车去了萍乡,不久前往袁州和峡江。

"状元洲、桥公所"见证了伟人的风采,聆听了红军的誓言,可以自豪而无愧地说,这里曾经是中国革命胜利前进中的驿站和加油站。革命遗址四面碧水回环,近接西山绿树森林,远眺醴陵大桥飞跨长虹,园区内花木葱茏、芳草萋萋,堪称醴陵一方胜境。

---

① 陈昌奉:《回忆 1930 年随毛主席到醴陵》,《毛泽东在湘东》,中共株洲市委办、中共株洲市委党史工作办公室,1993 年版,第 202—204 页。又见,中共株洲市委办公室、市委党史工作办公室:《毛委员主持状元洲湘东特委会议纪实》,《株洲红色印记》,中共党史出版社 2012 年版,第 117 页。

② 陈昌奉:《回忆 1930 年随毛主席到醴陵》,《毛泽东在湘东》,中共株洲市委办、中共株洲市委党史工作办公室,1993 年版,第 202—204 页。又见,中共株洲市委办公室、市委党史工作办公室:《毛委员主持状元洲湘东特委会议纪实》,《株洲红色印记》,中共党史出版社 2012 年版,第 117 页。

渌江桥、状元洲全景图

第六节　朱毛鄜县首晤实现两军会师，
开创井冈山革命根据地新局面

1965 年,汪东兴陪同毛泽东重上井冈山。饭后他陪毛泽东散步,主席对他说:"我们回到井冈山后听到有消息说朱德、陈毅已提前到达鄜县与攸县(应为茶陵——编者注)交界的地方。我又再次下山去接他们,与朱德、陈毅率领的部队于 1928 年 4 月到达井冈山。"①这是一个让伟人难以忘怀的日子,这是中国革命历史上的伟大时刻,1928 年 4 月 20 日前后,毛泽东与朱德率部

---

① 尹烈承:《毛泽东千里来寻故地》,《毛泽东与茶陵》,湖南人民出版社 2006 年版,第 105页。又见《汪东兴日记》,《毛泽东重上井冈山》(1965 年 5 月 24 日)。

在酃县胜利会师。从此,紧握在一起的两双巨人的手,驾驶着中国革命的航船,乘风破浪,所向披靡,闯险滩,过暗礁,胜利到达彼岸。

为了实现这一历史性的伟大时刻,朱毛两部历尽艰难险阻,冲锋陷阵,左冲右突,打破敌人的围追堵截,历时半年。

互派代表联络

朱毛会师井冈山并非偶然,而是与中共中央和湖南省委的决策指示有关,是毛泽东、朱德两位伟人理想信念、责任担当、革命道路上的高度一致,促使他们互派使者联络。

早在 1927 年 10 月 13 日,毛泽东率领的工农革命军到达酃县十都。深夜的十都早已灯火全无,只在团部院子里还有灯光透出。何长工接到通知走进团部办公室,看到毛泽东和张子清参谋长正在查阅地图。毛泽东一看见他赶忙过来握手。接着毛泽东把何长工拉到井冈山区的地图旁说:"长工你看,现在我们要在这里落地生根了,这仅仅是建立根据地的开始,今后斗争还长,必须要迅速壮大我们的力量,要和上级取得联系才行。我们前委决定让你出山去,联系湖南省委和衡阳特委,设法寻找南昌起义的部队,你看怎么样?"接着,张子清把毛委员和他在路上的打算一五一十告诉了何长工。由于头一次接受这样的任务,何长工思想没有准备,说:"任务很重要,可我没有把握。第一,没有交通线,找省委、南昌起义部队像大海捞针、怕完成不了。再有,我长期戴军帽,摆弄枪支,头上的白印手上的老茧易暴露。万一出事,给革命就会带来损失。"这时,张子清参谋长拍了拍何长工的肩头说:"我们派你去本钱是大了点,但是,山外各个地方你的熟人多,同志多,关系多,多跑几个地方,多会会旧交定会联系上省委、特委,找到南昌起义部队的。至于头上的特征,那好办,你就干脆说是从毛泽东队伍中跑出来的逃兵。你被他们抓住,就这么说、只要能把敌人迷惑住就行。"毛泽东半开玩笑地说:"长工,你可以自由活动,但要记住白皮红心哟。"毛泽东的信任,党的委托,给了何长工极大的鼓舞和力量。他说:"请毛委员放心,我一定千方百计完成任务。"①

何长工身穿破衣,脚穿草鞋,经沔渡、瑞口、坑口到达茶陵。然后乘船由洣水进入湘江,一路艰辛到了长沙,找到了湖南省委。省委听了他的汇报后,告诉他南昌起义部队下落,大概地区是赣南、粤北一带,要他南下广东进一步打听,并给他50元银洋作路费。他按省委的嘱咐,绕道武汉、上海、香港,于12月上旬到达广州,因没有熟人,只身一人在街头转了几天,没有打听到任何消息。他只好往回返,从广州来到韶关,在一个旅馆里洗澡时,无意中听到了别人议论朱德率部在离韶关40华里的犁铺头的消息。此时,已经是凌晨一点了,找部队心切,他顾不得入房休息,借故结清住宿账,机警地打扮成一个富家弟子,匆匆上了路。

何长工第二天早晨来到军营哨所,刚进兵营,在室外就遇见了过去相识的蔡协民。在他的介绍下,与朱德、陈毅、王尔琢相见。听说是毛泽东派来的联络员,他们都像见到了亲人喜出望外。朱德紧紧地握着何长工的手说:"你是我们最受欢迎的人,你看,你一来,我这司令部里都格外热闹了!"

何长工把长途跋涉,苦苦寻找他们的前后经过,以及毛泽东的指示和井冈山根据地情况等作了详细汇报。朱德听后十分感动而高兴地说:"长工同志,你辛苦了,我们十分感谢你。我们从南昌撤出来,跑了几个月,都没找到一个落脚的地方,我们很想去找毛泽东同志。前不久,我在江西信丰见到赣南特委派来的同志,才打听到你们的下落,并派毛泽覃到井冈山地区去找毛泽东同志和他的部队了,这下我们总算互相联系上了,真是不容易呀!"

陈毅接着说:"这下可好嗒!晓得毛泽东同志在井冈山找了个落脚点,在那里安个家,真是个好办法,算我们找到娘家了嗒!哈哈!"②

两天后,何长工返回井冈山,临别时,朱德给他30元银洋和一份给曲江县委的介绍信,并握着何长工的手再三叮嘱他:"回井冈山后,一定要向毛泽东

---

① 《何长工回忆录》,解放军出版社1987年版,第110页。
② 《何长工回忆录》,解放军出版社1987年版,第115页。

同志转告我们的谢意,汇报我们的情况,希望早日会面。"①

与此同时,张子清、伍中豪率领的工农革命军第一团第三营在遂川大汾遭敌袭击,与毛泽东失去联系后,也转战来到了赣南。陈毅闻讯后化装成农民,亲自前往第三营,互通了情报。

何长工与朱德、陈毅联络大功告成。朱德特派代表毛泽覃与毛泽东部的联络到底咋样?还在南昌起义失败后,朱德带领起义军余部转战赣南,转战途中在江西信丰和地下党接头时,得到一个重要情况,说毛泽东带领一支部队上了井冈山。这是朱德第一次听到毛泽东上井冈山的消息,时间大约是1927年10月底。虽说毛泽东同朱德还从未见过面,但朱德对毛泽东是有所了解的。他知道湖南有个毛泽东,是农民运动大王,是党的创始人之一,在党内有一定的地位和影响,就在这以后不久,11月上旬,一个偶然的机会,朱德从敌人的报纸上证实了毛泽东在井冈山的消息。这时,朱德就急于想同毛泽东取得联系。几乎就在同时,又发生了另一件事情,朱德在报纸上看到一条消息:国民革命军第16军从粤北移防到湘南郴州、汝城一带。而这个军的军长范石生和朱德在云南讲武堂是同班同学,他们交往很深,曾结拜为兄弟,一块参加同盟会,一块参加昆明的"辛亥重九起义",以后又一起在滇军共事。当时,朱德带领的南昌起义军余部非常困难,从南昌一路下来,敌人追得很紧,伤病员很多,而且得不到及时的治疗,时间又到了冬季,战士们还穿着单衣,弹药也用得差不多了,吃饭常常是饥一顿饱一顿,部队急需休整。根据这种情况,朱德和陈毅商量,决定和范石生联系,暂时取得帮助。这时,范石生也听说朱德带着部队在赣南地区,他也派人同朱德联系。后来,他们联系上了,达成协议,把朱德率领的部队以16军140团的番号在范石生的部队中隐蔽起来。朱德化名王楷,任16军军总参议兼47师副师长、140团团长。他们还协议朱部来去自由。这样,朱德带领的部队很快得到了补充。待部队安定下来,朱德还是想着

---

① 《何长工回忆录》,解放军出版社1987年版,第110—118页。

用什么办法去同毛泽东取得联系。陈毅说,有一个人可以完成这个任务,朱德问是谁?陈毅说他叫毛泽覃,是毛泽东的亲弟弟,现在就在咱们部队里。朱德听了很高兴,立刻找来毛泽覃,让他装扮成16军的副官,通过敌人防区,到井冈山去找毛泽东。而毛泽覃根据朱德的指示,化装成国民党军第16军副官的身份,经郴州、永兴、安仁,来到了茶陵,途经茶陵与宁冈交界的坑口时,碰到了袁文才的部队。袁文才、陈伯钧得知他是朱德部派去井冈山进行联系的同志,当即派人把毛泽覃护送到井冈山。11月中旬,毛泽覃到达大井,见到了日夜思念的大哥毛泽东,详细汇报了朱德部队的情况。毛泽东同意毛泽覃留在井冈山工作,决定派专人与朱德、陈毅的部队联系,以便两支起义军联合起来。

何长工和毛泽覃经过秘密转战,艰苦寻找,前后花了几个月之久,终于找到了对方部队,互相取得了联系。

忍辱负重当师长

春雨绵绵,春寒料峭。1928年3月18日,毛泽东被误传撤销党内职务、开除党籍,忍辱负重当师长,率领工农革命军第一师到达酃县中村周家祠驻地。

为什么会这样?故事还得从宁冈说起……

3月初,毛泽东领导建立的井冈山根据地,正是革命形势蓬勃发展的时候。中共湘南特委代表周鲁来到宁冈茅坪,没有作一点调查研究,一下车就大发言论。他根据中共中央上年11月临时政治局扩大会议决议和12月31日给湖南省委的指示信,指责井冈山"行动太右,烧杀太少",没有执行"使小资产阶级变成无产者,然后强迫他们革命"的政策;批判毛泽东是"右倾逃跑主义""枪杆子主义"。并由于当时政治环境恶劣,文件不能随身携带,传达中央给毛泽东纪律处分的时候,周鲁把"开除毛泽东临时政治局候补委员"的处分误传为"开除党籍";取消以他为书记的前敌委员会,另组师委,以何挺颖为书记,毛泽东任不管地方只管军事的师长。这样,使毛泽东一度成为"党外人士",不能担任前委书记和党代表,只能担任工农革命军第一师师长的职务。新中国成立以后,毛泽东在1956年9月10日召开的党的八大第二次预备会上的讲话中开玩笑说,我在井冈山还当过民主人士呢。指的就是他当师长的这段历史。①

毛泽东对处理他的这个决定,既吃惊也不满,无论如何不能接受,更不相信开除他视如生命的党籍。但现实是,的确从这个"钦差"周鲁嘴里说出来的,他又无法辨别其真假。

面对这个颐指气使的"钦差",毛泽东毫不示弱,当场进行了反驳:"对小资产阶级打击过重,只能把小资产阶级赶到豪绅一边,迫使他们挂起白带子反对我们。我们将失去中间派的支持,最终成为孤家寡人。"

周鲁武断批评强调:"这是瞿秋白说的。你们躲在井冈山,根本没有发展前途。省委命令你们马上开往湘南,攻打郴州,策应湘南暴动。"②

此时此刻,政治上"走麦城"的毛泽东再也无法陈述自己的理由,为服从组织原则,只得接受这个错误的决定。这对毛泽东来说自然是严重的打击,但他的革命意志没有一点动摇,仍然积极地担当起师长的职责,履行一个革命者的责任,确保军事上不"走麦城"。

毛泽东立即决定,变被动为主动,提前举行酃县暴动,以便将部队调往湘南,策应湘南暴动。当夜,部队出发前,毛泽东唤来酃县籍的连党代表戴奇③、邱笛,交代他们工农革命军3月去策应湘南起义,到时会经过酃县,因此酃县

---

① 中共株洲市委办公室、市委党史工作办公室:《毛泽东忍辱负重当师长——记中村军地联席会议》,《株洲红色印记》,中共党史出版社2012年版,第88页。

② 中共株洲市委办公室、市委党史工作办公室:《毛泽东忍辱负重当师长——记中村军地联席会议》,《株洲红色印记》,中共党史出版社2012年版,第88页。

③ 戴奇(1903—1931),湖南省炎陵县人,1922年考入湖南省立第三师范,在三师加入中国共产党。曾任工农革命军第一师第一团第二连党代表、遂川县游击队教导员、酃县赤卫大队党代表、遂川县长烟区委书记、红六军支队政委和第二纵队政委、红三军八师政治委员兼政治部主任等职。1931年牺牲。

原定的 4 月暴动提前到 3 月工农革命军到来时举行,并带着他写的亲笔信去找酃县特别区委书记刘寅生等同志。酃县特别区委按照毛泽东的紧急指示,提前做好了暴动准备工作。

在黄挪潭,酃县特别区委召开了紧急会议。会上,戴奇传达了毛泽东的重要指示,工农革命军将在这个月中旬经过酃县开往湘南。原定的四月暴动必须提前举行,否则部队一到,土豪劣绅就会跑掉,打土豪将会成为一纸空谈。3月 9 日深夜,在黄挪潭,暴动农民在刘寅生、周里的率领下一举包围了大土豪周炎卿家,揭开了酃县三月暴动的序幕。接着各区乡开展了全县性的暴动,取得了一个又一个胜利。

与此同时,工农革命军按照毛泽东的部署分三路从宁冈向酃县挺进。毛泽东、何挺颖率领第一团从宁冈砻市出发,从沔渡、酃县县城、西乡、船形到达中村;袁文才带领第二团第一营从宁冈大陇出发经十都、石洲、水口到中村;王佐带第二团第二营从大井出发经大院、策源、下村抵达中村。当时,国民党何其朗一个团的兵力在十都、沔渡一带活动十分猖獗,杀人放火,奸淫虏抢,为非作歹,无恶不作,人民群众无不切齿愤恨。工农革命军进入沔渡境内,农民纷纷给他们报告敌情,主动帮部队带路。工农革命军神速地在沔渡消灭了敌军一个营,在酃县下关组织农民活捉了反动团总戴同德、土豪王可其,打开了被他们把持的老古庙同善会的谷仓,分给农民几百担谷子。这时,一个侦察班早已深入敌人的团部十都,摸清了敌人的情况。随即,毛泽东指挥部队猛攻十都,内外夹攻,打得敌人晕头转向,敌团长险些成为工农革命军的俘虏。打下十都以后,转战直抵酃城,在酃县暴动队的配合下,工农革命军一路浩荡,很快攻克了酃县城,消灭了敌军近一个营,把鲜艳红旗插上了酃县城楼。毛泽东与师部驻地在洣泉书院,曾长期担任毛泽东警通员的龙开富①回忆当时情况记

①　龙开富(1908—1977),湖南省茶陵县人,1928 年加入中国共产党。曾任红军总政治部红色警卫团第一连连长兼政治指导员、红一军团炮兵营政治委员、辽西军区后勤部部长、沈阳军区后勤部副部长、总后勤部副政委等职。1955 年被授予少将军衔。

忆犹新,他在《毛泽东同志在酃县的革命活动》回忆道:"当时,我的任务就是到一个地方就要找书和报纸,住在学校里很容易找到,我还跑到县衙门和国民党部找到很多书和报纸,交给毛泽东同志挑选,他选了几本书,部份报纸,其余的都扔掉了。"①部队在酃县城住了几天,打了几家土豪,缴获了不少苎麻,筹了一些款子,还弄得一些布匹、药,解决短期的吃穿问题。部队还召开了群众大会,到会的有千多人,其中有农民、商人、店员,还有老婆婆、小娃娃,毛泽东与宛希先在大会上讲了话,主要是宣传共产党和革命军的主张,讲保护工商业政策,号召劳苦大众团结起来,打土豪分田地。话不算很长,但群众听得津津有味,有的点头,有的表露高兴的笑容。会后,也有一些人要求加入了部队,当了革命战士。

这一系列的胜利,给毛泽东以些许安慰,他坚信真理有时候掌握在少数人手里,他暗自下决心,必须让湘东与湘南联系起来,进一步发展革命形势。在酃城住了几天后,毛泽东带领部队经过西乡,在塘田住了一宿。第二天从塘田、船形到中村。

暴动胜利后,暴动队和酃县特别区委随工农革命军一起来到中村,3月19日晚上,设在周家祠的中村周南学校的一间教室里,灯火通明,群英会聚,谈笑风生。毛泽东、何挺颖在这里主持召开了工农革命军第一师师委和中共酃县特别区委联席会议。

毛泽东首先发言,他说:"部队出发之前,湘南特委派周鲁到宁冈,传达了中央和湖南省委指示,批评我们'行动太右''烧杀太少',并决定将前委取消,改组为师委,何挺颖为书记,我为师长。"②

毛泽东说到这里,会场顿时躁动起来,交头接耳,议论纷纷,个个表示义愤

---

① 《访问龙开富同志谈话记录》(1968 年 4 月 16、17、18、19 日上午),采访地点:龙开富同志家和沈后招待所第一会议室,现存炎陵县档案馆。
② 中共株洲市委办公室、市委党史工作办公室:《毛委员忍辱负重当师长》,《株洲红色印记》,中共党史出版社 2012 年版,第 88 页。

填膺,他们为中央的这一错误决定而痛心疾首,有人站起来说:"这是有意排挤毛委员在党内的领导,别有用心把这支军队搞垮。"有的大声说:"这是要我们部队不能过问地方工作,使工农革命军脱离群众。"有人愤怒地说:"对毛委员都不信任,还要我们干什么? 让那些自认为正确的人来干吧!"王佐、袁文才把枪往桌子上一撂,起身往外走。

"好啦! 大家都静下来、坐下来。"毛泽东挥了挥手,心平气和地说,"大家不要这样说嘛! 我还当师长呢! 有人说,我的党籍被开除了,我才不相信呢! 这不是瞎说吗? 我今天能坐在这里说话,就说明我还是党员嘛!"①

师委书记何挺颖插话说:"毛委员还是五届中央候补委员,我这个书记还得听毛委员的呀。"

毛泽东接着说:"希望大家不要听信谣言,同心同德,团结一致。古人说,军旅之事,'未知学也'。我不是一个武人,文人只能运用笔杆子,不能动枪杆子。秀才造反,三年不成。可是一个篱笆三个桩,一个好汉三个帮,三个臭皮匠合成为一个诸葛亮,这就要靠大家了,我们有这么多好干部,大家都是党员骨干,在斗争中积累了不少经验,大家都来当参谋,我当师长,就不怕不能打胜仗。如果你们都走了,我这个师长还怎么当呀!"②

与会人员听完毛泽东的一席话,都为他的宽广的胸怀和谦虚谨慎的态度所感动,所敬佩。站起来的坐了下来,意欲走的都坐回了原位。

接着,毛泽东批评了一些地方乱烧房屋的行为,他意味深长地说:"兔子不吃窝边草,我们难道比兔子还愚蠢吗! 这样下去,革命将要遭受更大的挫折。周鲁指责我们,'行为太右,烧杀太少',但是,我还是要强调,今后决不准烧房屋,不准乱杀人,就是对土豪劣绅也要分别对待,只能杀那些罪大恶极的、

---

①　中共株洲市委办公室、市委党史工作办公室:《毛委员忍辱负重当师长》,《株洲红色印记》,中共党史出版社 2012 年版,第 89 页。

②　中共株洲市委办公室、市委党史工作办公室:《毛委员忍辱负重当师长》,《株洲红色印记》,中共党史出版社 2012 年版,第 89 页。

不杀不足以平民愤的大土豪大劣绅。房屋是劳动人民建造的,土豪劣绅不能住,可以没收分给贫苦农民住嘛!"①

毛泽东的讲话,赢得了在场全体干部的拥护,会场响起一阵又一阵的热烈掌声。

会上,毛泽东还总结了酃县三月暴动的功绩,他说:"湘东革命形势很好,为了把湘东、湘南和井冈山联成一片,我意将工农革命军分成两路,何长工、袁文才率领第二团去资兴,策应湘南暴动。我率第一团留在中村,继续发动群众开展分田运动,这样就可以两全其美,既没违反上级命令,又能发展湘东革命形势。"②

军地联席会议上,毛泽东还对酃县县委、县苏维埃政府的恢复建立作了安排。会议同时还研究部署了组建赤卫大队、插牌分田的政策和方法等问题。主席台上,毛泽东、何挺颖紧紧握着刘寅生的手,给予热烈祝贺,刘寅生心情激动,热泪盈眶,会场上再一次响起了热烈掌声。会议开到深夜才结束。

第二天,何长工、袁文才率二团向南开拔,为策应湘南起义开始了新的征程。毛泽东为他们送行,握手惜别,反复叮嘱他们此去的目的任务和应该慎行的方针政策。

留下的第一团由毛泽东率领,继续按照两天前在八担坵的政治课内容进行教育训练。与此同时,派出部分骨干深入农户访贫问苦,广泛发动和宣传群众,开展土地革命,投入轰轰烈烈的分田分地运动中。

清晨,村头高高的樟树上传来几声鹊雀的叫声,毛泽东得知朱德、陈毅、王尔琢率领的南昌起义部队,发动了声势浩大湘南暴动,取得巨大胜利后,遭到湘敌的"追剿",正向井冈山方向转移。

---

① 中共株洲市委办公室、市委党史工作办公室:《毛委员忍辱负重当师长》,《株洲红色印记》,中共党史出版社 2012 年版,第 89 页。
② 中共株洲市委办公室、市委党史工作办公室:《毛委员忍辱负重当师长》,《株洲红色印记》,中共党史出版社 2012 年版,第 89—90 页。

毛泽东闻此消息,立即亲自率领部队前往接应,掩护朱德率领的部队向井冈山顺利转移。这时,县委书记刘寅生考虑到酃县赤卫大队刚刚建立,缺乏训练,没有作战经验,敌人一旦打过来,就有被摧垮的可能。他找到毛泽东,要求将赤卫队带上,跟随工农革命军锻炼一个时期,毛泽东高兴地说:"好啊!机会难得,我们想到一起去了,正如磁石和铁,不谋而合。"①

朱德率部向井冈山转移

1928年2月,朱德率部智取宜章的胜利,点燃了湘南起义的熊熊烈火。接着,郴州、永兴、资兴、耒阳先后被起义部队攻克,建立了工农民主政权和工农革命军第三师、第四师和第七师。

3月,湘桂战争结束,蒋介石策动湘粤军阀对湘南革命力量进行南北夹击的大规模"进攻",而中共湘南特委又实行过"左"的烧杀政策,引起群众反对,使起义部队陷入孤立,不得不退出湘南。在敌强我弱的情况下,朱德决定部队和各路农军分头向井冈山撤退,约定在酃县集中。此时毛泽覃受毛泽东指派,率一个特务连从酃县中村出发,前往湘南接应,于4月上旬在耒阳遇见朱德部队。他向朱德介绍了毛泽东率部策应湘南起义部队的情况,并告知已经到了桂东。朱德率南昌起义余部和部分农军由毛泽覃带路,很快攻取安仁。为调动敌人的兵力往北走,朱德采用声东击西的战术,决定北打攸县,东走茶陵、酃县。4月5日清明节这天,朱德率部从安仁县城和大水塘出发,夹永乐江而上,由毛泽东委派的毛泽覃、黎育教、伍中豪及其特务连带路,到达茶陵界首墟,宋乔生②带领独立三团一路随行。这时,谭思聪(茶陵县委书记)、谭家述、

---

① 中共株洲市委办公室、市委党史工作办公室:《毛委员忍辱负重当师长》,《株洲红色印记》,中共党史出版社2012年版,第89—90页。

② 宋乔生(1891—1929),湖南省株洲市渌口区人,1923年加入中国共产党。曾任中共水口山特别支部委员、特别区委书记、水口山铅锌矿工人起义总指挥、桐梓山工农游击队队长、工农革命军第一师独立第三团团长、工农革命军第四军特务营营长、湖南省委前敌委员会委员、红四军前敌委员会委员等职。1929年,在南坪坳战斗中牺牲。

谭趋新率茶陵游击队 200 余人与朱德部会合,并导迎朱德部向茶陵城进发,驻守茶陵县城的挨户团溃逃撤离。

朱德部进入茶陵县城,秋毫无犯,市民照常营业。朱德住福音堂。一天晚上,小股敌人突然袭击福音堂,朱德正和一个警卫员在一所小房子里,敌兵追问:"朱德到哪儿去了?"朱德马上站起来指着街那头说:"他不在这里,我是伙夫,朱德在街的那头呆着呢!"①当敌人急忙去街那头寻找时,朱德乘机脱险了。朱德率部离开茶陵城向酃县趋进。途经官陂村时,官陂农运骨干将藏在夹墙里的 12 支步枪送交了朱德部。这 12 支枪是官陂农民在农运期间缴获十八丘挨户团的,"马日事变"后,他们将枪藏起来了,朱德表扬了他们。然后,率部经洮水、坑口、华里,10 日左右到达酃县沔渡。

在朱德率领南昌起义余部到达酃县不久,湘南起义的农军在陈毅率领下,从郴州向资兴、桂东方向挺进,在资兴城郊与何长工、袁文才率领的工农革命军第二团会合后,经资兴也来到酃县,与朱德的主力部队会合。

陈毅、何长工、袁文才和几个县的县委负责人会见了朱德。经过长途跋涉,朱德的脸上显得黑润,但精神十分饱满,他笑呵呵地站起来,和大家一一握手问好。

何长工十分关切地问:"这次没有受多大损失吧?"

"很好,没有损失,就是忙得没有时间理发,胡子也长了。"朱德饶有风趣地说,"我们的家业还是很大的,湘南起义缴了不少武器,队伍也扩大了,干部也充实了。"

何长工说:"我们拼命向南打,想不到你们撤得这么利索。"

"你们的迅速行动,有力地掩护了我们队伍的撤退"。朱德紧接着问,"毛泽东同志现在哪里?"

何长工回答说:"他担任后卫,大约还得三四天才能到。我先率部回宁

---

① 中共湖南省委党史研究院:《茶陵县革命斗争史》,湖南人民出版社 2021 年版,第 88 页。

冈,为会师大会召开做些准备工作,你们暂时住几天,等毛泽东与你们会师后再一起上井冈山"。

朱德说:"那我们就在这里等毛泽东同志,希望能与他早日见面。"①

"朱德没接到,接到个萧克"

1928 年 3 月下旬,毛泽东率部在中村集结休整后,接到湘南起义失败,朱德率部向井冈山转移的消息,随即兵分两路,前往湘南接应。一路以第二团为右翼,由何长工、袁文才率领,于 3 月 20 日向郴州方向挺进,阻击尾追湘南起义部队的湘敌。一路以第一团为左翼,由毛泽东、张子清率领,于 3 月 28 日向桂东、汝城方向前进,阻击由粤北前来"会剿"的敌军。

毛泽东率部前来湖南接应朱德、陈毅的消息,立即被敌人探悉。为了扑灭湘南起义烈火,以李朝芳为"湘南剿匪总司令",范石生为"剿匪前线总指挥"的湘粤两省敌军,更加疯狂地向湘南发起了攻势,并发出了合围命令。在形势岌岌可危的情况下,毛泽东率部毅然承担了掩护与决战的风险,于 4 月 5 日兵临桂(东)汝(城)边境的寒岭界下。汝城"宣抚团"团总何其朗,已在寒岭界修筑工事,日夜防守。此时,摆在毛泽东部面前的问题是:如何尽快越过寒岭界,揳入汝城,阻击南来之敌,策应朱、陈部队安全退出湘南。4 月 6 日,大雾弥漫,寒岭界笼罩在一片浓雾之中,这正是攻击的极好机会。于是,毛泽东下达了作战命令。工农革命军第一师第一团兵分两路同时向寒岭界发起了攻击。敌人正在吃早饭,突然闻得枪声四起(其实是当地群众前来参战,用鞭炮燃放在油桶中助阵),仓促上阵,因不明底细,心惊胆怯,被我军一举击溃,我军乘胜进抵田庄圩。7 日,毛泽东率部从田庄圩出发,在汝城银岭脚、鸭屎坪一带摆开战场,又再次击溃反动武装何其朗部,然后经水口、径口,进入土桥,驻黄家村。8 日,在汝城县党组织和群众的支援配合下,又击溃了从粤北来的

---

① 何长工:《伟大的会师》,《回忆毛主席》,人民文学出版社 1977 年版,第 123—125 页。

土匪武装胡凤璋部两个排,一举攻占了汝城县城。

4月9日,胡凤璋土匪武装主力不甘失败,向汝城县城压来。毛泽东、张子清等当即分析了形势,认为策应朱德部的目的已基本达到,为避敌锋芒,当即率部撤出汝城,返回田庄圩,准备回师井冈山。10日,由田庄圩入南洞,然后进入湖南资兴县龙溪洞。

龙溪洞是一个美丽的小山村,清澈的溪水绕山而过,汇入东江。此时,正是南方的初春,绿水青山把龙溪洞装点得更加娇媚。但这一切,毛泽东和他的战友们都无心去领略,只盼朱、陈部安全退出湘南。毛泽东部自离开鄌县水口后,连日征战,干部战士已是很疲倦了。毛泽东、张子清决定让大家在龙溪洞休整一两日再走。于是,为安全起见,派出一营副营长陈毅安率一个连兵力,南出龙溪洞,四面搜索警戒。但不久,陈毅安却回来了。原来,陈毅安率连队出发后,没走多远,便碰上了由龚楷、萧克带领的宜章独立营。

宜章独立营是1928年1月19日暴动胜利后组建的一支农民武装,暴动的领导者彭晒、彭睽、彭崎、彭严、彭孚、彭成一、彭东明等都是重要骨干,还有女同志彭娟、彭儒、彭概、彭霞、彭谦、刘浮、吴统莲等,表现都很突出。当时,工农革命军中都盛赞他们是宜章的"彭家将"。独立营成立后,由彭晒任营长,朱德部派来了龚楷任党代表,后萧克从嘉禾赶来参加暴动,县党支部知道他在北伐时当过连长,又参加了南昌起义,因而萧克被任命为独立营副营长兼第一连连长。此后,宜章独立营活跃在宜章西南的黄沙区和靠近广东的莽山一带,发动群众打土豪,坚持游击斗争。独立营共500余人,80多支枪,300多杆梭镖。当退入骑田岭,坚持一个星期后,得知朱、陈部已东移,于是独立营也向东撤。此时,宜章、耒阳、郴县等地均陷敌手。他们昼伏夜行,躲开了敌军的岗哨与民团的搜索,越过了敌人严密封锁的郴宜大道,于4月中旬到达资兴龙溪洞。

当萧克他们来到龙溪洞时,正好遇到陈毅安带领战士在站岗放哨,开始萧克等人以为遇到敌军,紧张起来,传令准备战斗。陈毅安发现对方是湘南农军,派人过来联系,双方互报信息后知道是自己的部队非常兴奋。陈毅安把萧克带到毛泽东驻地向毛泽东报告,陈毅安介绍说这是宜章独立营副营长萧克。毛泽东马上向萧克询问部队情况:"你们有多少人枪?"萧克答道:"人倒有600多,枪只有70支,都是梭镖,所以叫我们梭镖营呢。""梭镖营?是啊,果然那么多梭镖。"毛泽东说完又倾吐心中的感慨,"揭竿而起,这就是揭竿而起呀!"听了萧克的汇报,毛泽东对宜章独立营的艰苦斗争非常赞赏,拉着萧克的手,高兴地说:"好哇!没接到朱德,接到个萧克!"①一番话,把大家引得哄堂大笑。随后,两部合二为一,继续向东转移上山。

几天后,独立营随毛泽东率领的第一团到达酃县水口。不久,龚楚(后叛变)、胡少海率二十九团和郴宜两县赤卫队、苏维埃政府、工会、农会负责人和眷属男女老少4200人左右,经东江、何家山行至酃县水口,赶上毛泽东部。一见面,毛泽东就向龚楚询问朱德的去向,龚楚告知:在郴县已与朱德约定在酃县汇集,他们从耒阳经安仁、茶陵撤往酃县。第二天,毛泽东命令龚楚、胡少海、萧克率二十九团、宜章独立营和郴宜两县赤卫队、苏维埃政府、工会、农会负责人和眷属男女老少4800多人向宁冈转移。因接到师部命令,萧克带领宜章农军与毛泽东分别后经龙溪坂溪、泥湖、石洲开往沔渡。毛泽东仍率部继续打后卫,掩护朱、陈部队转移。正如萧克1969年回忆所说:"……在龙溪洞同大队会合后,又继续向井冈山走。经中村到水口,师部令我们游击队开往沔渡,归还宜章农军建制。毛主席率领三十一团去酃县,是否与三十一团一起上井冈山,我不清楚,三十一团在酃县打了一仗,张子清同志负伤。在几天行军中,我们走在后面,主席的活动我不大清楚。我们在沔渡只住一天,就开十渡(实为十都),找到了宜章县委和三师胡沙海同志。"②

---

① 萧克:《浴血罗霄》,解放军文艺出版社1988年版。又见,中共湖南省委党史研究院:《炎陵县革命斗争史(1921—1949)》,湖南人民出版社2021年版,第79页。
② 中共湖南省委党史研究院:《炎陵县革命斗争史》,湖南人民出版社2021年版,第80页。

接龙桥上的枪声

4月21日,毛泽东带领部队到达酃县城,师部驻扎在洣泉书院,毛泽东就在后厅左厢房住宿、办公。此时,国民党部队正尾随而来,据1928年4月20号《湖南国民日报》载:"张敬兮团于本月18日抵攸,民众异常欢迎。闻安仁之共匪集中茶陵。张团准与李朝芳师长会剿。想不久可望肃清云。"①第二天,就有当地干部跑来报告,追击朱德部队的湘敌吴尚第八军张敬兮团和罗定率领的攸茶挨户团正离开茶陵,向酃县窜来,情况紧急,毛泽东顾不上休息,当即召开了干部会议。毛泽东说:一个多月来,我们兜了一个大圈子,大家都练成铁拐李了,这些日子,我们几乎天天打仗,同志们都很辛苦,可敌人不给我们半点喘气的时间,今天又接到敌情,吴尚两个团的兵力正向酃县窜来,妄图把朱德、陈毅率领的南昌起义部队和湘南农军消灭在半路上。我们决不能让他们的阴谋得逞,我们要在酃县城打一个漂亮仗,给朱德、陈毅部队解除后顾之忧。②

22日,部队正准备吃午饭,设在城西湘山寺和龙王庙的两处岗哨同时发现敌人,鸣枪报警。毛泽东与团长张子清等人立即作出在接龙桥迎敌的部署。

接龙桥位于酃县城西,一条汇聚了千百山溪的河流在桥下自东向西流去。河的北面是旗形山,南面是湘山。两边山势壁立,一条千年古道沿河向外伸去,成为酃县城通向外地的咽喉要道。工农革命军除了一部警戒东南方向外,全部从西门出发,兵分两路抢占接龙桥边的两座高山:一营为左翼,由宛希先率领,扼守城西湘山寺高地,抢占北面的旗形山;三营为右翼,由团长张子清、营长伍中豪率领,占领湘山寺对面的天鹅山高地,与左翼部队遥相呼应,控制湘赣大道;三营七、九两个连作为预备队,随时准备追歼逃跑之敌。毛泽东、何挺颖率领直属部队据守接龙桥一带,指挥全军。

① 中共湖南省委党史研究院:《炎陵县革命斗争史》,湖南人民出版社2021年版,第83页。
② 中共湖南省委党史研究室:《炎陵县革命斗争史》,湖南人民出版社2021年版,第83页。

张子清也飞步赶向接龙桥指挥战斗。说话间,只见敌人进入我军射程之内,张子清当即命令说:"准备战斗!"随着张子清手中的枪声一响,左右两翼同时开火,枪声、手榴弹的爆炸声和战士的喊杀声搅成一片。敌人慌忙组织多次冲锋,全被我军击退。毛泽东见三营八连从他面前跑过,叫酃县籍战士朱祖培和另一个战士去传达命令:"叫一营打掩护,三营八连去攻占湘山寺,要快!"①

接龙桥战斗旧址照

此时战场制高点湘山寺已为敌人抢占,形势十分危急。朱祖培二人迅速将命令传达下去。幸好一营火速抢占了湘山寺对面的山头,对湘山寺之敌实施火力牵制,将该敌之火力全部吸引过去。担负抢占湘山寺山头的八连战士乘势向山顶冲去,将敌击溃,还打死两个敌人在宝塔边。

革命军虽占据了有利地形,但由于地势狭窄,不易展开,战斗呈现胶着状

---

① 中共湖南省委党史研究室:《炎陵县革命斗争史》,湖南人民出版社 2021 年版,第 83 页。

态。下午4时,敌人集中优势兵力,由张敬尧亲自督战,向革命军发动十多次进攻。张子清观察了周围的地形,便对警卫员小蔡说:"快去九连向罗荣桓、王良传达我命令,叫他们火速通过那个山谷,插到敌人后面!"这一招果然奏效,敌人正在冲锋,被罗荣桓、王良打了个措手不及,仓皇败下阵去。张子清刚下令休息,发现敌人开始了又一次攻击,前锋已经渡过碧江,向湘山寺发起强攻。他让伍中豪指挥七、九连留守,自己率领八连前往湘山寺支援,迅速插到了敌人侧翼。当时宛希先指挥一营守卫湘山寺阵地,已和敌人力战多时。张子清率领八连猛扑敌军指挥所,张敬尧、罗定被这突然袭击吓得拔腿就跑,结果导致敌人全线崩溃。张子清率军乘胜追击,在追击中,腿部和脚踝两处负伤。接龙桥战斗结束后,因天已黑,据报告,国民党第十三军第二师一部前来酃县协同张敬尧团一同进攻工农革命军,企图形成对工农革命军钳形包围。为避免敌人的反包围,毛泽东指挥部队从南门撤出,当晚在坂溪宿营。在坂溪吃了晚饭后,经石洲往井冈山转移,于第二天早晨赴到十都,再回到宁冈茅坪。23日,国民党张敬尧团和其友军占领酃县城,对此,国民党第十三军第二师周参谋长梗(23日)酉电称:"职协同第八军一部于漾日(23日)收复酃城,朱毛残部数千窜赣西。"①

朱毛首晤与两军会师

酃县接龙桥战斗结束后不久,驻扎沔渡的朱德部队得到了消息。当听到毛部撤出战斗向十都方向转移后,朱德前往十都与毛泽东见面,陈毅、王尔琢等工农革命军湘南起义主要领导人以及宋乔生等湘南工农武装领导人随行。他们到十都时,得知毛泽东带领部队回井冈山了。由于天黑,朱德等人在十都万寿宫留宿。与此同时,回到茅坪的毛泽东又获悉朱德、陈毅率部还在沔渡一带的消息,心里非常高兴。第二天一早,他再带领第一团三营一连下山迎接朱

---

① 中共湖南省委党史研究院:《炎陵县革命斗争史》,湖南人民出版社2021年版,第84页。

德、陈毅的部队,他没有从砻市方向下山,而是从他多次走过的熟悉的路线大陇、大坪到十都,正好与朱德部会合,在十都万寿宫,两人第一次见面。与此同时,酃县县委书记刘寅生通知县委其他人赶往十都,迎接朱德部队。

十都万寿宫

就在会师前毛泽东出了个小插曲,毛泽东突然对身边的何挺颖说:"你赶紧给我弄支枪背上"。① 何挺颖不解地问:"毛委员从来爱枪不玩枪,怎么突然要背起枪来了?"

"挎着驳壳枪,师长见军长!"毛泽东笑着说,"朱德是军长,我是师长,没有枪不像样,不挎枪怎么见'长官'呀!"他挎上何挺颖给他临时弄来的一支驳壳枪,兴冲冲地走在前头去会见朱德。②

① 中共株洲市委办公室、市委党史工作办公室:《朱毛会师在酃县》,《株洲红色印记》,中共党史出版社 2012 年版,第 105—106 页。
② 中共株洲市委办公室、市委党史工作办公室:《朱毛会师在酃县》,《株洲红色印记》,中共党史出版社 2012 年版,第 105—106 页。

当毛泽东率领部队第一时间进入眼帘,已守候在万寿宫大门口眺望的朱德、陈毅、王尔琢便大步流星迎上前来,毛泽东也快步迎上前去,顿时,几双大手紧紧地握在一起,几张沐浴风霜的笑脸聚在一起,几股真情挚友的热流融为一体。这是1928年4月20日前后的一个上午,朱毛两位巨人第一次握手胜利会师的伟大时刻,历史永远地定格在这一时刻。

朱德操着四川口音激动地说:"我们终于见面了,我们终于来到了井冈山根据地。"喜泪在他眼眶中滚动。

毛泽东高兴地说:"你们辛苦了,欢迎你们!"激动的热流从他握着的大手中传递着。①

回顾几个月来的艰难历程,朱德更是感慨万千:"潮汕受挫后,我们就开始向湘赣农村转移,后来,陈毅在赣南见到了张子清同志,去年12月,中央又指示我们同你们联系,我曾派毛泽覃上山来找你们,想不到你早就派何长工来找我们了,真是考虑周全啊!"

朱毛首晤塑像

毛泽东敬慕地说:"玉阶兄行伍出身,经验丰富,我怎么不找你呢? 我还

① 中共株洲市委办公室、市委党史工作办公室:《朱毛会师在酃县》,《株洲红色印记》,中共党史出版社2012年版,第105—106页。

在浏阳文家市决定向湘南转移之时,就考虑设法打听你们的下落,所以派何长工来找你们。今日得见,三生有幸!"①

"润之同志过奖了。这次我们还是被湘敌吴尚追着走的呢!"朱德幽默地回答。

"蒋介石命令湘粤两省强敌前堵后追,可没奈何你们。你们终于率部队顺利地来到了这里。这下可就好啦,我们的力量更强大了。"②毛泽东回应着说。

"这次我们转移得快,全靠你们掩护得法!"朱德笑着说。在旁边的陈毅用四川话说:"如果没有你们的有力掩护,我率领的这部分队伍,恐怕还到不了这里喏!"

"还是玉阶兄用兵如神,兵贵神速呀!"毛泽东的赞许,引发大家的笑声。③

寒暄一阵过后,毛泽东和朱德就两军会师和部队整编等问题进行了商谈。毛泽东介绍了井冈山地区及周围各县的地理、政治、经济和社会状况,决定近日在江西宁冈县砻市举行会师大会,组建工农革命军第四军。当陈毅提议毛泽东任四军党代表时,毛泽东突然推辞,说:"我没资格了,还是你来干吧!"④

陈毅说:"你是当然的党代表,除了你,谁还称职呀!"

朱德接过话题问:"润之同志,你怎么说没资格哟! 那我更没有资格干了!"

毛泽东正要解释原因,毛泽覃插话说:"湘南特委周鲁口头传达的决定,说他被中央开除党籍了!"

---

① 中共株洲市委办公室、市委党史工作办公室:《朱毛会师在鄙县》,《株洲红色印记》,中共党史出版社 2012 年版,第 105—106 页。
② 中共株洲市委办公室、市委党史工作办公室:《朱毛会师在鄙县》,《株洲红色印记》,中共党史出版社 2012 年版,第 105—106 页。
③ 中共株洲市委办公室、市委党史工作办公室:《朱毛会师在鄙县》,《株洲红色印记》,中共党史出版社 2012 年版,第 105—106 页。
④ 中共株洲市委办公室、市委党史工作办公室:《朱毛会师在鄙县》,《株洲红色印记》,中共党史出版社 2012 年版,第 105—106 页。

陈毅肯定地说:"没有的事,我们在湘南特委那里看到中央的文件了,只是撤销你的政治局候补委员,根本没有说开除党籍的事。"

朱德也证实地说:"我也看到了中央的决定,没有什么开除党籍,只是撤了你的候补委员。说什么你撤了长沙之围,上了井冈山,不执行他们攻打长沙的命令。我看这不公平。"

"可以肯定,这个周鲁是乱传'圣旨'!"陈毅大声说,"这么大的事,如此不负责任,简直乱弹琴!"

一直没有作声的毛泽东,像卸下个沉重的包袱,顿感一身轻松,说:"对周鲁的乱传'圣旨',我是半信半疑的,实际上,我一直在凭良心做事,忠实地履行一个共产党员的职责。往后,我们要以此为戒,从周鲁身上吸取教训,工作来不得半点马虎,否则是要害党害人民的。"①

这个好消息,使不明真相的其他同志感到高兴,纷纷指责那个乱传、假传"圣旨"的周鲁,给毛泽东精神上和部队的工作造成了不应有的影响。

"好啦! 我们言归正传,过去了的事,我们不要再去追究了,周鲁这么做,也许有他的原因。"②

毛泽东同朱德见面后,带领随从部队到沔渡慰问朱德、陈毅部队。毛泽东和朱德等一同走进沔渡张家祠的后厅。落座之后,双方将身边的同志一一作了介绍。参加这次会见的有陈毅、王尔琢、张子清、蔡协民、何挺颖、伍中豪、胡少海、邓允庭、宛希先、袁文才、何长工、黄克诚、宋乔生等。他们首先各自回顾了起义队伍的近况。毛泽东着重介绍了井冈山地区及周围的地理、政治、经济与社会状况,党组织、群众基础以及半年来武装割据的基本经验。然后,谈了谈两支队伍合并后部队的番号、建制、干部人事安排等问题。由于有共同的奋

---

① 中共株洲市委办公室、市委党史工作办公室:《朱毛会师在酃县》,《株洲红色印记》,中共党史出版社 2012 年版,第 106—107 页。

② 中共株洲市委办公室、市委党史工作办公室:《朱毛会师在酃县》,《株洲红色印记》,中共党史出版社 2012 年版,第 106—107 页。

斗目标,两位领导人开诚相见,谦虚互敬,很快达成了初步意见。

晚上,两支部队在沔渡举行了盛大的联欢会,大家载歌载舞,尽情抒怀,沉浸在一片欢乐的海洋之中。联欢会上,毛泽东、朱德分别发表了热情洋溢的讲话。毛泽东说:"两军会合,以井冈山为中心,建立根据地,我们就有了一个家,给养有地方,伤病员医治也有地方,军队就可以发展。井冈山的老百姓待我们很好,给部队送粮食,让房子,抬担架,战士没烟抽,老百姓都会送来。军民团结起来,就能战胜任何困难,打败一切敌人。"然后,朱德在给大家敬了军礼后讲了话。他说:"两支部队会合了,我们的力量强大了。又有井冈山作为根据地,我们就能打败敌人,发展自己,希望大家团结起来,打个漂亮仗。"[①]

毛泽东接着说:"我们工农革命军不但要打仗,还要发动群众,组织群众。现在我们在数量上、装备上不如敌人,但我们有马列主义,有很好的群众,就不怕打不败敌人。敌人即使有孙悟空的本事,我们也有办法对付他们,因为我们有如来佛的本领。俗话说,十个指头有长短,出水荷花有高低,敌人也有致命的弱点,他们欺压百姓,遭人民反对;他们兵力集中在城市,农村也有顾及不到的地方,抓住敌人这些弱点,我们就可以到敌人背后去'捉迷藏'。抓住敌人这些弱点,我们就能战无不胜。"[②]据龙开富回忆,当时朱德看见他们学生兵穿戴很整齐,还有机关枪。朱德还说,学生兵不会打仗,弄得龙开富等这些学生兵很不高兴。毛泽东就说:"你们要团结嘛,不管学生兵也好,不是学生兵也好,你们要打几个漂亮仗给人家看看。"

之后,两支部队在毛泽东、朱德率领下,离开酃县,浩浩荡荡开往宁冈砻市。5月4日,在宁冈县砻市召开会师和工农革命军第四军成立大会,庆祝两军实现了胜利会师,正式宣布了工农革命军第四军的新建制和领导人名单,朱

---

① 中共株洲市委办公室、市委党史工作办公室:《朱毛会师在酃县》,《株洲红色印记》,中共党史出版社 2012 年版,第 106—107 页。

② 中共株洲市委办公室、市委党史工作办公室:《朱毛会师在酃县》,《株洲红色印记》,中共党史出版社 2012 年版,第 106—107 页。

德任军长,毛泽东任党代表,王尔琢任参谋长,陈毅任士兵委员会主任(后改为政治部主任),编为 9 个团。并对各师团营的干部进行了安排。朱德、毛泽东先后在会上发表了演讲,全场欢呼雀跃,掌声雷动,然后在"打倒国民党反动派!""打倒土豪劣绅!""土地革命万岁!""工农革命军万岁!"的阵阵口号声中结束。

史沫特莱在《伟大的道路——朱德的生平和时代》一书中记载:"1928 年 4 月,我们不久退酃县把茶陵打开了,然后队伍又退到酃县,同毛泽东两面会合了,他们是正由南面桂东、汝城退回下来。这是我们两个第一次的会面。"1944 年 5 月 3 日,亲历者陈光在延安整风时期的自传中写道:"四月,朱毛会合酃县之十都,我在该地首次见毛主席,他首先是向部队讲话,我今天还能将大意回忆起来。我记得那天下雨,他左手打把洋布伞,靠右肩,留一个西装头,未戴军帽,身穿中山灰色的制服,赤脚套上战士穿的草鞋。他的讲话中心意思是'鼓励与团结起来',一般指战员在当时下雨和郴县退出情绪不高,但听毛的讲话的声音笼罩全场,大家的面貌由沉静的脸色一变就笑嘻嘻的,眼望着他,心里想着亦不感疲劳,而精神都振作起来,将疲劳亦忘掉了。"[1]

朱毛会师,是中国共产党发展历史上具有重大历史意义的事件,进一步坚定了毛泽东在井冈山建立根据地的决心。1929 年 2 月 25 日,湘赣边界特委书记杨克敏在《关于湘赣边苏区情况的综合报告》中记载:"边界自去春(一九二八)自湖南与朱部会合后,确定了建立罗霄山脉中段割据政权的决心,因为鉴于过去军队没有一个根据地,流寇式的东闯西窜,得不到一个休养的机会。军队十分疲劳,而甚难解决的是伤兵的安置问题。要找一个军事根据地,必须用力量去建立一个割据区域,罗霄山脉中段的井冈山是很好的军事根据地,于是创造罗霄山脉中段的割据,建立罗霄山脉中段的政权,为朱毛当时唯一的工作和企图。"[2]1929 年 9 月 1 日,陈毅在《关于朱毛军队的历史及其状况的报

---

[1]　陈光:《我的历史自传》(1944 年 5 月 3 日)。

[2]　余伯流:《井冈山革命根据地研究》,江西人民出版社 1987 年版。

告》中写道:"秋收起义失败后,毛部被迫向南转移至宁冈,复得当时绿林(洪会)首领袁文才、王佐之帮助,乃留在井冈山附近各县游击,这是1927年底至1928年3月间的事。到了4月,朱部2000余人,湘南农军8000余人,毛部千余人,袁王各300人……当时决定在宁冈建立军事根据地。"1936年,毛泽东与斯诺谈话时也谈到这一点,毛泽东说:"1928年5月,朱德来到井冈山,我们的队伍汇合了。我们共同制定一个计划,建立一个六县苏区,逐步地在湘粤赣交界地区稳固苏维埃政权,并以此为根据地,扩展到更大的地区"。①

朱毛会师,壮大了湘赣边边界武装力量,巩固和发展了中国第一个农村革命根据地,成为中国革命的一面旗帜,井冈山斗争从此进入了一个新的发展时期。朱毛会师之前,井冈山根据地的武装力量不足2000人,会师后,武装力量增至1.3万余人,特别是朱德、陈毅率领的南昌起义军余部,装备和训练较好,干部战士的军事素质都比较高。正如美国女作家史沫特莱所描述:"中国土地革命的两大主流汇合了,朱毛这两个人的全部生活便浑然成为一体,好像同一个人身体上的两只臂膀。"②朱毛会师后,井冈山革命根据地由初创时期进入发展时期。从此开始了毛泽东、朱德两位伟人长期而亲密的合作。红四军的创立,把继承了北伐战争优良传统的、在我党独立领导下的南昌起义和秋收起义的两支精锐革命武装聚集为一体,成为我军初创时期群雄并起中影响最大、最有代表性的部队。"朱毛"也便成为一支闻名中外,让敌人闻风丧胆的部队代名词。长征途中,张国焘分裂红军,另立中央,逼迫朱德表态,朱德严词回答,他说:"大家知道,我们这个'朱毛'在一起好多年了,全国和全世界都闻名,要我这个'朱'去反对'毛',我可做不到。"③

朱毛会师,为毛泽东总结根据地的斗争经验,研究以农村包围城市,武装夺取政权的伟大战略思想提供了客观条件。朱毛的亲密合作以及对中国

---

① 中共湖南省委党史研究院:《炎陵县革命斗争史》,湖南人民出版社2021年版,第89页。

② 史沫特莱:《伟大的道路——朱德的生平和时代》,生活·读书·新知三联书店1979年版。

③ 中共湖南省委党史研究院:《炎陵县革命斗争史》,湖南人民出版社2021年版,第89页。

社会、政治、军事等领域的共同探讨,极大地丰富了毛泽东的军事思想,拓宽了毛泽东关于中国革命的视野。毛泽东的《中国的红色政权为什么能够存在?》《井冈山的斗争》两篇对中国革命产生深远影响的著作,就是朱毛会师后写成的。

佯攻酃县打败"两只羊"

自朱毛两军会师成立红四军后,革命力量大大增强了,扩大了割据区域。这引起了蒋介石的极度恐慌。特别是红军二占永新后,震惊了国民党当局。蒋介石调动了湘赣两省共 10 多个团的兵力对井冈山根据地实行联合"进剿"。

5月下旬,湘敌吴尚率军从茶陵向宁冈推进,前锋一个团已经到达酃县。6月上旬,赣敌第三军军长王均令杨池生率第九师前来增援,委任杨池生为总指挥,杨如轩为前线总指挥,以五个团的兵力从吉安永新移动对湘赣边界发动更大规模的进攻。两支劲敌犹如两只饥饿的豺狼,直扑井冈山革命根据地。

红四军了解到敌人的动向后,由毛泽东、朱德主持召开军事会议,分析敌情,部署对策。朱德、毛泽东通过对江西、湖南两省敌军的分析,决定对战斗力较弱的赣敌取攻势,对战斗力较强的湘敌取守势。江西敌军是从云南调来,非但人生地疏,而且,和当地的土豪阶级有着一定的利害冲突,又多次败在红军手下,因此,对"进剿"红军不那么热心。江西反动民团的力量,也要弱一些。与此相反,湖南的敌军不仅数量多,也会打仗,历来有"没江西人不成买卖,没湖南人不成军队"的说法。同时,湖南的敌军大多土生土长,和地主豪绅的利益紧密相连。根据湘赣两部敌军的力量对比,红四军决定集中兵力对付赣敌杨池生、杨如轩两师,对湘敌吴尚部取守势。会议还决定,为了造成敌军指挥上的失误,红四军在反"进剿"的第一阶段,采取"声东击西"的战术,主力出击湘南多县,一则牵制、压住湘敌,使其不敢轻举妄动,二则引诱赣敌出洞,然后再回过头来对付赣敌,实现战役的第二阶段。为此,会议决定,由毛泽东、朱德、陈毅率领红四军主力二十八团、二十九团和三十一团,西征佯攻酃县,稳住湘敌,引出赣敌,然后再杀一个回马枪,一举歼灭赣敌;袁文才、王佐带领三十团和军部特务营留守井冈山根据地,密切注视赣敌杨池生、杨如轩两部的动向。

6月中旬的一天,天还未亮,部队从茅坪出发。毛泽东、朱德率部从东西两个方向向酃县十都挺进,对敌进行东西合击。由毛泽东率领的三十一团经砻市、睦村赶到十都良田。酃县赤卫队闻讯也立刻赶来助战。毛泽东从侦察员和当地群众那里得知:敌人一个营在洞里驻扎,团部设在尹家祠,前卫连驻在大江的虎爪滩一带。毛泽东立即决定兵分两路,突袭敌人,割断敌团部和虎爪滩一带敌人的联系。虎爪滩,地处大江,一条小河环山向西流去。驻虎爪滩的敌军骄横淫逸,纪律松弛。红军队伍赶到时,有的还在田里捉泥鳅,有的正脱光衣服下河摸鱼。三营尖兵生擒了敌人的哨兵,部队冲至敌人营房门口,打了一排枪,敌人吓得惊慌失措。在田里捉泥鳅的拼命往山上钻,往庙里躲;在河里摸鱼洗澡的来不及穿衣服,光着屁股钻进草丛中。红军战士一部分冲进营房,收缴敌人枪支,一部分直冲敌人营部,敌人慌忙往洞里村逃。红军战士追至洞里,敌人溃不成军,弃下不少尸首,慌忙逃进县城。战后,老百姓在沙滩上、草丛中还捡了不少枪支送到酃县赤卫大队,三十一团将缴获的枪支弹药捆成十多担后来挑回砻市。毛泽东率部乘胜追击,直抵酃县城。

朱德率二十八、二十九团从茅坪出发,经大垅、黄蜂寨,从东面攻打十都,正遇上国民党一个装备精良的营分两路夹攻十都。朱德命令部队抢先占领云凤仙高地,与同时登上对面山头的敌军对峙。敌军凭借火力优势,多次向云凤仙发起进攻,都被红军击退。待敌精疲力竭时,红军发起反攻,敌军即刻大乱,慌不择路往沔渡逃窜。朱德率部乘胜追击,追至水口,敌已溃不成军,往安仁、资兴方向逃窜。红军已形成对酃县城围攻之势,敌军星夜撤往茶陵。当两路红军到达酃县城时,敌人早已逃之夭夭。红军部队在酃城驻了7天,开展打土豪分果实,分头召开群众大会,处决了几个罪大恶极的土豪劣绅。

湘敌吴尚吃了败仗,龟缩在茶陵按兵不动。赣敌杨池生、杨如轩则以为红军主力离开井冈山,企图乘虚而入,他们慌忙带兵向龙源口一带进犯。朱德、毛泽东闻讯后,神速回师宁冈。七溪岭位于宁冈与永新的交界处,由新、老七溪岭组成,也是永新通往宁冈的主要通道。这里山高而陡,树高林密,怪石嶙峋。杨如轩 3 个团向七溪岭杀进,红四军 3 个团在七溪岭迎战。双方兵力旗鼓相当。6 月 23 日,红二十九团团长胡少海便带部队抢占了新七溪岭的制高点。新七溪岭的敌人听说老七溪岭被红军占领,无心恋战,向龙源口方向逃去。红军将逃敌追到龙源口大桥,全歼敌人的二十七团。二十八团也将敌军赶到龙源口,团团包围起来,痛痛快快地结束了战斗。

龙源口一战,红军歼敌三个团,缴枪 1000 多支,井冈山革命根据地进入全盛时期。"不费红军三分力,打败江西两只羊(杨)",就是当时龙源口大捷的真实写照。从这个意义上讲,"虎爪滩战斗"拉开了井冈山革命根据地第二次反"会剿"的序幕。

第七节　从建设新型人民军队到新时代强军兴军

中国人民解放军是中国共产党缔造和领导的人民军队,是中华人民共和国的武装力量,是人民民主专政的坚强柱石。在 90 多年的革命、建设和改革实践中,人民军队坚持政治建军,为保持强大凝聚力、向心力、创造力、战斗力,取得一个又一个辉煌胜利提供了根本保证。

必须始终坚持党对军队绝对领导的根本原则

"金星闪耀在军旗上,我们的原则是党指挥枪……"在三军军营,唱得最响亮的歌是《听党指挥歌》。党对军队绝对领导的根本原则和制度,发端于"南昌起义",奠基于"三湾改编",实施于水口建党,定型于古田会议,是人民军队完全区别于一切旧军队的政治特质和根本优势。

在“三湾改编”中，毛泽东提出“支部建在连上”的原则，开始确立党对军队的绝对领导。在酃县水口，毛泽东亲自主持首次连队建党。在《古田会议决议案》中，毛泽东指出“红军是一个执行革命的政治任务的武装集团”①，确立了一系列党对军队领导的制度和措施，着重强调：“我们的原则是党指挥枪，而决不容许枪指挥党。”②毛泽东创立的党对军队绝对领导的理论及其一整套制度，对于消除一切旧式军队的影响，把这支以农民为主要成分的军队建设成为新型的无产阶级军队，起到了决定性作用。

改革开放后，邓小平提出，坚持党对军队的绝对领导，要把坚持党的一系列根本制度同加强纪律建设结合起来，大力加强军队各地党组织建设，维护党中央的领导权威等。江泽民强调，“党对军队的绝对领导是我军永远不变的军魂”③。胡锦涛进一步指出：“党对军队的绝对领导，是我军建军的根本原则和永远不变的军魂，是我国的基本军事制度和中国特色社会主义政治制度的重要组成部分，是党和国家的重要政治优势。”④这些重要论述进一步丰富发展了我军建军治军思想。

党的十八大之后，习近平总书记提出党在新时代的强军目标把“听党指挥”作为第一位，要求“任何时候任何情况下，我军都必须铸牢听党指挥这个强军之魂”⑤。习近平总书记在全军政治工作会议上，列举了张国焘当年自恃枪多人多，想带着人马另立山头，最后变成孤家寡人，出逃时连个警卫员都带不走的例子，深入浅出地强调坚持党对军队绝对领导的重要性。

---

① 毛泽东：《中国共产党红军第四军第九次代表大会决议案》，《毛泽东文集》第 1 卷，人民出版社 1993 年版，第 79 页。

② 毛泽东：《战争和战略问题》，《毛泽东选集》第 2 卷，人民出版社 1991 年版，第 547 页。

③ 江泽民：《全面建设小康社会，开创中国特色社会主义事业新局面——在中国共产党第十六次全国代表大会上的报告》，《十六大报告辅导读本》，人民出版社 2002 年版，第 38 页。

④ 中国人民解放军总政治部：《胡锦涛国防和军队建设思想学习纲要》，解放军出版社 2013 年版，第 20 页。

⑤ 习近平：《加强党史军史和光荣传统教育，确保官兵永远听党话、跟党走》，《求是》2021 年第 15 期。

必须始终坚持全心全意为人民服务的宗旨

"我是一个兵,来自老百姓……"一首朴素而真挚的歌声,唱出了军民鱼水之情。人民解放军从诞生之日起,就始终坚持全心全意为人民服务的宗旨,完全彻底地为人民利益而奋斗,赢得了亿万人民的衷心爱戴和全力支持,形成了夺取胜利最深厚、最伟大的力量源泉。

毛泽东在总结湖南茶陵战斗经验时指出,明确提出革命军队应当担负起三大任务:"第一、打仗消灭敌人;第二、打土豪筹款子;第三、做群众工作。"[1]他为红军制定的"三大纪律八项注意",体现了人民军队的本质,是维护人民群众利益的行动准则。以后进一步指出:"紧紧地和中国人民站在一起,全心全意地为中国人民服务,这是这个军队的唯一的宗旨。"[2]

党的十一届三中全会后,在邓小平提出"军民共建社会主义精神文明",江泽民希望"要像爱护眼睛一样爱护军政军民团结",胡锦涛要求军队"积极参加和谐社会创建活动"等系列指示下,人民军队以极大的热情参加全国精神文明建设,参加国家经济建设的重点工程,建立和发展新型的军政军民关系,成为建设社会主义物质文明和精神文明的一支重要力量。

党的十八大以来,习近平强调"军政军民团结是我们党和国家的显著政治优势""我军要在完成好军事任务的同时,支援地方经济社会发展,支持打赢脱贫攻坚战,协助地方做好维护社会大局稳定工作"[3]。全军和武警部队自觉服从服务于党和国家工作大局,积极参加交通、能源、通信、水利等基础设施重点工程,以支援地方经济社会建设,以实际行动为民造福、为国兴利。

---

[1] 金冲及主编:《毛泽东传(1893—1949)》,中央文献出版社1996年版,第167页。

[2] 毛泽东:《论联合政府》,《毛泽东选集》第3卷,人民出版社1991年版,第1039页。

[3] 《习近平在出席解放军和武警部队代表团全体会议时强调 在常态化疫情防控前提下扎实推进军队各项工作 坚决实现国防和军队建设2020年目标任务》,《人民日报》2020年5月27日。

必须始终坚持革命的政治工作

政治工作是我军的看家本领,是我军的最大特色、最大优势,是我军同一切其他性质军队的最大区别,也是我军保持人民军队性质、宗旨、本色的重要保障。

在革命战争年代,毛泽东提出要用党的正确路线教育部队,实行三大纪律八项注意,官兵一致、军民一致、瓦解敌军的原则,开展政治、经济、军事三大民主,以彻底破除一切旧军队官兵之间、上下之间、军民之间的对立关系,"造成一个又有集中又有民主,又有纪律又有自由,又有统一意志、又有个人心情舒畅、生动活泼,那样一种政治局面。"①

邓小平根据新的历史条件明确提出,要"加强政治思想建设,努力使部队成为贯彻执行党的路线、方针、政策的模范。"②江泽民要求全军部队要做到"政治合格"。胡锦涛进一步指出:"要把思想政治建设抓得更加扎实有效,从思想上政治上组织上确保我军始终成为党绝对领导下的人民军队,确保国防和军队建设科学发展,确保有效履行新世纪新阶段我军历史使命。"③

党的十八大以来,习近平亲自擘画和运筹新形势下政治建军,特别是2014年底,亲自领导召开了具有里程碑意义的古田全军政治工作会议,确立了新形势下政治建军方略,开辟了党从思想上政治上建设人民军队的新境界。

必须始终维护部队内部的团结统一

在中国革命、建设和改革中,全军各个部队之间大力协同,密切配合;官兵

---

①　中共中央文献研究室:《毛泽东年谱修订本(1949—1976)》第3卷,中央文献出版社2013年版,第192页。

②　邓小平:《建设强大的现代化正规化的革命军队》,《邓小平文选》第2卷,人民出版社1994年版,第395页。

③　中国人民解放军总政治部:《胡锦涛国防和军队建设思想学习纲要》,解放军出版社2013年版,第19页。

之间、上下之间,互相爱护,互相帮助。正是这种团结统一,成为我军战斗力的重要源泉。

毛泽东同英国记者贝特兰谈话时,提出了"官兵一致"的原则。井冈山斗争中,"朱德的扁担",见证了朱德与战士们同甘共苦的情怀;长征路上,"官兵一致共甘苦",激励和指引着红军精诚团结、一路向前。经过同张国焘、王明等的斗争,全党全军进一步深刻认识到维护党的团结和集中统一的重大意义并成为自觉行动。

改革开放和社会主义现代化建设新时期,邓小平提出军队坚持党的群众路线,"对军队内部而言,就是官兵关系,要坚持官兵一致的原则。"①江泽民指出:"领导同志要深入实际,了解真情,倾听干部战士的呼声,关心群众的疾苦,扎扎实实地帮助部队特别是帮助基层解决实际问题和困难。"②胡锦涛提出"要认真研究解决新形势下官兵关系出现的新情况新问题,广泛深入地开展尊干爱兵教育,增强基层干部和骨干依法带兵、以情带兵、文明带兵、科学带兵的意识和能力,进一步巩固和发展我军团结、友爱、和谐、纯洁的内部关系"③。

党的十八大后,习近平根据我军官兵成分结构发生了深刻变化,提出"要深入开展尊干爱兵、兵兵友爱活动,巩固和发展团结友爱和谐纯洁的内部关系"④。受军队特殊管理模式和体制编制等影响,一些单位领导和机关不敢让基层官兵使用手机,在一定程度上影响了官兵关系。习近平指出:"不能用鸵鸟心态面对新情况,动不动就简单搞封堵那一套。"⑤

① 中国人民解放军总政治部:《邓小平新时期军队建设思想学习纲要》,解放军出版社1997年版,第51—52页。

② 江泽民:《狠抓各项工作的落实》,《江泽民论党的建设》,中央文献出版社2001年版。

③ 中国人民解放军总政治部:《胡锦涛国防和军队建设思想学习纲要》,解放军出版社2013年版,第18页。

④ 中国人民解放军总政治部:《习近平国防和军队建设重要论述选编(二)》,解放军出版社2015年版,第125页。

⑤ 中国人民解放军总政治部:《习近平国防和军队建设重要论述选编(二)》,解放军出版社2015年版,第124页。

党的二十大报告指出,如期实现建军一百年奋斗目标,加快把人民军队建成世界一流军队,是全面建设社会主义现代化国家的战略要求。必须贯彻新时代党的强军思想,贯彻新时代军事战略方针,坚持党对人民军队的绝对领导,坚持政治建军、改革强军、科技强军、人才强军、依法治军,有效履行新时代人民军队使命任务。

中国人民解放军之所以成为一支伟大的军队,在中国革命、建设和改革中建立丰功伟绩,是由于有中国共产党的正确领导,建立了坚强的政治工作,坚持全心全意为人民服务的唯一宗旨,良好的军队内部团结和军政、军民团结。正是这些根本原因,保证了中国人民解放军永远忠于祖国、忠于党、忠于人民,是祖国、党和人民完全可以信赖的军队。

第三章　对红色政权建设的探索

　　毛泽东曾经指出:一切革命斗争都是为了夺取政权和巩固政权。毛泽东带领工农革命军进驻井冈山形成武装割据初期,基于茶陵特殊地理位置有了经营茶陵战略,于是部署工农革命军"一打茶陵",继而"二打茶陵","飞鸿来信"指示宛希先通过民主选举形式建立湘赣边界第一个县级红色政权、中国第一个县级工农兵政府,开展中共领导的红色政权建设探索与在局部地区执政的重要尝试,为后来井冈山各县工农兵政府的建立,以及中共领导的苏维埃政府、陕甘宁边区政府建立作出了创造性贡献。由此,人民当家作主,由理想逐步成为现实。以毛泽东同志为主要代表的中国共产党人为人民治国理政的伟大试验,践行了党的初心和使命,孕育了新民主主义共和国的雏形。从三三制到以工农联盟为主体的人民民主专政的共和国,建立了以人民当家作主为本质特征的中国社会主义民主政治。新时代,践行以人民为中心的发展思想,发展全过程人民民主,中国民主政治道路越来越宽广,人民越来越幸福。

第一节　分兵攻打茶陵城,打出
"工农武装割据"的声势

　　1927 年 10 月,湘桂军阀之间战争还在进行,湖南军阀四处调兵遣将,也调走了茶陵的守军。

　　在酃县水口,毛泽东派往茶陵探听虚实的周里果然带回了在茶陵侦察到的重要军情:湘东"清乡"司令罗定已于当日带领千余兵力,分为两路向鄜县水口扑来,一路走鄜县西乡,另一路自浣溪直赴鄜县县城,再向水口合击,罗部的前锋当晚可抵马江宿营。

这时的毛泽东完全停止了吃饭的动作,陷入沉思,他与宛希先说,"这个罗定动作好快呀!一下就盯上我们了。他的队伍从茶陵出动,要不了两天就能到水口,我们是就地迎战还是避敌而走呢?"

宛希先听闻了毛泽东的思虑,说道:"罗定是地头蛇、座山虎,我们与他的千余人硬抗,弄不好要吃亏的。可是,就这么避敌而走也不合算,这头一次与罗定交手,就折了锐气怎么行呢?"①

毛泽东听了,感觉是学剃头的才满师就遇到大胡子,有点两难了。

宛希先沉吟了一阵,忽然想到了什么,对毛泽东说道:"罗定分两路来打我们,我们先把他的一路打垮!部队从西乡迎击上去,只要把这一路的敌军吃掉,谅罗定再敢上前,我看咱们对付西乡之敌是不成问题的。"②

毛泽东听了宛希先说的,心里受到一种启发。他略略沉思,与宛希先说了一招"围魏救赵":"罗定来打我们,我们就去袭击他的老巢茶陵县城,只要我们在茶陵城打响,罗定就肯定吃不住劲,他一回兵,我们不就解围了?"③

心灵的相通触发了相互之间的莫大兴奋,宛希先点着头高兴地说道:"毛委员,还是你想得深远,我看就按你的锦囊妙计办,迫使罗定迅速回兵。"④

毛泽东笑了一下,道:"锦囊妙计倒不敢说,眼下这确实是逼迫罗定回兵的招式。希先,这军事上的事迟疑不得,马上叫陈皓他们来定夺一下。"⑤

一会儿,工农革命军团长陈皓、党代表何挺颖等人,来到朱家祠毛泽东的住处。毛泽东向众人介绍了茶陵敌情和自己的想法,征求众人的意见。陈皓

---

① 彭东明:《井冈元勋:宛希先》,中共党史出版社 2013 年版,第 35 页。
② 彭东明:《井冈元勋:宛希先》,中共党史出版社 2013 年版,第 36 页。
③ 彭东明:《井冈元勋:宛希先》,中共党史出版社 2013 年版,第 36 页。
④ 彭东明:《井冈元勋:宛希先》,中共党史出版社 2013 年版,第 37 页。
⑤ 彭东明:《井冈元勋:宛希先》,中共党史出版社 2013 年版,第 37 页。

等人不但赞成绕袭茶陵县城、迫使罗定回兵的战略,而且主张部队全部打到茶陵去,趁机筹集一批款项和物资,再从茶陵东边返回宁冈。宛希先对此提出明确反对意见,认为违背了前委分兵游击的战略意图,不利于下一步的武装割据。毛泽东认为宛希先的主张更符合实际战略需要,于是强调只用小部分兵力扰袭茶陵县城,达到了迫使罗定回兵的目标就行,部队主力依然向遂川展开游击。

然而,派谁率兵前去绕袭茶陵县城呢?

陈皓团长对此有一种心理上的想当然,认定毛泽东会指派他的。而且,宛希先与何挺颖等人也讲到"让陈团长去吧"。可是让他们意想不到的是,毛泽东摇了摇头后,说道:"让希先同志去吧,带两个连去!"前委书记的点名,使得众人出乎意料,而且谁也提不出反对意见。倒是宛希先有些怔住了,那神情似乎在说:"让我去行吗?"毛泽东像是窥视到了宛希先的心情,对众人说道:"部队的主要计划未变,军中不可无人挂帅呀。我看让希先同志去合适,他是前委成员,又是团政治部主任,完全可以独挡一面。"①

毛泽东的这番话,算是一锤定音。陈皓没有忘记担负的军事责任,看了一下毛泽东,对宛希先说:"兵贵神速,你们这就出发,赶个通宵,天一亮就得拿下茶陵县城,这样才能奏效。"②

宛希先闻声起身立正,响亮地回道:"是,执行命令!"③

10月20日晚10时,工农革命军第一营的二、三两个连,由宛希先率领打着火把出发。由于有凉桥党支部所派的两个农民带路,部队经酃县船形、塘田,绕道安仁县的境地,走近路插到界首再直趋茶陵县城。

10月21日太阳出山之际,部队赶到了城西两里外的村庄。

宛希先听说这儿距离茶陵县城不远,对副连长谭希林布置说:"你是长沙

① 彭东明:《井冈元勋:宛希先》,中共党史出版社2013年版,第38页。
② 彭东明:《井冈元勋:宛希先》,中共党史出版社2013年版,第38页。
③ 彭东明:《井冈元勋:宛希先》,中共党史出版社2013年版,第38页。

人,对茶陵话多少听得懂,你带一个排去,拿下警备队的岗哨就给我们发信号。"①

这时期的工农革命军,官兵们的服装还是国民革命军的穿戴,只是帽檐上的徽章被拔掉了,一般人还看不出来。谭希林带着这个排,大模大样地走到西城门口,正在站岗的两个警察以为他们是正规的友军,向走在前头的谭希林敬礼。谭将手掌一招,两个战士走上前将警察的枪缴了。站岗的警察还不知道怎么回事,老老实实地回答"国军长官"的问话。谭希林听说防守县城的警备队只有一百多人,分散在四个城门口,便击枪发出信号。

宛希先带领队伍跑步赶到,下令用机枪朝城楼打了一梭子弹,然后指挥部队向城里搜索前进。两个被下了枪的警察在前面带路,直向县署衙门冲去。

西城门的机枪声一响,把警备队的大队长和茶陵县长刘拔克等人吓坏了。不多时,有人跑来急报,说共产党的队伍有三四百人打过来了。刘拔克来不及逃跑,赶紧拉上那个大队长,一同钻到县公署后面的厕所躲起来,侥幸保住了性命。警备队的警察无人指挥,各自逃散。

上午9时左右,茶陵县城被工农革命军瞬间占领。谭希林按照宛希先的布置,带着先头排赶到县监狱,砸开各个狱房的铁锁,将被关押的"犯人"放出来。这些"犯人"有80多个,其中半数以上是在押待毙的工农运动骨干,或是闻名全县的共产党人。如有"茶陵农运王"之称的李炳荣②就是其中的一个。李炳荣与40多个"囚犯"已经在前几天吃过"送终饭"了,只待罗定的部队回来就要上刑场,没想到绝处遇救。这位在监狱中受到酷刑折磨而意志坚定的共产党员,问明营救他们的队伍是从井冈山来的工农革命军,非常激动,一定要几个战士带着见宛希先。宛希先听说李炳荣是中共茶陵党支部的成员、农

---

①　彭东明:《井冈元勋:宛希先》,中共党史出版社2013年版,第38页。

②　李炳荣(1903—1928),湖南省茶陵县人,1926年加入中国共产党。曾任茶陵县工农兵政府农民代表。1928年在沬江渡里村工作时,不幸被捕,被杀害于茶陵城东门洲上,年仅25岁。

运骨干,握着他的手说:"你赶紧带我去找个印布告的地方。"①

郭亮

临近晌午的时候,城内一些位置显著的墙壁上,贴着"工农革命军第一军第一师第一团团部布告",布告的落款为"团长郭亮②"。郭亮在湘赣人民中家喻户晓,很有威信,其实,郭亮当时并没有上井冈山,因为反革命造谣,说共产党被消灭了,工农革命军被消灭了。还在鄱县水口时,毛泽东指示宛希先攻打茶陵县城后为了鼓舞群众,提高群众革命信心,叫战士们分别到各地走一走,张贴标语、布告,让群众一看就知道了共产党、工农革命军并没有被消灭,有部队而且还有一个团的部队,是郭亮任团长,以揭穿反革命的谣言,使人民看到革命的希望,许多群众都相信工农革命军会打回来的。工农革命军张贴的标语包括"打倒贪官污吏!""打倒土豪劣绅!""打倒许克祥!""打倒蒋介石!""工农革命军是穷人的军队""共产党万岁"③等等。

署名为郭亮的石印布告,文字由宛希先起草,采用四言体形式,让人一读就懂,过目难忘。小小的一张布告,打破了半年以来土豪劣绅散布的"共产党

① 彭东明:《井冈元勋:宛希先》,中共党史出版社 2013 年版,第 40 页。

② 郭亮(1901—1928),湖南长沙人,1901 年 12 月 3 日出生于长沙望城县,毛泽东的亲密战友,曾赞扬其是"有名的工人运动的组织者"。曾任湖南省总工会委员长、中共五大选出的中央委员、中共湖南省委代理书记、中共湘鄂赣边特委书记等职。1928 年 3 月 27 日,由于叛徒告密,在岳阳被捕,29 日被秘密杀害于长沙司门口前坪,年仅 27 岁。

③ 赖毅:《毛委员教我们发动群众》,《回忆毛主席》,人民出版社 1977 年版,第 111 页。

已被斩尽杀绝"的谣言,振奋了工农群众的革命精神,也使那些嚣张一时的豪绅有了惊恐之感。茶陵群众拥护颈上系着红巾带的工农革命军进入县城,纷纷涌往布告、标语下面,看着、念着。部队进城,街上的铺子没有关门,群众很镇静,照常做买卖,城区内井然有序。

工农革命军按照宛希先的布置,由那些解救出来的斗争骨干分子相配合,在县公署查抄钱粮财物,除带走一部分,多数分给贫苦工农,每人领取一块银洋和50斤稻谷。战士们一直忙到下午两点钟才吃中饭。宛希先与两个连党代表、连长经过商议,从部队的安全考虑,决定撤出县城,开到离城30多里的尧水宿营。第二天观察敌人的行动再作安排。

工农革命军攻占茶陵县城的战讯,当天不到晌午就报到了率部行至浣溪的罗定那里,罗定吃惊不小,担心自己的巢穴被共产党捣得乱七八糟,立即传下了回兵茶陵县城的命令。

宛希先得知罗定的队伍已连夜回兵茶陵后,"嘿嘿"一笑,说道:"罗定已经咬钩,咱们也该撤线了。"随后,工农革命军在尧水吃过早饭后,经和尚庄、贺家田向宁冈回师。

根据毛泽东的事先安排,宛希先带领工农革命军两个连扰袭茶陵县城,虽然只有1天时间,也没有形成战斗规模,但这一行动的意义却是很大的:

一是完全实现了毛泽东调动敌人,迫使罗定回兵的战略意图。另外,对于其后"经营茶陵"战略的提出,在井冈山西陲的茶陵形成"工农武装割据"的局面,打出了声势,奠定了政治上的基础。

二是扩大了政治影响,鼓舞了茶陵人民的革命信心。自1927年6月以来,茶陵城乡笼罩在白色恐怖之中。当时的工农运动骨干有的被杀,有的被捕,有的被迫流落他乡。参加过工运农运的会员随时有被国民党茶陵当局当作"暴徒"而遭杀害的危险,加之"共产党已被斩尽杀绝"的谣言四起,致使茶陵民众情绪低落,对革命前途悲观失望。这次,工农革命军打进来了,还以郭亮名义出了布告,人民群众即辨认出了这是共产党的队伍,知道共产党还在,犹如黑夜里见到了导航的明灯,眼前豁然开朗了,感到革命还有希望,精神重新振作起来了。

三是震慑了敌人。工农革命军的进城,震惊了国民党茶陵支部和湖南省当局,使得曾经嚣张一时的豪绅惊恐起来,有了"胜负难定"的疑虑。因此,他们对于"除暴""清乡",有的有所收敛,也有的向工农群众讨好。据《湖南省政府公报》第65期《湖南省政府秘书处办事报告》记载:"据茶陵县长电呈,暴匪陷城,科长、警长、管狱员被擒,县署被焚,应如何办理一案,经八十六次省务会议公决:事前疏于侦察着记大过一次,戴罪图功,余候派员查勘再行核议。"①

四是拯救了一批革命中坚分子。李炳荣等80余名中坚分子已被国民党茶陵当局拘拿在押,并已定罪待决,只是择日执行。一经救出,他们便积极参加了井冈山斗争,成为后来发展和巩固井冈山、湘赣革命根据地的有生力量。

第二节　部署二打茶陵城,全面"经营茶陵"

1927年11月初,毛泽东率部从遂川回到宁冈茅坪。顺利完成一打茶陵任务的宛希先,也率领着工农革命军的两个连与毛泽东在宁冈胜利会师。宛希先见到毛泽东后,第一时间向毛泽东汇报了第一次攻打茶陵城的情况,并将茶陵的李炳荣介绍给毛泽东。李炳荣向毛泽东详细汇报了茶陵的政治、军事、经济和人民群众生产生活情况,并代表茶陵游击队恳切要求毛泽东再派部队到茶陵去。

毛泽东通过进一步调查了解到,井冈山周围有宁冈、遂川、永新、酃县、茶陵、莲花等6个县,宁冈为6个县的中心,大部分都是山区,易守难攻。茶陵、永新是6个县中的大县,不仅人口多,而且经济实力强。各县经过大革命的洗礼,革命工作都有一定的基础,各县都有党组织存在,建立井冈山割

---

① 中共湖南省委党史研究院:《茶陵县革命斗争史(1921—1949)》,湖南人民出版社2021年版,第63页。

据,必须大力经营永新和茶陵,因为永新是赣西重镇,茶陵是割据区通往湖南的门户和西部屏障。这两县中又以茶陵为最。在毛泽东看来,茶陵是井冈山割据区西边的门户和屏障,对沟通井冈山与湖南方面的联系以及建立井冈山巩固的前沿阵地有着重要的意义。[①] 据1928年6月15日,受湖南省委委派去井冈山了解情况的杜修经,在《给中共湖南省委的报告》中写道:"同时向茶陵、永新发展,可以影响两省并两省上游,此地为大本营的意见,泽东同志早有了。"杜修经,1907年生,湖南慈利县人。1925年冬加入中国共产党。担任过醴陵县委书记、湘东特委委员等。1928年代表中共湖南省委四上井冈山。

因此可知,当时的毛泽东就下定了决心,大力经营茶陵,以保障井冈山革命根据地的建设。第一步计划确定为占领湖南方面的茶陵城,作出了工农革命军"二打茶陵城"的决定。

霜降节快要过去的井冈山,清晨的气候已经有几分清冷了。离茅坪20多里的宁冈杨源乡,一天,宛希先正在进行重建地方党组织工作,快到吃早饭的时分,他接到团部传令班一个战士骑马送来的口头通知,要他赶回茅坪去。宛希先在房东家匆匆地吃了早饭,与之打了招呼,又来到邻村向村党支部负责人谭路生交代一番,然后步行赶往茅坪。

最近一段时间以来,前委对湘赣边界地方工作的重点,是放在帮助各地农村重建党支部上面,派出了20多名军队干部,散入宁冈各个区乡做工作。宛希先是前委分管组织的委员,除了整体上的领导责任,他还要深入实际抓一个点。毛泽东也支持这种既掌握全盘,又从挂点实践中取得经验的工作原则,让他在五天前下到古城区的杨源乡。然而,在他的工作尚未打开局面的情形下,前委又有什么紧急工作让他赶回去呢?

---

① 中共株洲市委办公室、中共株洲市委党史工作办公室:《中国共产党株洲历史》(第一卷),中共党史出版社2007年版,第178页。

临近中午的 11 时左右,宛希先回到了茅坪,径直来到毛泽东居住的八角楼①。宛希先上到楼阁,毛泽东看见了他,欣喜地打起招呼:"希先回来了! 快坐下。"说着要起身给对方让坐。宛希先跨前一步,按住毛泽东说:"你别动,我自己来。"②

待宛希先坐下,毛泽东向他问了一些在乡下的工情况,说道:"这么急地让你回来,是要你到茶陵去,我们又要打茶陵了。"③

"哦,又要打茶陵?"待宛希先问罢,毛泽东从旁边桌上拿起一张湖南《民国日报》递给他:"是它叫我们去打茶陵的。"宛希先接过这张新出的报纸,看见第一版的头条刊载着蒋桂战争业已爆发的新闻。

毛泽东待宛希先对这条新闻浏览一遍后,缓缓地说道:"桂系拼命地挤何键,影响到蒋介石的个人独裁,蒋介石当然不依,已经和桂系干上了。让他们打去吧,我们正好捡个便宜。"毛泽东略作停顿,又说,"不是么? 吴尚第八军在湘东各县的驻军都抽走了,连罗定的'清乡军'也调到醴陵一带驻防,茶陵是一座空城,我们正好乘隙而入嘛! 我看只要他们有连续不断的混战,我们就可以利用这种局面发展武装割据。这个茶陵你是熟悉的,那是湘赣边界的富庶之地,也是战略要地,我们去把它打下来,不是一个很好的机会吗?"

宛希先听了,备受启发,利用军阀混战来实行武装割据的确是一种适合于工农革命军现实的斗争方式。想到这里,宛希先顺着毛泽东的思路回应说:"是呀,军阀之间的长期分裂和战争,便给了共产党一种条件,能够在四面反动势力下开展武装割据,不是这样的话,我们还不好办呢。"

毛泽东对宛希先说的感到兴奋,说道:"希先,你能够明白这些,不简单

---

① 八角楼是茅坪最好的住宅,房东为 80 多岁的德高望重的老中医谢池香。工农革命军进驻茅坪,袁文才动员与自己要好的忘年交,把八角楼让给毛委员住。老中医全家对气质不凡的毛委员极为关照,看到他的脚被草鞋打烂正在化脓,给找来草药敷上,还把饭菜送到楼里。

② 彭东明:《井冈元勋:宛希先》,中共党史出版社 2013 年版,第 43 页。

③ 彭东明:《井冈元勋:宛希先》,中共党史出版社 2013 年版,第 43 页。

嘛。"接着,毛泽东说道,"这次打茶陵我不能去,我是要革命的,而我这脚却不革命。"毛泽东将病脚稍稍一抬,接下说,"挺颖同志哩,也去不了啦。他还在新城抓地方党的重建。所以要你去,因为你对茶陵也熟悉一些,陈皓率队,你任前委代表。"①

1927 年 11 月 15 日,出击茶陵的部队奉命汇集于宁冈的大陇。毛泽东走到队伍前面,对干部、战士说:"现在蒋唐军阀混战,反动军队都拉走了,山下县城空虚,我们趁这个机会打茶陵去……你们马上就要出发了,我很想跟大家一起去闹革命。"说到这里,毛泽东用手指了指自己的大腿,脸带微笑,诙谐地说,"可是我的脚不跟我闹革命啊!"原来他的腿上生了疖子②。接着毛泽东指出:"茶陵对于建立井冈山革命根据地很重要。茶陵的群众已经起来了,茶陵的党组织也要求我们去。茶陵的地方反动武装头子——湘东清乡司令罗定色厉内荏,已成惊弓之鸟。所以,这次我们一定能够打下茶陵。打下茶陵后,要发动群众,建立革命政权。"毛泽东还对团长陈皓交代说:"你们到了那里,要把代表工农利益的革命政权建立起来,部队散入乡村发动民众。这些工作多与团政治部主任宛希先同志商量。"

11 月 16 日,陈皓、宛希先率团部和一营及特务连离开大陇,由李炳荣当向导,经宁冈睦村、鄷县水口,于当天赶到茶陵坑口墟宿营。坑口这个地方山很高,有个小集镇,赖毅所在的二连就住在这个小集镇里,还吃了脚板薯,还打了土豪。赖毅回忆说,在镇上,他们还分了东西吃。第二天早晨,挨户团突然在山上打了几枪,工农革命军战士一上去,他们就走了,特务连连长朱喜胜(浏阳人,讲话全是浏阳口音)喊特务连的集合!这天部队由坑口到了湖口,湖口正逢墟,到处摆满了摊子,还有煎油巴巴的。赖毅说家乡没有逢墟的习惯,我第一次看到逢墟,感到很奇怪。当时他想,这里房子很少,怎么这么多人

---

① 中共湖南省委党史研究院:《茶陵县革命斗争史(1921—1949)》,湖南人民出版社 2021 年版,第 66 页。

② 赖毅:《毛委员教我们发动群众》,《回忆毛主席》,人民出版社 1977 年版,第 116 页。

买东西？后来才知道是逢墟。这天部队住在离茶陵县城不远的地方。17 日早上，工农革命军击溃豪绅地主罗克绍的挨户团后沿洣水河向茶陵城进发。18 日早上，工农革命军在茶陵农民群众配合下，兵分三路：一路由农林方向进；一路从东门进；一路沿正街进。同时一部分化装成菜农混进城与城外指战员里应外合，以迅雷不及掩耳之势，把驻守茶陵县城的罗定部打得狼狈而逃，到旧衙门时，打了一阵枪，打死了伪职员刘朝松，其余的逃跑了。

工农革命军一进城，即行占领了县署衙门，安定了社会秩序，城里居民生活照常。茶陵城成为工农革命军进军井冈山后占领的第一座县城，揭开了毛泽东全面"经营茶陵"的革命实践新篇章。

第三节　井冈山"飞鸿来信"，
　　描绘新生红色政权雏形

工农革命军占领茶陵后，由于没有管理一个县的思想准备和实践经验，于是照旧样恢复了衙门，名字叫县人民委员会，派谭梓生①坐进老县衙里当县长。谭梓生上任那天，工农革命军在一个大坪里开了会，谭梓生穿上长袍子，部队吹着号，一直走过茶陵街，把谭梓生送到县人民委员会。谭梓生对于红色政权里的县长如何当，他心中无数，只好照旧政府一样，升堂审案，完粮纳税，老百姓根本不敢接近政府。②

同时，团长陈皓由于旧军队积习难改，从艰苦的山沟里进到茶陵城，故态复萌，享乐思想抬头，凭借手中的军政大权，大吃大喝、嫖妓女、私吞缴获的黄金细软；命令部队驻在城外的洣江书院，每天"三操两讲二点名"，根本不给时

---

① 谭梓生(1898—1930)，安徽省旌德县人，1925 年加入中国共产党。曾任旌德县县长、湖北通城县政府民政科长、茶陵县县长等职。1930 年，在上海从事地下工作，不幸被捕，9 月 26 日在南京雨花台英勇就义，年仅 32 岁。

② 茶陵县委党史工作办公室：《茶陵党史丛书》(第一辑)，1986 年版，第 137 页。

间让指战员去宣传群众、发动群众,更不去打土豪筹款子。没有经费,找商会要,向中小工商业者摊派。有的战士不同意,反而被关了禁闭。更为严重的是陈皓竟然丧失阶级立场,对土豪劣绅公开庇护,对革命战士打击、压制。有一天,中瑶乡农民捉住转移钱财的劣绅陈老三,押送到县政府要求处决。在门口站岗的士兵忙敞开大门让进。不料,醉醺醺的陈皓却骂群众不讲规矩、不成体统,斥责战士把门不严,强迫农民退下台阶,听候旧政府留下的老差役打鼓升堂。鼓响后,陈皓坐在案桌前的太师椅上,开口就问:"谁是主告? 谁是被告?"群众听不懂,半天回不上话,陈老三却抢着申诉:"鄙人只有田产 190 亩,他们要打我的土豪,望大人开恩。"陈皓拿起惊堂木将案桌一拍,厉声说:"190亩田,没有上两百亩,是小地主嘛。小地主抓来干什么! 不能动小地主。动了他们,他们会倒向大地主一边去。"便拂袖而去,徐庶也在一旁恶狠狠地说:"哼! 小地主也在打倒之列,我们这些黄埔同僚之家不都完了。"农民们个个气鼓鼓的,把陈老三拖出旧县衙,边走边议论:"这个政府是换汤不换药的国民党政府,我们找宛希先去。"对此,茶陵的群众大为失望。

宛希先在部队驻地接待了农民们,在听完农民们的介绍后,肯定了揪斗陈老三是革命行动,指出要求政府制裁陈老三也是对的,嘱咐他们要监押陈老三,开展揭发和斗争。宛希先等因此批评了陈皓一伙。但陈皓等人竟无理取闹,摆出一副老大的架势,完全排斥党对部队的领导。

这时,隐蔽在茶陵徐文元书店的共产党员谭震林[①]与宛希先接上了头,并要求组织分派任务。宛希先当即对谭震林说:"你是工人嘛,先把工会搞起来吧。"11 月 19 日,谭震林召集原有工会骨干很快就恢复了茶陵县总工会,并被推选为县总工会主席。与此同时,随军回茶陵并负责恢复茶陵县农会工作的

① 谭震林(1902—1983),湖南省攸县人,1926 年加入中国共产党。曾任县党部工农运动特派员、茶陵县工农兵政府主席、中共湘赣边界副书记和工农兵政府土地部长、红十二军政委、红一方面军军委委员、福建军区司令员兼政委、新四军第二师政委兼淮南区党委书记、第三野战军第一副政委、中共浙江省委书记、浙江省人民政府主席、中共中央副秘书长、国务院副总理、全国人大常委会副委员长、中共中央顾问委员会副主任等职。1983 年病逝。

李炳荣,设法与在潭湾山区打游击的茶陵游击队取得联系,游击队负责人、共产党人陈韶、谭趋新、谭思聪、袁肇鸿等迅速来到茶陵县城,与宛希先接上了关系。在宛希先的主持下,于11月下旬在福音堂成立了中共茶陵县委,陈韶任书记①。

宛希先在恢复工会、农会等群众组织的同时,目睹了新成立的茶陵县政府的种种弊端和陈皓一伙的所作所为。他一面坚持与陈皓作斗争,一面写信派人把情况报告了在井冈山的前委书记毛泽东,并向毛泽东请示如何建立政权的问题。此时,毛泽东在远离茶陵城百多公里的茅坪,得知这一情况后,心中一阵疑惑,"怎么会是这种情况呢? 不是向陈皓交代得好好的,要他把部队分散到乡村去,发动农民打土豪、建立工农政权吗?"毛泽东内心十分焦虑,觉得如何管理一个县的问题,已经摆在面前。

鉴于茶陵情况紧急,毛泽东立即回信。毛泽东当即复信宛希先,严厉批评陈皓等人的错误,指示撤销人民委员会,成立工农兵政权,充分发动群众,开展革命斗争。后来,全国人大常委会副委员长谭震林在《星火燎原》丛书之"井冈山斗争专辑"刊登《打下茶陵之后》一文中回忆道:"毛泽东给宛希先回了信,指示说,由部队派人当县长是不对的,不能按国民党那一套办。要成立工农兵政府。要保护商店,保护邮局,保护学校,保护医院……"②

毛泽东派人连夜赶赴茶陵,将这封在中共党史、在中国共产党政权建设史上具有伟大创造性指导意义的信件送交宛希先。毛泽东的这封信,宛如黑夜里的一盏导航明灯,给刚刚打下茶陵城、还没有如何建立政权思路的宛希先照亮了前进的方向,也照亮了茶陵作为中国红色民主政权从理论迈向实践前行的历史第一步。

---

① 中共株洲市委办公室、中共株洲市委党史工作办公室:《中国共产党株洲历史》(第一卷),中共党史出版社2007年版,第180页。

② 中共湖南省委党史研究院:《茶陵县革命斗争史(1921—1949)》,湖南人民出版社2021年版,第66页。

第四节 茶陵县工农兵政府:毛泽东缔造的
中国第一个红色政权

一纸飞鸿信,蓝图梦成真。宛希先在收到毛泽东关于建立工农兵政权的飞鸿来信后,犹如吃下了一颗定心丸。毛泽东亲手缔造的第一个红色政权、第一个经民主推选、真正代表人民利益的湘赣边界红色政权即将在茶陵诞生……

宛希先接到毛泽东的指示信后,在茶陵县政府驻地的大操坪里迅即向部队的党员、团营级干部与士兵委员会,向茶陵的党组织、工会、农民协会作了传达。此后,他开始了组建茶陵县工农兵政府的筹备工作。11月27日,茶陵县总工会、县农民协会和士兵委员会分别选出谭震林、李炳荣、陈士榘为各自的代表,组织工农兵代表会议。当天,宛希先在茶陵县政府驻地召集谭震林、李炳荣、陈士榘3人开会,研究茶陵县工农兵政府如何组建的问题。当讨论由谁来担任政府主席时,3位代表相互推让。宛希先见状,便说:"不要推了,依我看,'工农兵政府'是'工'字排头,谭震林同志,你是工人代表,就由你来担任政府主席吧!"①宛希先的提议得到了另外两人的赞同。就这样,谭震林被推选为茶陵县工农兵政府主席,李炳荣、陈士榘任县工农兵政府常委。谭震林1977年10月接受茶陵县党史工作者采访时说:"……成立工农兵政府,要哪个搞呢?我在搞工会,就要我当工人代表,叫我担任了茶陵县工农兵政府主席,士兵代表陈士榘,还有个农民代表是茶陵县委中的,不记得名字了。政府设在老衙门,靠近东门。茶陵县工农兵政府作为一个县来说,是全国第一个。广东当年建立的政权是一个区的,称为公社,后来改为苏维埃政府……"毛泽东后来对陈士榘说:"陈士榘,你做了县太爷了,你也是个山大王哩。"

---

① 中共株洲市委办公室、中共株洲市委党史工作办公室:《中国共产党株洲历史》(第一卷),中共党史出版社2007年版,第181页。

茶陵县工农兵政府旧址

11月28日,井冈山革命根据地第一个县级工农兵政权——茶陵县工农兵政府成立大会在县城郊外的洣江书院操坪举行。谭震林在大会上讲了话,公布了由三名工农兵代表共同签署的《茶陵县工农兵政府布告》,号召全县人民行动起来搞革命,恢复工会、农会,建立基层政权,惩治土豪劣绅。工农兵政府设立了民政、财经、青工、妇女等部门,任命知识分子杨绍震、罗尚德、罗青山①、陈叔同②分别担任民政、财经、青工、妇女等部门的领导职务,并要求自即日起就职履新,着手工农兵政府事务。会后,县城各界人士和士兵以及进城来参加大会的农民,举行了盛大的游行。游行队伍来到县工农兵政府驻地,只见旧衙门气象一新,大门横匾上书写着"茶陵县工农兵政府"几个大字,大门

①　罗青山(1911—1946),湖南省茶陵县人,1926年加入中国共产党。曾任中共茶陵县委常委、共青团茶陵县委书记、工农兵商学联合委员会宣传部长、共青团湘东南特委书记、中共湘东南特委常委等职。1946年病逝。

②　陈叔同(1903—1976),湖南省茶陵县人,1927年加入中国共产党。1927年11月,工农革命军攻克茶陵城后,参加革命工作,负责茶陵县工农兵政府妇女工作。后随部队到达宁冈,编入井冈山前委政治部做妇运工作。1928年6、7月间,她与谭思聪、张善诚等在溪江、雷坪、东岭、西岭等地搞地下工作,至1932年。1933年下半年至1976年,在茶陵境内从事小学教育工作。

两边还贴着一副对联："工农兵政府,苏维埃精神"。茶陵县工农兵政府的建立,是中国共产党人第一次提出并实现的工农兵代表会议性质的革命政权,构筑了其后的工农兵苏维埃政府的基本框架。

茶陵县工农兵政府成立后发布了个布告,布告的主要内容是讲打土豪分田地,打倒帝国主义、军阀、封建主义,宣传政纲。

按照毛泽东指示,宛希先送给茶陵县工农兵政府5支枪,建立和发展茶陵地方武装。县工农兵政府立即成立了一支纠察队,负责联络和维护县城秩序。在县工农兵政府驻地,谭震林、李炳荣、陈士榘与各方面商定,派出由政府工作人员、工会、农会骨干和士兵组成的工作队,深入街道和乡村,具体帮助群众恢复农民协会,建立区、乡工农兵政权,发动群众惩治土豪劣绅,将浮财分给群众。11月底,马江区工农兵政府成立,区政府设在文江书院。马江区工农兵政府成立后,遇到豪绅的反抗,在县工作队的支持下,马江区工农兵政府主席张善诚下令将反抗的豪绅捉拿到县,县工农兵政府立即判其入狱。这件事震动很大,广大群众认识到工农兵政府是自己的政府,革命情绪高涨,纷纷投身革命,组建区、乡政府和农会。很快,湖口、界首、艁舫、下东、思聪、腰陂、七地、火田、高陇、秩堂、严塘、尧水等地组建了区、乡工农兵政府和农民协会,清算土豪劣绅的罪行。茶陵各地扬起红色狂飙,出现轰轰烈烈的革命景象。

茶陵县工农兵政府利用革命政权为群众撑腰,给基层工农政权以有力支持,使广大群众认识到工农兵政府是他们自己的政府,从而真心实意地拥护支持。县城河对面的中瑶革命活动更为活跃,乡农会会员由几十人猛增到200多人,严惩了豪绅龙司标、龙司衡、陈克从、陈永安等,没收其财产分给农民,并建立了赤卫队、妇女协会、儿童团。在艁舫,尹宁万、谭家旺把原先的乡赤卫队发展成区赤卫队,带领农会会员惩治了豪绅谭二如、谭克昌、谭保英等。界首花甲村农民将劣绅谭能喜、谭云林捉住送交界首工农兵政府,政府在工农革命军撤离茶陵城前两天将两劣绅处决了。清水农民邓云山把"马日事变"后保存下来的王友德留下的一支枪交给了县工农兵政府。

在惩治清算土豪劣绅的同时,茶陵县工农兵政府还抓紧各级地方革命武装的恢复和发展。各地普遍建立了纠察队、赤卫队或暴动队,平时站岗放哨,负责维护城乡革命秩序,为工农革命军分担保卫政权的责任,战时则支援工农革命军作战。

对于茶陵县工农兵政府,早在延安时,著名记者埃德加·斯诺在《西行漫记》记载了毛泽东的一段话:"自 1927 年 11 月中国的第一个苏维埃在湖南东南部茶陵成立以来,还没有一个人自告奋勇,穿过那道长城,再回来报道他的经历。"①这里说的"第一个苏维埃政府",就是茶陵县工农兵政府,她是毛泽东缔造的第一个红色政权,也是全国红色政权的典范和源头,宛如一颗精神种子,广播中华大地,生根、发芽、开花、结果。茶陵县工农兵政府在县城施政虽然只有短短的 29 天,却开了井冈山根据地建立革命政权的先河,是井冈山革命根据地建立革命政权的尝试,是毛泽东缔造的第一个红色政权,是井冈山革命根据地第一个工农兵政府,也是中国历史上第一个县级工农兵政府。这个政府的建立,是井冈武装割据的初始标志,标志着井冈山斗争发展到了建政的阶段,对发展和巩固井冈山革命根据地产生了深远的影响。1927 年 12 月 7 日,中共湖南省委《关于政治形势的通报》指出:"湘东之茶陵、攸县、安仁,不属于反唐之罗定,即属于工农革命军。"

茶陵县工农兵政府作为以毛泽东为首的共产党人走"农村包围城市,武装夺取政权"正确路线的首个红色政权,是一个有着全新的、具有重要开创和历史意义的革命政权。主要表现在以下几个方面:

第一,它是中国共产党独立领导建立的政权。茶陵县工农兵政府,是按照毛泽东指示信要求,由工农革命军第一师第一团第一营的中共党代表宛希先会同中共茶陵县委等具体筹划组织的,县政府的主要成员谭震林、李炳荣、陈士榘等人均为中共党员。

---

① 茶陵县委办公室、茶陵县委宣传部、茶陵县档案史志局:《红色政权耀千秋》,中共党史出版社 2018 年版,第 53 页。

第二,它是工农兵民主政权。茶陵县工农兵政府的组成,是由茶陵县总工会、县农会和部队的士兵委员会召开代表会议,分别选出一名代表,然后由这三名代表组成工农兵代表大会,进而推举工人代表谭震林为工农兵政府主席的。这是中国历史上第一次由工农群众自己的组织和革命军士兵委员会,按照民主程序选举产生的政权。这个政权的权力机构是通过自下而上层层推举出来的工农兵代表会议,而不是上级政府委任或者某个军队或党派组织指派。因此,它是民选的,代表工农兵群众利益的、真正的工农兵民主政权。埃德加·斯诺在《西行漫记》中援引了毛泽东的原话,称"一九二七年十一月第一个苏维埃在湖南边界的茶陵成立了,选出了第一个苏维埃政府,它的主席是谭震林"。

第三,它是让人耳目一新的政权。茶陵县工农兵政府不仅是由中共独立领导建立的,并且是在共产党的直接领导下行使权力。政府重大决策,都要请示县委。政府发布告,以工人代表、农民代表、士兵代表联名,凸显了新政权的权力之所在和代表工农兵利益的本质特征。在设置政府机构的过程中,没有沿袭旧政府的设置,而是根据工农兵政府的实质,设置了民政、财经、妇女、青工等部门,并且都以工人、革命知识分子牵头负责,反映了人民政权为人民的新使命和新特点。另外,"工农兵政府"这个名称,虽然有"巴黎公社""苏维埃政府"外来含义,但经毛泽东一提炼、概括出来,就特别富有中国气派、民族化、大众化,革命色彩鲜明,使工农群众一听就觉得亲切异常,一看就明白是自己的政府。随后,毛泽东又相继在湘赣边界的遂川、宁冈、永新、酃县、莲花等地建立了工农兵政府,星星之火迅速向周围 500 里范围的 20 多个县蔓延,红色政权燃遍井冈山。

第四,它是毛泽东有关工农民主政权理论探索的结晶。茶陵县工农兵政府的建立,是工农革命军武装占领茶陵城的产物,是中共中央已经明确必须由中共独立领导、建立工农兵苏维埃的目标和秋收起义队伍已经驻扎井冈山的基础上创建的,是毛泽东通过贯彻中共中央相关指示并结合自己对于政权建设的探索和见解而进行的一次伟大的实践。毛泽东建立茶陵县工农兵政府的直接目的,是依靠武装斗争夺取革命政权,巩固和扩大井冈山农村革命根据地。

第五,它奠定了工农民主专政的国体与政体的雏形。茶陵县工农兵政府虽然在县城存在的时间并不长,许多工作还没来得及充分开展,但却已经初步将工农当家作主的国体、工农兵代表会议为最高权力机构的政体以及中国共产党的领导三者有机融合在一起。工农民主政权的基本形制已经初步具备。更难能可贵的是,毛泽东通过总结茶陵建政经验的不足,继续实践和发展有关工农民主政治建设的思想。

茶陵县工农兵政府为毛泽东思想中的民主建政、武装割据等红色政权理论初步形成和开辟井冈山道路提供了实践经验。茶陵县工农兵政府的创建,是一个窗口,其中,可以窥略中国工农民主专政政权从酝酿、实践、发展的艰难全过程。茶陵县工农兵政府的实践,为以农村包围城市最后夺取全国政权的中国式革命道路的形成提供了最初的实践依据和理论素材,是人民民主专政的初始源头。中共党史学家石仲泉曾将茶陵县工农兵政府定位"红色政权理论,源于井冈茶陵"[①],这是对茶陵县工农兵政府作出的中肯的概括。1997年10月27日,中央电视台《井冈山》特别节目中介绍说:"井冈山革命根据地的红色政权、中央苏区革命根据地的红色政权、乃至今天的中南海国务院都是从洣水之滨的小屋里(现茶陵县工农兵政府旧址)走出来的。"

第五节　从人民当家作主到全过程人民民主

党的二十大报告明确指出,人民民主是社会主义的生命,全过程人民民主是社会主义民主政治的本质属性。中国共产党从成立之日起就以实现人民当

---

① 石仲泉:《红色政权理论,源于井冈茶陵》,《共和国摇篮——茶陵县工农兵政府》,茶陵县档案史志局编,湖南人民出版社2015年版,第256页。

家作主为己任,新中国成立后,建立了以人民当家作主为本质特征的中国社会主义民主政治,开辟了中国人民当家作主的历史新纪元。从此,中国共产党始终坚持人民主体地位,坚持和完善人民当家作主制度体系,坚定地朝着实现社会主义现代化和中华民族伟大复兴的宏伟目标前进。

民主是长期以来人类社会所共同追求的价值目标,争取和实行民主是无产阶级革命的基本主张。《共产党宣言》指出:"工人革命的第一步就是使无产阶级上升为统治阶级,争得民主。"①从无产阶级革命运动的一般规律上阐明了建立新型民主国家是实现人类进步事业的直接目的和重要途径。中国共产党从诞生的那一刻起,就始终高举人民当家作主的旗帜,把马克思主义基本原理同中国具体实际和时代特征结合起来,不断探索中国特色社会主义政治发展道路。

新民主主义革命时期,中国共产党的政治主张,一直围绕着实现国家政权"人民民主"政治理念展开。井冈山时期,毛泽东指示成立茶陵县工农兵政府,首开共产党民主建政的先河。中华苏维埃共和国时期,毛泽东指出:"工农民主专政的苏维埃,他是民众自己的政权。"②从而,使得广大劳苦大众能够充分享受民主权利。1937 年,中国共产党成立了陕甘宁边区政府,边区人民以"一颗豆豆要顶一颗豆豆事"的严肃态度,选出自己信任的"官"和政府,领悟到"民主就是咱大家来当家"的真谛。

抗战时期,为了巩固抗日民族统一战线,中国共产党领导的边区政权坚持并实施"三三制",在政权机构和民意机关的人员名额分配上,代表工人阶级和贫农的共产党员、代表和联系广大小资产阶级的非党左派进步分子和代表中等资产阶级、开明绅士的中间分子各占三分之一,最大程度地团结了进步力量,有力地推动了全国的民主化。1941 年 7 月,晋冀鲁豫边区召开临时参议

---

① 《马克思恩格斯选集》第 1 卷,人民出版社 1995 年版,第 293 页。
② 中国现代史资料编委委员会:《中华苏维埃共和国中央执行委员会与人民委员会对第二次全国苏维埃代表大会的报告》,《苏维埃中国》1957 年翻印本,第 259 页。

会第一次会议,133 名参议员出席,其中有共产党员 46 名,占三分之一。各个根据地相继进行改选,建立"三三制"政权,颁布施政纲领,推动了根据地的民主运动和政权建设。

解放战争时期,人民民主迸发出前所未有的磅礴伟力,人民真正体验到了自己当家作主幸福的同时,也在不遗余力地奋力保护胜利的果实。1948 年 1 月,毛泽东强调:"在将来,革命在全国胜利之后,中央和地方各级政府,都应当由各级人民代表大会选举。"①1948 年 8 月召开的华北临时人民代表大会,使中国共产党建立我国人民代表大会制度的伟大构想在高层次上得以实现。华北临时人民代表大会上,代表着边区 4500 万人民群众的 598 名代表,神圣地行使权利,选举产生华北人民政府委员会委员,审议通过 4 个法案,审查涉及军事、政治、农业、工商、民政等八个方面的 1180 件提案。这次大会实现了人民代表大会制度由探索创建向相对成熟的伟大转变,构建了新中国成立后全国人民代表大会的雏形,加速了人民解放战争和夺取全国胜利的伟大进程。正如邓小平当时所指出的,"今天的华北临时代表大会,一定会鼓舞全国人民,增加全体解放军特别是中原解放军的信心。因为他们知道,华北家乡是巩固的、在建设的,他们会有更大决心、更高勇气和敌人作战。"②为了保卫新政权,人民群众积极参军参战和援军支前迎来一个接一个的胜利。

"一唱雄鸡天下白"。新中国的诞生,为中国人民把这一构想付诸实践创造了条件。1949 年 9 月 21 日,肩负创建新中国历史重任的中国人民政治协商会议第一届全体会议开幕。在当时的历史条件下,用普选方式产生人民代表大会的条件还不具备,这次会议执行了全国人民代表大会的职权。会议通过了具有临时宪法地位的《中国人民政治协商会议共同纲领》,确立人民代表大会制度是我国根本政治制度。1953 年,我国基层政权在普选的基础上,逐

① 《毛泽东选集》第 4 卷,人民出版社 1991 年版,第 1273 页。
② 河北省人大常委会研究室:《华北临时人民代表大会召开的前前后后》,河北人民出版社 2015 年版,第 122 页。

级召开了人民代表大会。1954 年 9 月，第一届全国人民代表大会第一次会议在北京举行，一致通过了由毛泽东亲自主持起草的《中华人民共和国宪法》，体现了人民民主原则和社会主义原则，"中华人民共和国的一切权力属于人民。人民行使权力的机关是全国人民代表大会和地方各级人民代表大会。"①

进入改革开放和社会主义现代化建设新时期，中国共产党沿着民主法治之路，进行着艰苦的实践探索和深入的理论思考，认识不断升华，路径日益明晰，步伐愈加坚定。20 世纪 80 年代末，社会上甚至出现了否定人民代表大会制度的思潮。邓小平斩钉截铁地指出，"我们实行的就是全国人民代表大会一院制，这最符合中国实际。"②江泽民强调，人民代表大会制度"是我们党对国家事务实施领导的一大特色和优势"。③ 胡锦涛认为，"人民代表大会制度是中国人民当家做主的重要途径和最高实现形式，是中国社会主义政治文明的重要制度载体。"④这个时期，基于宪法和法律的各项规章制度不断得到健全，人民民主得到了更加充分的体现。1998 年，《中华人民共和国村民委员会组织法》正式实施，确立了基层群众自治制度。党的十七大将"基层群众自治制度"纳入了中国特色政治制度范畴，人民群众得到了广泛的民主。

党的十八大以来，以习近平同志为核心的党中央坚持以人民为中心，提出"人民对美好生活的向往，就是我们的奋斗目标"⑤，团结带领全国各族人民坚定不移走中国特色社会主义政治发展道路，坚持党的领导、人民当家作主、依法治国有机统一，推进社会主义民主法治建设，推动人民代表大会制度与时俱进，人民代表大会制度的根本政治制度作用得到更好发挥，我国社会主义民主

---

① 《中华人民共和国宪法》，中国法制出版社 2018 年版，第 8 页。
② 习近平：《在庆祝全国人民代表大会成立六十周年大会上的讲话》，《求是》2019 年第 18 期。
③ 习近平：《在庆祝全国人民代表大会成立六十周年大会上的讲话》，《求是》2019 年第 18 期。
④ 习近平：《在庆祝全国人民代表大会成立六十周年大会上的讲话》，《求是》2019 年第 18 期。
⑤ 习近平：《论中国共产党历史》，中央文献出版社 2021 年版，第 20 页。

政治的优越性得到充分彰显,人民群众的获得感、幸福感、安全感不断增强。在坚持和完善人民代表大会制度、全面依法治国、发展社会主义民主政治等方面,习近平总书记提出了一系列新思想新论断新要求,具有重大理论和实践创新意义,为我们在新的历史条件下长期坚持、全面贯彻、不断发展人民代表大会制度,推进社会主义民主法治建设,提供了科学理论指导和行动指南。

习近平总书记在庆祝中国共产党成立100周年大会上指出:"践行以人民为中心的发展思想,发展全过程人民民主",进一步明确了在新的征程上必须紧紧依靠人民创造历史的根本要求。党的十八大以来,我国全过程人民民主的优势得到了更加充分的彰显,人民当家作主的本质要求在国家和社会生活中实现了过程与结果、程序与实体、形式与内容、间接与直接的融合统一。民主选举全过程,我国现有五级人大代表262万多名,都是由选民选举出来的。民主协商全过程,政党协商、人大协商、政府协商、政协协商、人民团体协商、基层协商、社会组织协商等,把各方智慧和意愿凝聚起来。民主决策全过程,任何关乎全局的重大决策都是最大限度征询各方意见建议作出的。在"十四五"规划编制过程中,习近平总书记亲自主持召开了7场专题座谈会,人民群众通过互联网提出意见建议100余万条。为中国人量身定制的民法典重磅问世,经历了全国人大常委会10次审议,42.5万人为此提出102万余条建议。民主管理全过程,"人人都是主人翁",无论从事何种职业、住在哪里,都能参与国家和社会管理。民主监督全过程,这是宪法赋予的权力,确保公权力在阳光下运行。由此推断,全过程人民民主是最广泛、最真实、最管用的民主,必将有利于广泛凝聚社会共识,汇聚强大奋进力量。

雄关漫道真如铁,而今迈步从头越。在实现中华民族伟大复兴的征程上,更加需要坚定制度自信,在习近平新时代中国特色社会主义思想的引领下,不断发展具有强大生命力的全过程人民民主,为实现中华民族伟大复兴中国梦凝心聚力,提供坚不可摧、牢不可破的制度保障。

第四章　对土地革命的探索

中国共产党人的初心和使命,就是为中国人民谋幸福,为中华民族谋复兴。毛泽东心系人民、心忧人民、一心为民,为了解决中国的革命问题,他在醴陵进行了九天八夜的农民运动考察,为撰写《湖南农民运动考察报告》提供了大量的一手材料与实际经验,在历史的紧要关头,指明了中国革命的方向。在鄞县中村领导插牌分田、进行井冈山斗争时期最早的土地革命实践,掀起湘赣边界土地革命热潮,在井冈山革命根据地第一次实现了"耕者有其田",为后来《井冈山土地法》《兴国土地法》的制定提供了实践经验和理论依据。民主革命时期,党领导一系列土地改革,使革命战争获得了取之不尽、用之不竭的人力物力,最终把中国革命引向胜利。新中国成立后,党团结带领人民进行"三大改造",建立了社会主义制度,彻底消灭了人剥削人的历史,为实现共同富裕奠定了坚实制度基础。新时代,以习近平同志为核心的党中央,实施脱贫攻坚战略,扎实推进乡村振兴战略,带领人民群众在共同富裕的康庄大道不断前行。

第一节　来株洲考察农民运动,直面中国革命的基本问题

中国共产党从创建开始就关注占中国人口大多数的农民。《共产党》月刊 1921 年 4 月 7 日第三号发表文章指出:"中国农民占全人口底大多数,无论

在革命的预备时期,和革命的实行时期,他们都是占重要位置的。设若他们有了阶级的觉悟,可以起来进行阶级斗争,我们底社会革命,共产主义,就有了十分的可能性了。"党的一大结束不久,党领导的农民运动开始在浙江萧山、广东海陆丰和湖南衡山、株洲等地区逐步兴起。

毛泽东对中国革命的基本问题尤为重视。1924 年 1 月,国民党第一次全国代表大会召开,会上确立了联俄、联共、扶助农工的三大政策,标志着第一次国共合作的正式形成。国共合作的实现,促进了农民运动的开展。1926 年 9 月,他在《国民革命与农民运动》中提出"农民问题乃国民革命的中心问题,农民不起来并拥护国民革命,国民革命不会成功"①。1926 年 11 月,毛泽东担任中共中央农民运动委员会书记后,决定以湖南、湖北、江西、河南为重点开展农民运动。到 11 月底,湖南有 54 个县建立农民协会组织,会员达 107 万人;到 1927 年 1 月,会员又增加到 200 万人。湖北、江西等省的农民运动也有很大发展。在湖北,全省农民协会会员由 1926 年 7 月的 3 万多人增加到 11 月的 20 万人左右。江西的农协会员从 1926 年 10 月的 6000 多人发展到 11 月的 5 万多人。在湖南、湖北、江西农民运动大发展的推动下,其他各省的农民运动也逐渐兴起。

尽管农民运动开展得轰轰烈烈,但也受到了党内和党外两方面的强烈攻击:一方面,以陈独秀为代表的党内一派严厉批评了轰轰烈烈兴起的农民运动,指责正在兴起的农民运动"过火""过左",是所谓的"左倾幼稚病",是"恐怖行动""做了不少错事"。另一方面,轰轰烈烈的土地革命与农民运动对农村社会的冲击,触动了以地主豪绅阶级为主体的中国国民党右派的利益,他们极端仇视轰轰烈烈的农村革命,咒骂农民运动是"痞子运动"和"惰农运动",叫嚷农民运动"糟得很"。②

---

① 《毛泽东文集》第 1 卷,人民出版社 1993 年版,第 37 页。
② 中共株洲市委办公室、中共株洲市委党史工作办公室:《中国共产党株洲历史》(第一卷),中共党史出版社 2007 年版,第 84 页。

革命向哪里去？革命依靠谁？革命为了谁？为了解释与回击来自党内外的质疑、不满与责难,反击地主阶级和国民党右派的猖狂进攻,并澄清中国共产党党内对农民运动的偏见,为了回答反动势力对农民运动的诬蔑和攻击,特别是党内一些人对农民运动的责难,毛泽东于1926年12月中旬由汉口回到湖南,在参加全省第一次农民代表大会之后,决定直面中国革命的基本问题,围绕农民运动到底是"糟得很"还是"好得很"这个斗争焦点,对湖南农民运动进行一次考察,先期对湘潭、湘乡、衡山县的农民运动进行考察。

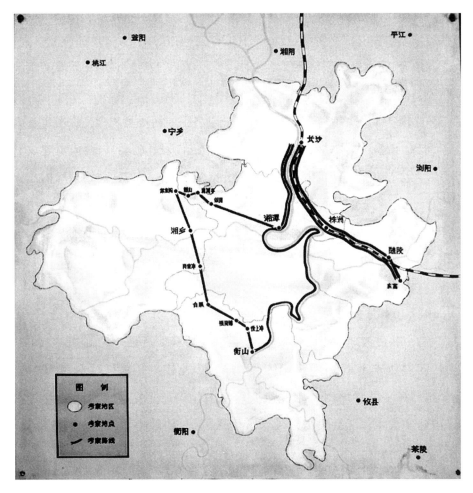

毛泽东考察湖南农民运动路线示意图

北风呼啸,天寒地冻。1927 年 1 月 27 日,正当人们欢悦在农历小年节
(腊月二十四日)中,毛泽东迈着铿锵的步伐走进株洲,在这里留下了 9 天的
光辉足迹,为正在兴起的中国农民运动记录下了真实的一笔。

初到醴陵,不顾疲倦全面考察

中共湖南区委于 1927 年 1 月中旬,通知中共醴陵地执委书记罗学瓒,告
之毛泽东将要来醴陵考察。之所以选择醴陵,一方面,醴陵在全省第一次农民
代表大会上作了典型发言,是全省农民运动搞得最好的县份之一。另一方面,
中共醴陵地执委书记罗学瓒,与毛泽东是省立一师的同学,又是湘潭老乡,两
人志同道合,在读书和创建新民学会时接下了深厚的友谊,便于了解真实情况
和研究新的问题。

罗学瓒于 1 月 24 日至 26 日召开了全县各区农协委员长和公法团负责人
会议,汇集了几个月来的农运情况和今后需要解决的问题。与会人员建议召
开万人大会,请毛泽东作讲演,鼓舞士气,指明今后工作方向。罗学瓒同意大
家的意见,并将与会人员留在县城,听候毛泽东的召唤。同时,还就如何协同
毛泽东考察的一些具体问题作了研究,议定由县农民协会委员长孙筱山①为
主讲汇报人,国民党县党部及工、青、妇、商等部门负责人也各自做好汇报
准备。

1927 年 1 月 27 日,正是农历丙寅年十二月二十四日小年节。上午 10
时左右,中共醴陵地执委书记罗学瓒、县农民协会委员长孙筱山,率领 10 多
名县、区农协干部赶到醴陵阳三石火车站,迎接毛泽东来醴陵考察。但
毛泽东已在国民党湖南省党部执委戴晓云(即戴述人,跨党派党员)陪同
下,由株萍铁路总工会负责人吴汉卿护送,从长沙乘火车(邮政车厢)到达

---

① 孙筱山(1891—1928),湖南省醴陵市人,1924 年加入中国共产党。曾任中共醴陵地方
委员会委员、任醴陵县农民协会委员长、湘东赣西工农义勇军党代表等职。1928 年 4 月 23 日被
捕,就义于醴陵状元洲,时年 37 岁。

醴陵后从邮包房出站,直奔醴陵县农民协会。罗学瓒等闻讯,立即登上渡船过河,赶回先农坛。身为中央农运领导人的毛泽东,这种平易近人,轻装简从,不畏严寒,深入基层的俭朴作风,使在场基层农协干部感到十分亲切与崇敬。房里挤了一房间的人,大家都满心欢喜。毛泽东很关心醴陵的工农骨干,他说:"大家工作这么忙,还来接我……"①罗学瓒随即把孙筱山等一一作了介绍,毛泽东同他们握手寒暄。毛泽东穿了一身黑颜色的中山装棉衣棉裤,留的西装头发。毛泽东很和蔼,讲话很风趣。之后,罗学瓒安排毛泽东到自己的住房下榻。两人相互通报了对考察的准备情况和这次来考察的任务、要求和方法。罗学瓒还转达基层农会骨干请毛泽东演讲的要求。毛泽东答应了这个要求。

毛泽东根据在湘潭、湘乡、衡山考察的经验,采用查阅资料,听取汇报,参与讨论,征求看法,会上讲演,座谈走访等形式进行考察。下午,他首先索要现成的书面报告、报表统计资料进行查看,以便了解醴陵的农运情况。当天晚上,毛泽东不顾长途奔波的疲倦,在好友兼同学罗学瓒的安排下,马上召开了农协工作人员汇报会议。7时过后,孙筱山、唐寄凡、李味农、省农运特派员袁品高、国民党县党部常务陈晓愚、县总工会委员长易足三、女界联合会常务李秀全、共青团书记吴章言、商民协会会长瞿培东等,一齐到来,毛泽东与他们亲切会见,一一握手。

罗学瓒起了开场白:"中央农民运动委员会书记毛泽东同志,今天不畏严寒,专程来我们醴陵考察农民运动,我们表示热烈欢迎,首先请毛书记讲话。然后,各部门负责人再汇报一下工作情况。"

毛泽东欠了欠身子,首先说明了来意,简要地介绍了湘潭、湘乡、衡山等县农民运动的特点与经验,然后说:"今晚主要是听你们的。醴陵农民运动搞得不错,你们是组织者、领导者,又有实践体验,过去的工作是怎么做的,今后怎

---

① 中共株洲市委办公室、市委党史工作办公室:《株洲红色印记》,中共党史出版社2012年版,第5页。

么搞,你们有什么想法,先听听你们的意见,题目早已告诉你们了,随便谈吧!"①

按照事先安排,孙筱山首先汇报道:"全县15个区323个乡都成立了农民协会,县总工会、女界联合会、学生联合会、商民协会等群众组织都建立起来了,还成立了工人纠察队。至9月统计,全县农协会员有5.8万多人,现在又有三个多月了,估计在10万人以上。"

毛泽东边听边记边问:"全县有多少人口?"②

"60万人。现在的农协会员人数,是按一户一人统计的。"孙筱山回答后接着说,"农会成立后,农民积极性很高。打土豪,斗劣绅,搞减租、清算,捉土豪游垅,强迫他们修塘修路,事事站在前头,有些反抗、破坏农民运动的,就捉起来关班房。"

毛泽东插问:"那你们怎么个清算法,关了些什么人?"③

孙筱山以北二区高桥乡胡氏宗祠的公租谷被6个土豪掌管,从不公布账目为例说:"农会成立后,就组织了清算委员会,先缴了他们的账簿,再封了谷仓,然后算账,再量谷,结果发现他们私分了几十担谷,农民就气愤地打开他们的谷仓,担了几十担谷做农会开办费,还抓他们游垅,其他地方也照这个办法搞清算。"

毛泽东点点头说:"这个办法好,不但在经济上打击了土豪劣绅,而且在政治上使他们威风扫地,通过清算,还启发鼓舞了农民,做得好。"④

孙筱山接着汇报了农民协会把作恶多端的县团防总局长彭志藩关起来,

---

① 中共株洲市委办公室、市委党史工作办公室:《株洲红色印记》,中共党史出版社2012年版,第5页。

② 中共株洲市委办公室、市委党史工作办公室:《株洲红色印记》,中共党史出版社2012年版,第6页。

③ 中共株洲市委办公室、市委党史工作办公室:《株洲红色印记》,中共党史出版社2012年版,第6页。

④ 中共株洲市委办公室、市委党史工作办公室:《株洲红色印记》,中共党史出版社2012年版,第6页。

并将他送到长沙监狱的情况。

毛泽东听后,从椅子上站起来,连声称赞:"好!好得很!现在就是要一把撬,连根撬起来,压下去,压得他们永世不得翻身!"①

孙筱山继续说:"因为农会势力大,农民掌了权,一些土豪劣绅怕清算,怕游垅戴高帽子,怕坐班房,有的逃到长沙,大恶霸余湘三还逃到了汉口。"接着,他还汇报了农会办夜校、禁烟赌、破迷信、打菩萨等情况,也谈到了少数殷实户农民不入农会,还要看一看等问题。接着国民党县党部执行委员潘疆爪、陈晓愚,县工会委员长易足三、团地委书记吴章言、女界联合会常委执行委员李秀全、商民协会会长瞿培东等人,也分别汇报了国民党县党部、总工会、青年团、女界联合会、商民协会的组建及工作情况。时任醴陵县女界联合会负责人的李秀全后来回忆那天晚上座谈会发言情况:各区乡在农会的协助下,都成立了妇女的组织,破除迷信、剪头发,都要求读书识字,办识字班;还提出婚姻自由,打倒三从四德,男尊女卑,提倡男女平等,乡里的妇女们都发动起来了。学联也汇报了做宣传工作的情况。毛泽东听了很高兴地说:"农民已经起来了,很好,大家要继续努力做好工作,对土豪劣绅要展开斗争,向农民要做宣传工作,讲农民为什么受苦,只有起来革命,才能翻身得解放。"②大家听了毛泽东的教导都感到无比的兴奋和鼓舞。

这是毛泽东来到醴陵第一个晚上的汇报会,他听了大家的汇报十分满意,会议一直开到深夜才结束。散会后,毛泽东就歇在同学罗学瓒的房里。

发现问题及时制止,拨正革命的航向

第二天晚上,先农坛正厅楼上,窗户遮盖严实的屋内显得几分神秘,在燃

---

① 中共株洲市委办公室、市委党史工作办公室:《株洲红色印记》,中共党史出版社2012年版,第6页。

② 中共株洲市委办公室、市委党史工作办公室:《毛泽东考察农民运动纪实》,《株洲红色印记》,中共党史出版社2012年版,第6页。

着的洋油马灯微弱光线的映照下,可见挂在墙上的马克思画像,一面镰刀斧头红旗,一条"布尔什维克化"的横幅。中共醴陵地执委为毛泽东组织的基层农运干部调查会要在这里举行。参加调查会的 40 多名干部,都是没有公开身份的共产党员,所以特地做了这番准备。

醴陵先农坛

晚上 6 时,毛泽东满面春风,在罗学瓒等陪同下,来到会场,早已到达的农运干部起立鼓掌欢迎,毛泽东挥手致意,来到八仙桌前坐下。

罗学瓒宣布开会,说明会议程序后,大家踊跃发言。城区党支部书记文广兴打响了头炮。他在汇报城区成立农协、打土豪等情况后,重点谈到了缴"烟枪"的事。接着,南岸境乡干部、北三区干部汇报了勒令土豪修塘坝、禁牌赌等情况。发言的一个接一个,十分热烈。

北二区干部、县学运干部抱怨,举报县里个别领导为何键部下与渌口奸商勾结走私谷米开绿灯,还帮国民军一个连长下令缴农协的枪,后又为这个连长开脱罪责,私自放人等情况。

毛泽东当场责问孙筱山:"这是谁干的?"①

孙筱山正要回答,地执委委员、县党部宣传部长李味农突然站起来说:"这两件事都是我干的,批准渌口运谷米,我是怕与何键搞坏关系;国民军连长陈奏凯要缴枪,农民不缴,把我关起来,我要农民缴了枪才把我放了,后来农民抓起陈奏凯,又是我放了他。"

原本活跃的会场,顿时鸦雀无声。气氛有点紧张,一个个目光都注视着毛泽东。毛泽东看了李味农一眼,严厉地批评他,说:"你这是错误的,是长了土豪劣绅的志气,灭了工农群众的威风。你不懂革命,就要害人!土豪劣绅压迫农民几千年,革命不用暴力,工农就不能翻过身来,对敌人不能仁慈。"②说完叫李坐下,并要大家继续发言。

会场又活跃起来。你一言,我一语,除了反映土豪劣绅破坏农会的情况,要求从严惩处外,也谈到有的地方农会干部作风不好、方法简单等问题。当南二区一个干部谈到准备对一个有缺点的农民进行惩罚游垅时,毛泽东立即指出:"对有缺点的农民,只能说服教育,不能用对付土豪劣绅的办法对付他们。那样做,就是打击革命。有的同志提出要惩办土豪劣绅,这个意见很好。省里已经颁布了《惩治土豪劣绅暂行条例》,成立'审判土豪劣绅特别法庭',你们应该尽快成立这样的法庭,对罪大恶极的土豪劣绅,要公开审判,重点打击,推动全盘。"后来,毛泽东在《湖南农民运动考察报告》政治上打击地主一节中,对醴陵西南两区的斗争形势,作了这样评述:"醴陵等县,尚有一部分地方(如醴陵西南两区),表面上地主权力低于农民权力,实际上因为政治斗争不激烈,地主权力还隐隐和农民权力对抗。这些地方,还不能说农民已得了政治的胜利,还须加劲作政治斗争,至地主权力被农民完全打下去为止。""必须建

---

① 中共株洲市委办公室、市委党史工作办公室:《株洲红色印记》,中共党史出版社 2012 年版,第 7 页。

② 中共株洲市委办公室、市委党史工作办公室:《株洲红色印记》,中共党史出版社 2012 年版,第 7 页。

立农民的绝对权力","必须把一切绅权都打倒。"

会议至深夜,厨房准备了夜餐,罗学瓒在征得毛泽东的同意后,宣布散会,并收下画像、旗帜和条幅,一起回到卧室。

漆黑的夜,万籁俱寂。"荣熙!"心情不平静的毛泽东叫了一声罗学瓒的学名,然后,感慨地说,"醴陵的干部不错,从今晚干部反映的问题来看,农民虽已组织起来了,并且形成了独立的权力,但要巩固这种权力,斗争还很艰巨啊!"①

"是呀! 这些问题党内认识还不一致哟!"罗学瓒颇有同感。

"李味农这样思想的人,在党内有一定的代表性。不只你醴陵有,别的地方有,中央也有呢!"他俩还就其他问题交谈了看法,直到凌晨才就寝。②

万人大会,点燃农运熊熊烈火

1 月 29 日上午,在罗学瓒、孙筱山陪同下,毛泽东先后到县党部、女界联合会、总工会、民众运动训练所和城区农协考察。当他来到城隍庙时,见到一群"叫花子"(乞丐)衣衫褴褛龟缩在墙脚下。他问孙筱山,这些人该由谁负责,今后怎么办? 旁边一个人答话:"这些人的八字不好,是命里注定的。"毛泽东反驳说:"不对! 这些人是由于封建地主的压迫剥削造成的,这些人要由我们来负责,将来五里路就设一个医院,人人都能去医院治病,就不会有这么多瘫子了。解决'叫化子'的生活问题,主要靠我们农会,把农民发动起来,打倒土豪劣绅,把田夺回来,分给大家,让耕者有其田,人人有饭吃,就不会有'叫化子'了。"当毛泽东说到这里,有人向毛泽东说:"土豪劣绅诬蔑我们妇女是:戴手表,读英文、大裤脚、走四门。""妇女没有什么出头,屙尿屙不得三尺

---

① 中共株洲市委办公室、市史党史工作办公室:《株洲红色印记》,中共党史出版社 2012 年版,第 8 页。

② 中共株洲市委办公室、市史党史工作办公室:《株洲红色印记》,中共党史出版社 2012 年版,第 8 页。

高。"毛泽东说:"这是孔夫子的错误,孔夫子说什么'三从四德'即在家从父,出嫁从夫,夫死从子,如果男子赌钱打牌,搞差事也要从他吗? 自己丈夫死了之后,娘要服恩管,天下哪有这样的事情。"在路过育婴堂门前时,毛泽东询问了残疾儿童的养育情况。他向陪同的朱开贵问道:"育婴堂好不好",朱开贵答话:"育婴堂好。"毛委员说:"这还不能根本解决问题,要根本解决问题,就要打倒土豪劣绅,把田分给大家,让大家都有饭吃。"毛泽东又说:"你们要成立筹产委员会,要成立地方银行,没收地主金银财宝,同时要成立法庭,审判地主。"①

下午来到县总工会所在地节孝祠,观看了工人纠察队持枪操练,然后又听取了易足三和纠察队长周昌昭关于基层工会与工人纠察队的情况汇报。毛泽东肯定了总工会的工作,对罗学瓒、孙筱山说:闹革命是刀对刀、枪对枪的斗争,赤手空拳不行,自己没有革命武装,只能空喊民众起来革命。土豪劣绅为什么敢于和农民协会对抗,就是背后有地主武装支持。

1 月 30 日,位于县城中部的文庙操坪,红旗招展,梭镖林立,人声鼎沸,人头攒动。城区附近的农协会员和远离县城的区乡会员代表等 2 万多人齐集操坪。戏台上摆成一字形长桌主席台,墙上挂着孙中山的遗像,万人农会会员大会在这里举行。

11 时,毛泽东在罗学瓒、孙筱山、陈晓愚、李味农和代理县长潘疆爪等陪同下,登上主席台。大会由潘疆爪主持,他宣布大会开始,会场立刻一片肃静。首先向孙总理遗像三鞠躬,然后大声说:"现在请省里来的中央委员毛润之先生作报告。"

毛泽东起立欠身致意,他用浓重的韶山口音作了题为《北伐战争后的形势和农民运动的任务与方法》的长篇演说。他说:"农民协会成立半年来,压在穷人头上几千年封建宗法势力,就被打个落花流水,孙中山先生致力于国民

---

① 中共株洲市委办公室、市委党史工作办公室:《株洲红色印记》,中共党史出版社 2012 年版,第 9 页。

革命四十年,所要做而没有做成的事,农会几个月就做到了,真是半年胜过几千年!"①

毛泽东在谈到醴陵农民运动的成绩后说:"我们虽然取得了很大成绩,但任务还很艰巨。现在有的人就诬蔑农会搞'糟了',说什么办农会,打土豪,减租、平粜、清算是'闹事',这是一派胡言。其实,我们所做的,不是'糟了',而是好得很!哪里愈'糟',哪里就愈好,说明那里的人民真正起来了,敢于同土豪劣绅作斗争了。过去土豪劣绅、封建势力压迫农民几千年,今天农民起来向土豪劣绅减点租,清算他们鲸吞的不义之财就是闹事吗?这种只许土豪劣绅压迫剥削农民,不准农民向土豪劣绅作斗争的人,就是站在帝国主义、豪绅地主反革命一边,就是破坏革命。"②

毛泽东接着又说:"湖南虽然是国民政府统治,实际上是国民政府同赵恒惕共同统治。赵恒惕虽然不在湖南,但他在湖南的余孽土豪劣绅、贪官污吏还有很大的势力。革命是暴动,是一个阶级推翻另一个阶级的行动。因此,我们的任务就是要进一步组织起来,团结起来,努力奋斗,国民革命的任务就一定能够取得最后的胜利。"③

毛泽东的讲话博得大家的阵阵掌声。大会在"打倒帝国主义!打倒军阀!打倒土豪劣绅!农民协会万岁!农民万岁!"的口号声中结束。

当天下午,毛泽东参加了由省农运特派员袁品高主持召开的 15 个区的开明士绅和老农座谈会。一方面进一步宣传国民革命的政策与形势,争取一部分士绅支持同情农会,减少来自敌对方面的阻力;另一方面是研究发展醴陵瓷业和农业生产的问题。

---

① 中共株洲市委办公室、市委党史工作办公室:《株洲红色印记》,中共党史出版社 2012 年版,第 8—9 页。

② 中共株洲市委办公室、市委党史工作办公室:《株洲红色印记》,中共党史出版社 2012 年版,第 8—9 页。

③ 中共株洲市委办公室、市委党史工作办公室:《株洲红色印记》,中共党史出版社 2012 年版,第 8—9 页。

除夕之夜,笑谈打菩萨破迷信

2月1日,正是农历除夕日,广大农民过了个扬眉吐气、欢乐的翻身年。在县城的调查会上,孙筱山等谈到东富打菩萨积极,农民对此有什么反映。毛泽东想弄个明白,便踏着冰雪,来到东富考察。毛泽东在县农民协会吃过年饭,不顾劳累,拿起包袱离开先农坛,冒着鹅毛大雪,直奔东富寺。他依然是身着蓝布长衫,拿起雨伞和包袱,冒着鹅毛大雪,由孙筱山陪同,步行来到离城25华里的南一区东富寺南联高小,住在共产党员、教师易克仁房里。

醴陵东富寺

东富寺是明朝修建、清嘉庆二十一年(1806)重修的大寺庙。这座四进的建筑,青砖绿瓦,雕梁画栋,四围古木参天,幽静雅致。庙内有30多尊菩萨,长年香火不断,钟鼓常鸣。除夕之夜,农协会在设在东富寺内办公的南一区一乡召开了座谈会。20多位农会干部汇报了全区农运情况,最后谈到了打菩萨的问题。

毛泽东问:"群众对此有什么意见?"①

一乡农会委员长尹锡乾说:"当时农会刚成立,声势大,把菩萨打了,只留下正殿几个菩萨没有打,群众也没有哪个讲什么。"

毛泽东风趣地说:"过去天旱求雨,田里有虫、家人有病都求菩萨,要是半年前不办农会,你们打菩萨,民众恐怕不赞同喏!土豪劣绅也会兴风作浪,说你们欺神灭道。现在你们打菩萨,没有人讲什么,这就是农会的权威嘛!听说有人偷菩萨是怎么回事?"②

执委尹雪荣说:"前不久有一位妇女还到这里求菩萨减租,县孙筱山委员长知道后,要我们把菩萨全部打掉。我们在一个晚上把正殿的泥菩萨都打掉了,还有两个木雕的菩萨准备第二天火烧,这事被老农丁才发看见了,等我们回家后,他偷偷地把这两个木雕菩萨抱走了。"

"他为什么抱回去?"毛泽东问。③

"他说,这些菩萨一不吃饭,二不穿衣,打了造孽。"尹雪荣回答。

"啊!原来这样。"毛泽东笑着说,"破除迷信,是农民觉悟的表现。但是当前的中心任务是要引导农民加劲做政治斗争,打倒土豪劣绅。菩萨是农民敬起来的,农民觉悟了,自己会把菩萨丢掉。"他指着在旁的易克仁、孙筱山说,"你们都是教书先生,读过孔夫子的书,对待菩萨的事,要'引而不发,跃如也。'不要我们包办代替。"④

第二天,大年初一,农协会在东富寺召开了700多人的群众大会,易克仁、刘宗邦主持会场,农民自卫队维持秩序。尽管天寒地冻,北风飕飕,但寺内气

---

① 中共株洲市委办公室、市委党史工作办公室:《株洲红色印记》,中共党史出版社2012年版,第9页。

② 中共株洲市委办公室、市委党史工作办公室:《株洲红色印记》,中共党史出版社2012年版,第10页。

③ 中共株洲市委办公室、市委党史工作办公室:《株洲红色印记》,中共党史出版社2012年版,第10页。

④ 中共株洲市委办公室、市委党史工作办公室:《株洲红色印记》,中共党史出版社2012年版,第10页。

毛泽东在东富寺住过的房间

氛热烈,显得暖洋洋的。毛泽东在会上以非常生动的比喻来号召农民团结起来,积极办好农会。他说:"东富寺的围墙是用三合土筑成的。其中的沙子本来是散的,加上黄泥、石灰,用水和拢,干了以后,用羊角耙都挖不进。只有团结起来,我们才能取得胜利。"之后,毛泽东又讲到破除迷信的问题。他说:"听说你们这里还有人求菩萨减租,信八字,信风水,我们办农会只几个月,土豪劣绅、贪官污吏都倒台了,难道以前他们就八字都好了,风水也好了?过去敬了几千年菩萨,没有看到关圣帝君、观音菩萨帮你们哪个打倒一个土豪劣绅,现在你们想减租,我问你们有什么法子?是信神呀?还是信农会?"①说得大家都笑了起来。

　　会后,群众争先恐后和毛泽东握手,毛泽东不时地解答农民的提问,人群

_____

　　① 中共株洲市委办公室、市委党史工作办公室:《株洲红色印记》,中共党史出版社2012年版,第10页。

中不时地爆发出一阵阵笑声,气氛十分热烈、亲切、和谐。当天晚上,农协会又在东富寺召开了南一、二、三区农会干部会。2月2日,毛泽东在孙筱山陪同下返回阳三石,前去龙凤庵、渌口考察。

到龙凤庵考察农民运动

龙凤庵位于芦淞区姚家坝东境(原属醴陵)。据当地老人相传,其庵系明代张景笼为其女40不嫁修真而建,其弟子为庵撰联云:"隆师重道威义在,奉姑修真色相空。"庵房占地约400平方米,坐北南向,砖木结构,文雅朴素,颇具规模,正堂两侧各有厢房3间,后为膳堂,供道姑食宿用,庵前有一60平方米小坪,坪沿东端有3棵百年古枫树,高大挺拔,枝繁叶茂,景色独秀。

1926年农民运动兴起后,龙凤庵被改作北三区农协办事机关,庵内神像被送进了火宫殿(灶膛烧饭)。农运转入低潮时,庵堂冷落。抗战胜利后,庵堂经过修整,至新中国成立初期,一直为当地初级小学校舍。1959年1月划入株洲市版图。随着社会的发展,人口的增加,庵堂做学校已远不适应发展的需求了。1960年,姚家坝人民公社在庵后山丘上新建了一所社办初级中学,旧庵作为毛泽东早期革命活动纪念地加以保护。

这里历为湘、浏、醴三县交界之地,山峦起伏,纵横交错,官匪出没无常,横行乡里,肆意抢掠,劳苦人民吃尽苦头,对农民革命十分向往,农民运动兴起时,广大劳动人民积极参加农运。

1925年春,醴陵地委为加强北乡农民运动的领导力量,在这里发展一批贫苦农民和进步教师为地下党员作为组织农运的核心领导。

1926年11月,区农民协会挂牌成立。是年底百分之九十以上的农民加入了农民协会。相继建立了乡农会和区、乡赤卫队、女子联合会及儿童团等组织。区农协会址设龙凤庵。在张俊阀、陈开益等同志的组织领导下,向国民党地方势力开展了各种斗争。如:斗土豪劣绅减租退押、禁止迷信活动等。

1927年2月2日,毛泽东到醴陵县南乡考察农运时,夜宿东富寺,得悉北乡北三区农民革命风云火热,引起毛泽东关注。次早返回醴陵县城乘火车至姚家坝车站下车后,在张俊阀同志陪同下,步行十多华里,来到北三区农协会址龙凤庵。毛泽东走进龙凤庵,刚坐下,看见庵堂屋角落里堆着许多菩萨,便笑着说:"这是做什么?"①张俊阀打趣地回答说:"这是让给农协办公,请他们去火宫殿当火神去!"毛泽东笑着说:"永安! 永安!"②歇息片刻,毛泽东抱歉地说:"今天我在这里呆的时间不长,下午我还要赶路,请俊阀同志安排一下,找些农民骨干上午在这里开个座谈会,听听大家的意见,开会前,我先和你到附近农户家走走。"③张俊阀按照毛泽东的旨意,安排陈开益、陈汉卿俩分头通知,自己则陪毛主席到附近走访农户,毛泽东每到一家,总是那么和蔼亲切地握手交谈,约走访了个把钟头,就回龙凤庵了。这时开会的人已到齐,毛泽东和大家一一握手后,座谈会就开始了。

参加这次座谈会的有张俊阀(区农协执委、地下党负责人、教师)、唐寄凡(农协委员、地下党员、教师)、袁品高(农协委员、赤卫队队长、地下党员、武术教师)、陈开益(农协委员、地下党员、教师)、陈汉卿(农协委员赤卫队副队长、地下党员)、黄怀德(地下党员、厨师、赤卫队小队长)。除此,还有江西省宜春县伪县长张瓜云(地下党员)亦参加了这次座谈会。会议从上午 11 时开到下午 2 时多。毛泽东一边仔细听取大家汇报,一边亲自做记录,并不时提出问话,当听到要组织工农武装攻打易家湾,进攻长沙时,毛泽东极为高兴,连声说:"好! 好!"④会议结束时,就如何深入开展农民运动作了重要讲话,进一步鼓舞了与会者的革命信心。

---

① 中共株洲市委办公室、市委党史工作办公室:《株洲红色印迹》,中共党史出版社 2012 年版,第 12 页。

② 中共株洲市委办公室、市委党史工作办公室:《株洲红色印迹》,中共党史出版社 2012 年版,第 12 页。

③ 中共株洲市委办公室、市委党史工作办公室:《株洲红色印迹》,中共党史出版社 2012 年版,第 12 页。

④ 中共株洲市委办公室、市委党史工作办公室:《株洲红色印迹》,中共党史出版社 2012 年版,第 12 页。

午饭后,由袁品高、陈汉卿俩护送到北二区农协——关王庙,被早在那里等候的孙筱山(县农协执委)陪同去渌口考察。

毛泽东到龙凤庵实地考察后,这里的农运工作推向了高潮,参加农会的人越来越多,武装力量更加扩展壮大,赤卫队员由 400 余人发展到 1200 余人,武器以大刀、鸟铳为主,兼有少量步枪,各乡亦建立了 40 人的自卫分队。农民武装的建立,对国民党势力威胁很大,地方的恶势力敢怒而不敢言。

考察渌口农民运动

毛泽东1927 年 1 月 27 日至 2 月 3 日在醴陵县考察期间,孙筱山向毛泽东汇报了渌口农民协会自 1926 年 10 月成立后,联合渌口商民协会、女子联合会和儿童团,掀起了禁运洋货、打倒土豪劣绅、减租退押、禁止迷信、禁烟等运动。

当时的渌口是茶、攸、醴三县之门户和商品集散地,有"小南京"之称,属二北区管辖。渌口农民运动的革命风气盛行,自然引起了毛泽东的关注,他在整个考察行程即将结束时,要求孙筱山陪同他来渌口实地考察。

渌口伏波庙

醴陵县总工会组织委员程丙生奉命于 2 月 2 日提前赶回渌口,吩咐渌口工会负责人李仁桃把渌口的伙铺和坏人都注意起来,并组织工人放哨。2 月 3 日,程炳生和渌口农会负责人胡清高在离渌口半边街三、四路的地方接到了毛泽东和孙筱山,从接龙桥的石阶走向伏波岭。

伏波岭上的伏波庙是当时国民党第二十二区区党部、渌口农民协会、女子联合会办公所在地。程炳生告诉毛泽东,1926 年 10 月,渌口镇农民协会正式成立,农民协会的牌子先挂在香山寺,后被挪到了伏波庙。现在,农民运动在渌口真正开展起来了,许多土豪劣绅害怕农民抓着戴高帽子游垅,比以前老实一些了。毛泽东听后,高兴地对程炳生说,农民运动以后还会越来越猛烈,打土豪分田地,农民要翻身……①

说着说着,他们很快来到了伏波岭。毛泽东步入伏波庙,见一大堆菩萨堆于一角,笑着问孙筱山:"这是干什么?"②孙筱山风趣地作答:"请它们偏安一下,让我们无产阶级来办公!"毛泽东也赞许地说:"稳健、稳健!"③

午饭过后,孙筱山等陪同毛泽东从李公庙过渌江,在南岸许家祠堂就近走访多户贫困农户。当日晚上,毛泽东在伏波庙召开渌口工农运动骨干座谈会,出席会议的二十多人,农会的人占大多数。毛泽东认真听取与会者的汇报,询问工农商劳苦大众的生产生活状况和有关工农运动的开展情况,与大家进行广泛深入的讨论。毛泽东认真倾听大家的发言,并作了记录。应与会同志的要求,他就地方深入开展工农运动作了重要讲话。

毛泽东说:我在县里对你们县党部宣传部长讲,"李味农同志,你是好好先生,却不懂得革命理论,被压迫阶级受层层压迫已久,若不将压迫阶级无情

---

① 中共株洲市委办公室、市委党史工作办公室:《株洲红色印记》,中共党史出版社 2012 年版,第 12—13 页。

② 中共株洲市委办公室、市委党史工作办公室:《株洲红色印记》,中共党史出版社 2012 年版,第 12—13 页。

③ 中共株洲市委办公室、市委党史工作办公室:《株洲红色印记》,中共党史出版社 2012 年版,第 12—13 页。

压制,被压迫阶级不能得到彻底翻身。"①

　　随后,毛泽东一口气说了农民在农民协会领导下,做了组织农民进农会,政治上打击地主等十四件大事,并特别提到"渌口伏波岭庙内的许多菩萨,因为国民党区党部房屋不够,把大小菩萨堆了一角,农民无异言。自此以后,人家死了人,敬神、做道场、送大王灯的,就很少了"②。转而,毛泽东风趣地对孙筱山说:"这事,因为是农会委员长孙筱山倡首,这里的道士们颇恨你孙筱山呢?"③一阵笑声过后,毛泽东告诉与会者说:"湖南农民所做的十四件大事都是革命的行动和完成民主革命的措施。""孙中山先生致力国民革命凡四十年,所要做而没有做到的事,农民在几个月内做到了。这是四十年乃至几千年未曾成就过的奇勋。这是好得很。"④会后,毛委员在伏波庙住宿一晚,2月4日清晨便离开渌口镇……

在八叠汪起凤⑤家召开农运座谈会

　　1927年2月4日清早,毛泽东离开渌口返回长沙。对这次农运考察的总结束会,本来打算在湘潭召开。当时,湘潭县正在八叠乡大步桥召开全县农民代表大会,县农协和区农协都派代表参加。会议没结束时,毛泽东对醴陵农运的考察已经结束,他回长沙必须经过株洲,因此八叠乡会议的组织者得知毛泽东在醴陵、渌口考察农民运动,就邀请毛泽东莅临指导。毛泽东也想借此

---

①　中共株洲市委办公室、市委党史工作办公室:《株洲红色印记》,中共党史出版社2012年版,第12—13页。

②　中共株洲市委办公室、市委党史工作办公室:《株洲红色印记》,中共党史出版社2012年版,第12—13页。

③　中共株洲市委办公室、市委党史工作办公室:《株洲红色印记》,中共党史出版社2012年版,第12—13页。

④　中共株洲市委办公室、市委党史工作办公室:《株洲红色印记》,中共党史出版社2012年版,第12—13页。

⑤　汪起凤(1893—1930),湘潭东一区八叠(今属湖南省株洲市芦淞区)人,1926年加入中国共产党。曾任乡女子联合会主任、东一区女子联合会执行委员、八叠乡特别支部书记等职。

机会进一步了解一些情况,并对与会者作相关指示。毛泽东欣然同意,于是后来通知改在株洲八叠乡举行。在参加完代表大会后,毛泽东来到汪起凤家里,秘密召开了湘潭农运骨干代表会议。这是毛泽东考察农运的结束会。

　　汪起凤是八叠乡农会的妇女运动骨干,她积极参加轰轰烈烈地破除封建迷信运动,打击土豪劣绅的斗争,在群众中很有威信。汪起凤思想先进,经过党的考察与培养,她已经成为一位立场坚定的女共产党员和革命活动家,在汪起凤参加革命后,其大地主公公对她的活动已经不敢闻问。因此将会议放在汪起凤家里召开,完全可高枕无忧,非常安全,醴陵、衡山等地也派代表参加会议。

汪先宗烈士墓

　　郭治中回忆到,毛泽东当时身穿青布学生装坐在一边不太作声,听取汇报。这次会议只有十多个人参加,湘潭除郭治中、毛福轩外,还有韶山地区的代表,株洲地区有谭明德、易春庭、汪起凤,还有醴陵两个代表及衡山县代表参加。毛泽东听取了大家关于农运工作的汇报后,大力赞扬八叠的革命行动。在谈到汪先宗①惨遭杀害后各地农运活动纷纷爆发时,毛泽东说:农民运动领袖汪先宗对湖南当时农民运动的发展影响很大,促进了群众觉悟的提高,为全省农民运动传播了革命火种。

毛泽东听了汪起凤汇报八叠农民斗争情况后高度赞扬东一区的农民运动,肯定她领导的妇女反封建斗争,并在会上作了许多重要指示:"我们有的同志,今天喊革命,明天喊革命,农民受了两千多年的压迫痛苦,现在刚刚喊醒起来,反了一下封建,就跟着敌人瞎说:农民过火了!农民搞糟了!我看并不过火,搞得还不够!根深蒂固的封建势力,不起暴动是推它不翻的,土豪劣绅是封建势力的硬足墙脚,不打倒不行!"毛泽东还指示:不要迷信八字,不要信坟山贯气。当时农会打菩萨很盛行,称菩萨是哑巴劣绅。对此,毛泽东指示说:"农民迷信已几千年了,有的婆婆老倌反映,农会好是好,就是不该打菩萨烧庙。当农民还不觉悟时,不要去打菩萨,要打就会脱离群众,以后农民觉悟了,自然不会信迷信了。"最后鼓励与会者:"你们回去努力革命,就是牺牲了也是永世的光荣。"②会议对于醴陵代表来说并没有什么特别的内容,对于湘潭、韶山、衡山的代表来说,毛泽东根据考察醴陵时对农民打菩萨问题的认识作了新的指示——对农民的封建迷信问题要善于引导启发。

毛泽东在开完会后就乘船赶往长沙。2月4日考察长沙郊区农民运动情况。第二天,毛泽东把考察醴陵、长沙的情况,向中共湖南区委作了报告。从1月4日到2月5日,毛泽东在短短的32天时间里,行程1400多里,广泛接触了有经验的农民和农运干部,走访了工、农、妇等群众组织的负责人和积极分

---

① 汪先宗(1890—1926),湖南省株洲市芦淞区人,1924年加入中国共产党。曾任八叠乡秘密农民协会总干事等职。1926年,反动军阀以莫须有的罪名将其杀害。

② 中共株洲市委办公室、市委党史工作办公室:《株洲红色印记》,中共党史出版社2012年版,第14页。

子,召集了不同类型的调查会。在调查中,毛泽东事先列出调查提纲,开会时认真听取意见,仔细记录,与到会人员进行广泛深入平等的讨论,获得了大量的第一手资料。

第二节　《湖南农民运动考察报告》盛赞农民运动"好得很"

毛泽东从学生时代起,就喜欢周游各地、体察社情民意。1917 年暑期,他和同学以游学方式、身无分文地在一个月左右时间内徒步游历了长沙、宁乡、安化、益阳等地。同年寒假,他又步行至浏阳文家市作社会调查。国民革命时期,农民运动的兴起与壮大,聚焦了党内和党外的多方矛盾与责难。毛泽东为答疑时代难题,从实践出发,来到株洲,直面中国革命最根本的问题,进行了全面细致的考察,对中国农民运动开展的现状和问题收集了第一手资料。

1927 年 2 月 12 日,毛泽东带着考察湖南 5 县农民运动的丰富资料回到武昌,在都府堤 41 号的卧室里,伴着油灯,挥笔疾书。此时杨开慧正临近分娩,为了让毛泽东有充沛的精力运筹革命大事,她根据毛泽东的写作提纲,夜以继日地整理文件、抄写材料。在杨开慧的全力配合下,在 2 月 16 日给中共中央的报告基础上,整理撰写了 2 万多字的《湖南农民运动考察报告》,最终得出农民运动"好得很",成就了"奇勋",农会的所谓"过分"举动具有"革命的意义",农民是"革命先锋"。

《湖南农民运动考察报告》热情歌颂了湖南农民运动的丰功伟绩,彻底批判了党内外一切对农民运动的攻击和责难,充分肯定了农民在中国民主革命中的最主要的同盟军作用,科学分析了农民里富农、中农、贫农各个阶层,阐述了共产党在农村中依靠贫农、团结中农的路线,阐明了建立农村革命政权和农民武装的极端重要性,着重强调了相信群众、依靠群众、放手发动群众、尊重群众的历史唯物主义观点与革命思想,明确指出了在农村建立革命政权和农民武装的重要性。这篇光辉著作,为进一步解决无产阶级领导权和同盟军问题提供了理论依据,是中国共产党领导农民运动的纲领性文件。

《湖南农民运动考察报告》全文用9个"必须":所有各种反对农民运动的议论,都必须迅速矫正。革命当局对农民运动的各种错误处置,必须迅速变更。必须建立农民的绝对权力。必须不准人恶意地批评农会。必须把一切绅权都打倒。每个农村都必须造成一个短时期的恐怖现象,非如此决不能镇压农村反革命派的活动,决不能打倒绅权。矫枉必须过正,不过正不能矫枉。县政治必须农民起来才能澄清。农民为了经济自卫,必须组织合作社,实行共同买货和消费。① 通过纠正革命当局对农民运动的各种错误认识和处置,有力地回击了土豪劣绅、地主阶级及国民党(右派、反革命分子)所宣称的农民运动"糟得很",是"痞子运动"的舆论。

同时,《湖南农民运动考察报告》通过调查、总结、归类。从14个方面阐述了农民运动的积极作用:将农民组织起来,建立农民武装,推翻地主武装、土豪劣绅的封建统治和县官老爷衙门差役的政权,破除迷信与神权,推翻族权、神权和夫权,普及政治宣传,严禁牌、赌、鸦片,办农民学校,建立消费、贩卖、信用三种合作社,修道路、修塘坝等。说明了农民运动虽然只经历了4个月的革命期发展,但已经在农村构建起了适合当时革命需要的政治建设、经济建设、文化建设和社会建设。毛泽东认为,这14件事情都是革命的行动和完成民主革命的措施,孙中山先生致力国民革命凡四十年,所要做而没有做到的事,农民在几个月内做到了。这是四十年乃至几千年未曾成就过的奇勋。这是好得很。《报告》对醴陵、渌口、龙凤庵、马家河等地区的农运工作给予了高度评价。

3月5日起,毛泽东的这篇经典著作《湖南农民运动考察报告》先后在中共湖南区委机关刊物《战士》周报、《湖南民报》等连载,引起广泛关注。这是

---

① 《毛泽东选集》第1卷,人民出版社1991年版,第12、17、29、38页。

无产阶级及其政党领导农民革命斗争的纲领性文献,在历史的紧要关头,为革命进一步指明了方向,推动了农村大革命运动的继续发展。当时主管中共中央宣传工作的瞿秋白在为该书所作的序言中,称赞毛泽东是"农民运动的王"。他说:"中国革命家都要代表三万万九千万农民说话做事,到战线去奋斗,毛泽东不过开始罢了。中国的革命者个个都应当读一读毛泽东这本书。"①

5月27日和6月12日,共产国际执委会机关刊物《共产国际》俄文版和英文版先后以《湖南的农民运动报告》为题,转载《向导》周报刊载的报告。英文版的编者按说:"在迄今为止的介绍中国农村状况的英文版刊物中,这篇报道最为清晰。"时任共产国际执委会主席团委员的布哈林在执委会第八次全体扩大会议上说:"我想有些同志大概已经读过我们的一位鼓动员记述在湖南省内旅行的报告了。这篇报告文字精练,耐人寻味。"②

1930年,毛泽东在江西寻乌进行了深入系统的社会调查,创作了闪耀着唯实求真精神的经典之作《寻乌调查》。"没有调查,没有发言权"是毛泽东在《反对本本主义》中提出的著名论断。他强调:"我们需要时时了解社会情况,时时进行实际调查。"③毛泽东喜欢读"无字之书",反对忽视实践,主张要从实践中学习。历史的车轮虽已远走,但毛泽东倡导的调查研究方法、群众路线、理论联系实际以及提出的"革命不是请客吃饭""眼睛向下"等金句无不闪耀着伟人的智慧光芒和远见卓识。时至今日,对我们培养党员干部和增强斗争精神,对新时代中国特色社会主义伟大事业亦仍有着重要的启迪作用与当代价值。

---

① 瞿秋白:《湖南农民运动考察报告》序言,《毛泽东发表〈湖南农民运动考察报告〉》,光明网,2007年4月14日。

② 高中华、韩丽:《毛泽东第一篇被介绍到国外的文章》,光明网,2021年3月30日。

③ 《毛泽东选集》第1卷,人民出版社1991年版,第115页。

第三节　部署酃县"三月暴动",拉开酃县
"打土豪、分田地"序幕

正当毛泽东率工农革命军开辟井冈山革命根据地的时候,1927 年 11 月,中国共产党中央临时政治局在瞿秋白主持下,在上海召开扩大会议。这次会议接受了共产国际代表罗米纳兹的"左"倾思想,对中国革命的性质和第一次大革命失败后的国内形势作出了错误估计,认为当时中国革命的性质是:"不断革命",革命形势是"继续高涨"。因此,在策略上,反对有组织的退却,主张冒险进攻,命令少数党员和群众进行毫无希望的城市武装起义。会议通过的《政治纪律决议案》,指责毛泽东对湘赣边界秋收起义的领导是"单纯的军事投机";在井冈山开展武装割据,是没有实现以烧杀为主的"使小资产阶级变为无产阶级然后迫使他们革命"的政策,决定撤销毛泽东临时中央政治局候补委员、湖南省委委员职务。[①] 1928 年 3 月上旬,时任中共湘南特委军事部部长、湘南特委代表周鲁,奉省委之命到宁冈砻市,传达中央临时政治局上海扩大会议精神,撤销以毛泽东为书记的前敌委员会,将前委改组为师党委,变成单管军队中党的机关,对地方党不能过问,由一团党代表何挺颖任师党委书记,毛泽东任师长。并命令工农革命军开往湘南,攻打郴州,策应湘南暴动。[②]

其时,中共酃县特别区委曾计划在 4 月份举行全县武装暴动。为了使酃县的暴动能在工农革命军前往湘南经过酃县时举行,当晚,毛泽东唤来工农革命军中酃县籍干部戴奇、邱笛两位连党代表,笑着说:"据我所知,你们两位都

[①]　中共株洲市委办公室、市委党史工作办公室:《中国共产党株洲历史》(第一卷),中共党史出版社 2007 年版,第 187 页。

[②]　中共株洲市委办公室、市委党史工作办公室:《中国共产党株洲历史》(第一卷),中共党史出版社 2007 年版,第 187 页。

是酃县人,同是去年 10 月部队经过酃县水口时加入工农革命军的。"①

戴奇、邱笛回答说:"毛委员记性真好。"

"在水口,你俩找着我,坚决要求参加工农革命军,上山以后,你们进步很快,我哪有不知之理。"②

稍停片刻,毛泽东接着说:"今天叫你们来,是有一项紧急任务需要你们迅速完成。今年春节后,酃县特别区委负责人刘寅生、周里来到山上,我和他们一同商量,计划四月份发动全县暴动,现在根据湘南特委指示,部队马上要开往湘南,因此,酃县的暴动必须提前举行。过不多久,我将率队伍去酃县。这是我给特别区委的信,明天一早,你们就带着我的信赶回酃县,设法找到刘寅生和周里,要他们按我的意见,加紧准备。"③

第二天清晨,戴奇、邱笛打扮成青年农民,便匆匆上路了。在通往酃县黄挪潭的崎岖山道上大步流星,昼夜兼程。

此时,中共酃县特别区委书记刘寅生、宣传委员周里正在枧田洲段凤家里向西乡党支部传达特别区委关于举行"四月暴动"的计划。

几声急促的狗吠声,中断了刘寅生的讲话,重新摸起了桌上的麻将,准备应付突然事件。结果进门来的是特别区委刘承向派来的通讯员,来人向刘寅生报告说:"昨天晚上,戴奇、邱笛从山上回到黄挪潭,有毛委员的紧急指示,需要向你们传达,请你们火速赶回区委。"

情况十分火急,不容他们再作停留。刘寅生、周里向西乡党支部负责人段瑞交代几句话后,随即换上了士林兰长袍,以商人打扮走出了段凤家门。

天不作美,刘寅生、周里刚走出几里路,便下起了瓢泼大雨,他们无心避

---

① 中共株洲市委办公室、市委党史工作办公室:《中国共产党株洲历史》(第一卷),中共党史出版社 2007 年版,第 187 页。

② 中共株洲市委办公室、市委党史工作办公室:《株洲红色印记》,中共党史出版社 2012 年版,第 14 页。

③ 中共株洲市委办公室、市委党史工作办公室:《株洲红色印记》,中共党史出版社 2012 年版,第 14 页。

雨,迅速抄山路往黄挪潭方向疾步奔走。第二天上午,在下坪柞树下刘寅生的家里,见到了正在那里等候的戴奇、邱笛同志,看了毛泽东写的亲笔信。

晚上,刘寅生在家里主持召开了特别区委紧急会议。戴奇首先传达了毛委员的重要指示,他说:"根据湘南特委命令,工农革命军将在这个月中旬经酃县去湘南。毛委员指示,原定的酃县四月暴动必须提前举行,在工农革命军到达酃县之前行动,否则等部队一到,土豪劣绅就会跑掉,打土豪就会成为一句空话。"大家一致认为:日前全县党员人数已发展到 100 多人,建立了 14 个党支部,党的活动据点达 18 处之多。各片武装暴动队伍已经建立,正在筹措武器,各路指挥也已确定,骨干正在秘密训练。反动派在县城的正规军只有一个连,加上县挨户团,充其量只有一个营的兵力。如果毛委员的部队前来策应,提前暴动完全有把握取得胜利。在统一认识的基础上,成立了酃县农民暴动指挥部,确定了暴动日期和任务,规定了暴动信号、纪律和进攻路线,并迅速向下传达。

3 月 9 日,刘寅生身先士卒,亲临战斗前线,和周里一道带领农民武装,在黄挪潭打响了酃县农民武装暴动的第一枪,杀了罪大恶极的大劣绅周炎卿父子,烧了县衙官员周德玉家的房子,揭开了"三月暴动"的序幕。消息传开,群情振奋,各地农民武装纷纷发起暴动,革命烈火迅速在全县各地燃烧起来。

在西乡,以潘祖浩为总指挥的暴动队 1600 余人,兵分五路,缴了两个区挨户团的械,镇压了霍凤梧、唐起兰等十来个大土豪劣绅,没收他们的浮财分给贫苦农民。

在东乡,张平化率领农民武装在石洲里举行暴动后,部分队员跟随袁文才带领的工农革命军二团一营到中村集结。

在南乡,除刘寅生直接领导的黄泥潭暴动队外,还有邝光前率领的下村暴动队、朱才亮领导的水口暴动队和周介甫率领的中村暴动队。这几支队伍在当地清算土豪劣绅后,在水口会合,攻下了南乡挨户团头目、大土豪劣绅李资的庄园,缴获了一批枪支弹药,没收其全部浮财和粮食,然后开往中村。

此次暴动,全县参加的人数达 3000 多,拥有 90 支步枪和大量的土炮、鸟铳、马刀、梭镖等武器,打得敌人焦头烂额,无处躲藏。3 月中旬,正值全县农民暴动高潮之际,毛泽东率领的工农革命军,分三路来到酃县。在农民暴动队的紧密配合下,工农革命军第一团,一举攻下酃县城,消灭了敌驻军一个营,革命的红旗第一次插上了酃县城楼。穷苦百姓奔走相告,欣喜若狂。15 日,数千人云集县城大操坪,热烈庆祝"三月暴动"的伟大胜利,宛希先奉命在洣泉书院大操坪群众大会上,宣讲党的工商政策,号召农民起来打土豪闹革命。

红旗漫卷酃县。"三月暴动",不但打击了土豪劣绅及反动民团的反动气焰,而且大长了人民的志气,显示了潜在于人民之中的革命力量,同时,也拉开了酃县"打土豪、分田地"历史序幕,农民获得了祖祖辈辈梦寐以求的土地。在暴动的基础上,各地暴动队伍随工农革命军集结在中村,组建了酃县赤卫大队,建立了区乡党组织和工农兵政府。酃县特别区委改为中共酃县县委。从此,酃县东南乡与井冈山连接一片,成为井冈山根据地不可分割的组成部分。酃县人民的革命斗争更加广泛深入。

第四节　主持中村插牌分田,首次 掀起土地革命热潮

1927 年 10 月,毛泽东率湘赣边界秋收起义队伍到达井冈山,创建了中国第一个农村革命根据地。出身农民、熟悉农民又曾负责农民运动的毛泽东深知,要想动员农民革命,就要满足他们对于土地的渴望,因此毛泽东在建立根据地的同时在井冈山开展了伟大的土地革命。1928 年,阳春三月,春意盎然,中村乡农民协会正在造田册,削竹牌,毛泽东顺手拿起一根竹牌风趣地说:"古人用竹简写书,我们用竹简分田。好呀!没想到这个历史悠久的古文化竟在我们无产阶级土地革命中派上了用场。"他又将竹牌使劲插在地上说:

"我们这次土地革命的试点就叫做'插牌分田'吧!"①

访贫问苦搞调查

1925年10月,中共湘区区委根据9月中共四届二次中央执委扩大会议提出的"耕地农有",解决农民土地问题的精神,召开了区委扩大会议,并结合湖南具体情况,作出了《关于农民运动决议案》。《决议》从农民最迫切的要求出发,提出了没收大地主、军阀、官僚的土地交给农民为主要内容的14条政纲。因为大革命的失败,决议尚未实施。党的"八七会议"之后,毛泽东返回长沙县清泰乡板仓和韶山开展农民土地问题调查,草拟了《土地纲领》。中共湖南省委接受毛泽东的意见,制定了秋收起义的纲领和计划,并强调秋收起义必须实行军事力量同农民力量结合,秋收起义的中心问题是解决农民的土地问题。同时,根据毛泽东等人的建议,制定了《土地纲领草案》,提出了"没收一切土地",以区为单位,由农会按"工作能力"与"消费量"两个标准平均分配土地的办法,分配一定数额的土地。由于秋收起义受挫,纲领未能实施。

1928年,毛泽东决定在井冈山建立革命根据地后,根据中央解决农民土地问题的政策,就着手认真考虑这个问题。这次酃县三月暴动的胜利和工农革命军来到中村,为开展土地革命创造了良好的时机,他决定以此为契机,先在这里试点,摸索经验,然后在根据地全面铺开。

接连数天,毛泽东把部队干部战士分成若干小组,深入到贫苦农民家里首先进行思想发动,访贫问苦,深入社会调查,了解当地的土地状况,然后发动群众,开展分田运动。

中村的土地,70%以上掌握在地主手中。② 如道任村有90%以上的土地被地主霸占,全村280余亩水田,劣绅钟伦元就占有250多亩,农民全靠租种

---

① 中共株洲市委办公室、市委党史工作办公室:《株洲红色印记》,中共党史出版社2012年版,第98页。

② 《毛泽东选集》第1卷,人民出版社1991年版,第69页。

中村插牌分田旧址

地主的田地度日。这里地处高山,居住分散,历年干旱,连年灾荒,粮食歉收,农民交租后,所剩无几,农民的苦难生活深深地触动了毛泽东。

这天上午,毛泽东带领几名战士挑着从土豪家没收来的一担粮食和几件衣物,来到联西村叶老汉家里,此时,一间破旧不堪的矮屋里,叶老汉刚把煮熟的野菜放在桌子上,突然看见门口来了几个红军战士,一时不知所措。"老人家,我们是共产党领导的工农革命军,是专门帮助穷人翻身的队伍。今天,毛委员特意上门来看望你老人家啦!"一个战士站在门口大声说。

叶老汉不敢相信自己的耳朵,自从去年秋天,毛泽东率领工农革命军经过鄳县水口以后,叶老汉就经常听到毛泽东领导穷人打土豪分田地的传闻。今天,毛泽东亲自上门到自己家里来了,激动得说不出话来,连忙搬来凳子招呼大家坐下。

毛泽东走到桌前看着那碗野菜,心情沉重地对叶老汉说:"老乡,你受苦了,听同志们反映,你家早就断粮了,今天,我们送来一点粮食和几件衣服,帮助你解决一点暂时困难,这些东西都是我们打土豪劣绅没收来的,你就收下吧!"①

叶老汉连忙说:"不要,不要!"他一口回绝。毛泽东一眼看出了叶老汉的心事,便亲切地对他说:"老人家,你莫怕,粮食是穷人种的,布是穷人织的,今天我们从土豪劣绅家里夺回来分给穷人,这叫物归原主。以后,我们还要搞土地革命,没收土豪劣绅的土地归还农民喏!"②一会儿,叶老汉才慢慢说出自己的心里话:"我是怕你们一走,土豪劣绅又领着国民党反动派挨户团打回来,杀我们的头!"

毛泽东听完叶老汉的话,没有急于回答。他叫一名战士找来一把筷子,先取出一根递给叶老汉说:"你老人家折折吧。"叶老汉有点不以为然地回答:"这不容易!""啪"的一声,轻轻地把这根筷子折断了。接着,毛泽东又将一把筷子递给叶老汉,"你再折折这个。"叶老汉拿到手里,摇了摇头,笑了。接着,他真的使劲折了折,连声说,"折不断,折不断!"③

"为什么折不断?"毛泽东抬头扫了一眼站满屋子里的其他人问道:"这个道理不用我说,大家都懂嘛! 古人早就说过,'一根筷子容易折,一把筷子难折断'。所以我们穷人只要团结起来,拧成一股绳,就不怕啦! 几个土豪劣绅、挨户团也就不能奈何我们了!"毛泽东又说:"小石头能够砸破大水缸,我们工农劳苦大众组织起来,就会像一块坚硬的大石头,不仅能砸烂土豪劣绅这些小水缸,还能砸烂国民党反动派这个大水缸呢!"④

在场的人听完毛泽东的话,脸上露出了笑容,心里豁然开朗,纷纷议论开

① 炎陵县档案史志局:《中国共产党炎陵历史》(第一卷),中共党史出版社 2007 年版,第87 页。

② 炎陵县档案史志局:《中国共产党炎陵历史》(第一卷),中共党史出版社 2007 年版,第87 页。

③ 中共株洲市委办公室、市委党史工作办公室:《株洲红色印记》,中共党史出版社 2012 年版,第99 页。

④ 中共株洲市委办公室、市委党史工作办公室:《株洲红色印记》,中共党史出版社 2012 年版,第99 页。

分田群众大会（油画）

来。叶老汉再也忍不住了，连声说："毛委员的话讲得好，过去我们有句老话，人心齐，泰山移。从今往后，我们大家都听毛委员的，团结起来，齐心协力，坚决把土豪劣绅打倒。"

听着大家议论，毛泽东会神地笑了，他起身和叶老汉等乡亲们告辞。回到住所后，一些干部战士反映，农民都不敢接收送去的物品。毛泽东告诉大家，"农民不敢收你们的东西，是他们受过土豪劣绅的几次反扑的痛苦，仍心存余悸，担心部队一走，土豪劣绅领着挨户团来报复，所以从土豪劣绅中没收来的粮食、财物都不敢要，更不敢去动土豪的田地。因此，我们要多宣传，多发动，让他们提高觉悟。白天不好送，就晚上去送。"①此后，工农革命军就按毛泽东

---

① 中共株洲市委办公室、市委党史工作办公室：《株洲红色印记》，中共党史出版社 2012 年版，第 100 页。

的主意,深入百姓家里,逐户开展访贫问苦,全面发动群众。

军民诉苦忙部署

3月23日,部队师委和酃县县委在中村墟头的晒谷坪里召开了军民诉苦大会,附近几个村的千余名农民群众踊跃参加。会议由县委书记刘寅生主持。在临时搭起的诉苦台上,毛泽东通俗易懂地讲述了穷人为什么穷,富人为什么富的道理,他说:"我们种田人,一年到头,累得要死,却没有吃、没有穿。土豪劣绅不劳动,却吃得好,穿得好,我们要吃饭、要穿衣,要翻身求解放,就要起来闹革命,打土豪,分田地。"①紧接着,苦大仇深的邓瑞莲、邓国秀等十几名穷苦农民相继上台诉说他们祖祖辈辈受剥削,受压迫的血泪史。在愤怒群众的强烈要求下,在"打倒土豪劣绅"的震天口号声中,工农革命军当即处决了两名罪大恶极的土豪劣绅,没收了他们的财产。

家住龙渣村的瑶族青年盘圆珠(又名盘华珠)出身穷苦,家里七兄弟都是给人当长工。他在军民诉苦大会上听了毛泽东、刘寅生的讲话,感到这些人都是好人,他们带领的队伍也是好人。回到家里和哥哥盘华坤商量,要去参加革命。兄弟两人到龙潭与何健础一起来到中村,经何健础介绍加入中国共产党。盘圆珠参加了酃县赤卫队,担任通信员。因为是长工出身,革命意志坚决,在井冈山被毛泽东看中,担任湘赣边界特委交通员,1928年10月中旬,在江西省宁冈茅坪召开的湘赣边界第二次党的代表大会上,盘圆珠当选为第二届特委委员。他的哥哥盘华坤也因为是长工出身,被推选为中村区工农兵政府主席。在工农革命军驻中村的短短10天里,中村区除盘氏兄弟外,还有巫茂盛、郭俊荣、张诗林、熊连顺、黄仁喜等一大群贫苦农民参加了革命队伍。他们有的加入县、区两级赤卫队,有的参加工农革命军,还有些人则参加区政府和区农会的工作。

24日,毛泽东和中共酃县县委书记刘寅生等在周南学校一间教室里主持

---

① 中共株洲市委办公室、市委党史工作办公室:《株洲红色印记》,中共党史出版社2012年版,第100页。

军民诉苦大会旧址——中村墟头

召开中村区乡农会骨干会议,专题研究土地分配问题。参加会议的还有共青团酃县县委书记万达才、酃县农民协会负责人周介甫、酃县赤卫大队党代表戴奇、中村乡工农兵政府主席盘华坤等人。会上按照湖南省委制定的《土地纲领草案》,确定没收土豪劣绅的土地,平均分配给农民,以原耕地面积为基础,好坏、远近搭配。同时实行给出路的政策,分配一定数额的土地给土豪劣绅的家属。当听到有的主张只分给他们差田时,毛泽东说:"这些寄生虫过去不劳而获,以后要他们从事劳动改造,重新做人,也要分一点好田给他们,体现我们穷苦人的宽宏大量。"①大家觉得毛泽东讲得有道理,便决定将土豪家门前的

① 中共株洲市委办公室、市委党史工作办公室:《株洲红色印记》,中共党史出版社 2012 年版,第 100 页。

219

"猪屎丘"为界,划分一块给他们,其余的全部分给穷人。

会上,毛泽东举荐地主出身的县农协会负责人周介甫主持这项工作。周介甫是中村村周家湾人,1903 年 10 月出生于一个书香门第,在长沙岳云中学求学期间接受了革命进步思想。回到家乡后,在何健础的影响下,积极开展农民运动,1926 年 9 月当选酃县农民协会委员长。1927 年革命陷入低潮,他毅然加入了中国共产党。为表示革命决心,他当众烧毁了自家的祖屋、地契。毛泽东说:"介甫同志任过农民协会委员长,他彻底脱离剥削阶级家庭,坚定地走工农革命之路,他斗争有胆有识,深受农民拥护,在群众中有较高的威信。他又有文化,能写会算,能完成这个任务。"与会者同声说:"毛委员真有眼力,和我们想的一样。"毛泽东笑着回答:"这是我来中村后,经过一番调查才清楚的。"①

会议推举毛泽东担任分田"总监",并决定抽调部队干部和地方干部组成工作组,分别下到道任、联西、中坪、心田村等地具体指导开展分田运动。

插牌分田群众欢

第二天,农协会为分田的准备工作忙开了,有的造田册,有的削竹牌,有的在竹牌上写户主姓名。毛泽东视察督促检查,每到一处谈笑风生,对正在农民协会书写竹牌的何伯刚说:"群众一旦觉悟起来,什么问题都能得到妥善解决。"他挥动手中的竹牌说:"这可是自战国至魏晋时代发明的竹简文化嗒!"毛泽东读了竹牌上的文字后又对在场的群众说:"竹简上写明了如今的户主、田亩数量、坐落、四界,简单明了,一字不错,好! 真是古人所云,'竹书无落简之谬'啊!""过去,我们穷人卖儿卖女是插草为标,如今我们穷人分田以插牌为记。"据赖春风回忆:"毛委员像普通战士一样置身在群众斗争的行列里。他亲自为翻身农民丈量土地,为得到土地的群众书写和插下分田的牌子。"

---

① 中共株洲市委办公室、市委党史工作办公室:《株洲红色印记》,中共党史出版社 2012 年版,第 100 页。

"祖祖辈辈受苦受难的人,心里多么感激!"①

道任村分田运动,在周介甫和部队干部谭希林的领导下,搞得最早最快最扎实,他们提炼出了一套操作性强的四步分田程序:第一,召开群众动员大会,由农会和乡政府干部将全村人口、田土分别登记造册;第二,确定分配原则,以原耕土地为基础,多退少补,优劣搭配,对无土地、农具,又无资金的雇农,则适当给予照顾,多分好田;第三,由农会统一书写竹牌;第四,由农会召开群众大会,并将写好的竹牌子,由农会当众插到各户所分的田里。这种分田方法,群众称为"插牌分田"。道任村共有 217 人,按人平均分配,每人分得 1.2 亩田土。道任村的土地分配方法,得到了毛泽东和县委的肯定和赞赏,随后,联西、中坪、心田等村按照这种方法,也开展了轰轰烈烈的分田运动。

分田那天,农民协会的同志领着万分激动的贫苦农民到田头,农民久久地摸着写有自己名字的竹牌子,不禁流下了激动的泪水。他们说:"毛委员来了,红军来了,土地也回到自己家里了。"昔日土豪劣绅占有的土地,转眼间,成为穷苦农民手中的胜利果实。

毛泽东对跟随的龙开富说:"以后别的地方搞分田运动,也可以采取这里的插牌分田经验。"②酃县中村的插牌分田,是试点性的,当时尚未全面铺开。赖春风在回忆录中说:"分配土地的政策是平均分配,当时群众叫做'平田'。""由于我们当时没有稳固的政权和坚强的地方武装,只有当部队一来,我们的政权就有一阵子,军队一走,反动军队又来了,就实行白色恐怖,政权又没有了,所以分田地也就白分了。"但是,中村插牌分田是井冈山革命根据地最早的分田运动,这次土地分配,虽然在制定和执行的政策上还有不完善的地方,如将所有土地"收之公有",明显侵犯了中农的权益等,但它是在没有任何经

---

①　中共株洲市委办公室、中共株洲市委党史工作办公室:《株洲红色印记》,中共党史出版社 2012 年版,第 101 页。

②　中共株洲市委办公室、中共株洲市委党史工作办公室:《株洲红色印记》,中共党史出版社 2012 年版,第 101 页。

验可借鉴的情况下所进行的尝试,为以后井冈山根据地的土地分配和《井冈山土地法》《兴国土地法》的制定,为中国共产党土地政策的完善,进行了有益的探索并积累了经验。

中村武装割据的实践活动虽然只有短短 10 天,但具有里程碑意义。毛泽东在这里建立了中村区工农兵政府,组建了中村区赤卫队,开展了井冈山革命根据地的第一次土地分配。此前在茶陵、遂川、宁冈虽有建立工农政权和人民武装之举,但没有实行土地分配。中村的土地革命割据实践麻雀虽小,五脏俱全,它第一次全面诠释了毛泽东关于建立农村根据地的思想,从此,中国共产党人开始走上土地革命、武装斗争、建立政权三者紧密结合的工农武装割据道路。

第五节　从分田分地到共同富裕

实现共同富裕,努力让人民过上美好生活,是中国共产党的价值追求和初心使命。中国共产党一经成立,从"打土豪,分田地"到实现"耕者有其田",从三大改造到社会主义制度的确立,从实行改革开放到全面建成小康社会,始终坚持"以人民为中心"的政治立场,始终坚守为人民谋幸福的初心使命,着眼于实现全体人民共同富裕。

1921 年,中国共产党诞生于内忧外患的民族危难之时,在内外双重压迫下主动承担起中华民族伟大复兴的历史使命,追求没有剥削的共同富裕理想社会,是中国共产党成立伊始就确定的奋斗目标之一。土地是农民最重要的生产资料,让农民拥有土地是走向共同富裕的前提。为此,中国共产党坚持以救亡图存为主的政治斗争和以土地革命为主的经济斗争相统一,领导人民开展土地斗争。

大革命时期,毛泽东在株洲开展了一系列土地革命实践,先后考察了醴陵、渌口等地的农民运动,指导了茶陵、攸县、醴陵三县农民运动。

1927年3月,毛泽东的经典著作《湖南农民运动考察报告》问世后,引起广泛关注。这是无产阶级及其政党领导农民革命斗争的纲领性文献,在历史的紧要关头,为革命进一步指明了方向,推动了农村大革命运动的继续发展。1928年3月,毛泽东鄌县中村进行了井冈山根据地最早的土地分配试点。之后,湘赣边区政府采取"全部没收,平均分配"的方法,按田的好坏平均分配给农民,农民终于获得了梦寐以求的土地,种田的积极性极大高涨。丰收后的农民振臂高呼"共产党万岁",对为农民谋幸福之红色政权的感激之情溢于言表。

1928年12月,毛泽东在总结井冈山革命根据地建设经验的基础上,主持制定了工农政权的第一部土地法《井冈山土地法》,规定:没收一切土地归苏维埃政府所有,以分配给农民个别耕种为主。虽然《井冈山土地法》中"没收一切土地"引起了中农的不满,不利于中国革命力量的发展,但为以后的土地改革提供了宝贵的经验。

1929年4月,红四军根据党的六大精神,在《井冈山土地法》的基础上修改制定和颁布了《兴国土地法》,提出:没收一切公共土地及地主阶级的土地归兴国工农兵代表会议政府所有,分给无田地及少田地的农民耕种使用。1930年5月,毛泽东在《寻乌调查》中进一步提出"抽肥补瘦"的限制富农的正确政策。

1931年1月,中共六届四中全会召开,以王明为代表的"左"倾教条主义开始在党内占了全面统治地位,开始实行极左的土地政策,采取"地主不分田,富农分坏田",企图从肉体上消灭地主,从经济上消灭富农。这一政策的实施,过分地打击了富农,而且严重侵犯了中农的利益,破坏了农业生产,增加了敌人的力量。从中立富农政策到极左政策,是土地革命时期的一个严重挫折。

1933年6月,中华苏维埃临时中央政府颁布《关于实行土地登记》的公告,规定土地登记以后,政府将颁发土地证给农民,并规定"他人不得侵占,政府不得无故没收"。从法律上确保了农民的土地所有权,不仅解决了农民的后顾之忧,使农民可以自由地支配土地,而且使农民更加拥护党。

抗日战争时期,为适应抗战的需要和建立并巩固抗日民族统一战线,中共中央召开洛川会议,制定《抗日救国十大纲领》,决定停止没收地主阶级的土地,以减租减息,作为抗日战争时期解决农民土地问题的基本政策。党的土地政策的转变与减租减息政策的制定和实行,照顾了各阶层的利益,得到了各界人士的拥护和赞扬,因而团结了各阶层共同抗日,加强了抗日民族统一战线。

解放战争时期,面对国民党对解放区的大举进攻,全面内战爆发,中共中央根据当时的政治形势又发出《关于清算减租及土地问题的指示》,将党在抗日战争时期实行的减租减息政策,改变为消灭封建剥削,实现"耕者有其田"的政策。1947 年,为进一步调动广大劳动人民的生产积极性,获得更多的人力、物力支持,中共中央在河北平山县西柏坡召开全国土地会议,制定《中国土地法大纲》,明确规定:废除封建半封建的土地制度,实行耕者有其田;征收富农多余的土地、财产;在分配土地上采取抽多补少,抽肥补瘦的原则。随着解放区土地改革的完成,翻身农民踊跃参军,积极支援前线,使革命战争获得了取之不尽、用之不竭的人力物力,为人民解放战争转入战略进攻提供了保证,并最终把中国革命引向胜利。

中华人民共和国成立后,毛泽东签署命令正式颁布《中华人民共和国土地改革法》,作为在全国解放区实行土地改革的法律依据。《土地改革法》颁布后,政务院相继制定和公布实施与之相配套的法规、政策,土地改革成为消灭封建剥削制度的深刻社会变革。我们党团结带领人民进行"三大改造",建立了社会主义制度,彻底消灭了人剥削人的历史,这为实现共同富裕奠定了坚实制度基础,同时党团结带领人民进行社会主义建设,促进国家综合国力不断增强,幸福指数不断提升,人民生活水平不断改善,实现共同富裕得到大发展。

改革开放之后,我们党在深刻总结以往现代化建设的历史经验和教训的基础上,提出了关于共同富裕的一系列新思想和新认识。邓小平明确提出共同富裕是社会主义的本质,提出"先富带后富"的方针,即一部分地区有条件先发展起来,一部分地区发展慢点,先发展起来的地区带动后发展起来的地区,最终达到共同富裕。他还提出"两个大局"思想,即东部沿海地区加快对外开放,使之较快地先发展起来,中西部地区要顾全这个大局。另一个大局,就是当发展到一定时期,比如20世纪末全国达到小康水平时,就要拿出更多力量帮助中西部地区加快发展,东部沿海地区也要服从这个大局。"两个大局"思想是对"先富带后富"方针的发展和深化。正是在这些思想的指引下,改革开放以后,我国实施了包括"八七扶贫攻坚计划"在内的一系列反贫困措施。同时,针对经济高速发展过程中出现的城乡区域和不同群体发展差距进一步扩大的新情况,开始西部大开发、中部崛起、东北振兴、新农村建设等一系列区域和乡村发展战略,大力推进以保障和改善民生为重点的社会建设,强调在收入分配中更加注重社会公平,致力于推动基本公共服务均等化、共同富裕取得了积极的成效。

党的十八大以来,中国特色社会主义进入新时代,社会主要矛盾发生了转化,人民对美好生活的需求更加强烈,人民群众对共同富裕有着新的更高的期待和要求。以习近平同志为核心的党中央审时度势,提出了一系列新理念新观点新论断,丰富和发展了共同富裕的思想。习近平总书记深刻地指出,共同富裕是社会主义的本质要求,是人民群众的共同期盼。他提出"共享"的新发展理念,强调发展必须为了人民、依靠人民、成果由人民共享,采取了一系列重大战略举措,以全面建成小康社会为目标,稳定和扩大就业,提高城乡居民收入,发展教育事业,促进教育公平,建立健全覆盖全民的社会保障体系,实施健康中国战略,提高医疗卫生保障水平,加快基本公共服务体系建设,着力解决城乡、区域等方面的发展差距,把脱贫攻坚作为重中之重,实施脱贫攻坚战略,扎实推进乡村振兴战略。经过艰苦努力,人民生活水平显著提高,高等教育进入普及化阶段,就业形势总体趋稳、失业率保持在较低水平,建成世界上规模最大的社会保障体系,基本医疗保险覆盖超过13亿人,基本养老保险覆盖近

10亿人,减少农村贫困人口9899万人,使现行标准下农村贫困人口全部脱贫,为促进全体人民共同富裕作出了重大贡献。新冠疫情防控取得重大战略成果,彰显了我国民生保障和社会建设的重大成就,表明推进全体人民共同富裕具有良好的经济社会基础。

党的二十大报告指出,中国式现代化是全体人民共同富裕的现代化。共同富裕是中国特色社会主义的本质要求,也是一个长期的历史过程。我们坚持把实现人民对美好生活的向往作为现代化建设的出发点和落脚点,着力维护和促进社会公平正义,着力促进全体人民共同富裕。

从饱受列强蹂躏的旧中国到人民当家作主的新社会,从一穷二白的新中国,到宽裕殷实的新时代,中国共产党人用矢志不渝的决心、志在必得的信心和富国利民的雄心,以人民为中心的责任和担当,带领人民群众在共同富裕的康庄大道不断前行。

第五章　对中国革命道路的探索

路漫漫其修远兮,吾将上下而求索。从中国共产党诞生时起,以毛泽东同志为主要代表的中国共产党人就在苦苦探索救国救民的中国革命道路。文家市转兵辗转到鄙县,水口朱家祠决策分兵,红旗插上井冈山,星星之火渐成燎原之势;决策株洲转兵,创建中央苏区,推动红军和根据地各项事业欣欣向荣。从秋收起义到井冈山斗争与中央苏区,毛泽东通过艰辛摸索,成功开创出一条完全独立的中国特色的农村包围城市、武装夺取政权的革命道路。新中国成立后,中国共产党在探索适合中国国情的、中国特色社会主义建设道路上取得了重要成果。党的十八大以来,以习近平同志为核心的党中央以全新的视角审视了当代中国发展的历史走向,引领中华民族迈步在中国特色社会主义新时代,走出了一条胸怀全人类共同发展的复兴之路。

第一节　部署株洲秋收暴动,开启
武装夺取政权新道路

"军叫工农革命,旗号镰刀斧头。……秋收时节暮云沉,霹雳一声暴动。"1927年9月,毛泽东领导了著名的湘赣边界秋收起义,从此走上了领导中国革命武装斗争的军事生涯。殊不知,毛泽东在从长沙赴安源开会途中的一段往事以及在株洲镇、醴陵举行的秋收暴动,奠定了株洲在湘赣边界秋收起义的重要贡献与地位,凸显了毛泽东开启武装夺取政权新道路的探索。

肩负重任　秘密来株

由于以蒋介石为代表的国民党右派以及汪精卫反动集团的先后叛变革命，第一次国内革命战争全面失败，中国革命处在十分紧急的关头。为应对危急形势，《中央关于湘鄂粤赣四省农民秋收暴动大纲》要求，"以农会为中心""夺取一切政权于农民协会""除夺取乡村政权之外，于可能的范围应夺取县政权，联合城市工人贫民(小商人)组织革命委员会，使成为当地的革命中心""实行中央土地革命政纲"。中央指示湖南省委，秋收起义要发动土地革命，推动中国革命发展。随后，在中国革命处于严重危机的情况下，中国共产党在武汉召开紧急会议(八七会议)，这次会议的主要目的是总结大革命失败的经验教训，确定今后革命斗争的方针。毛泽东、邓中夏、蔡和森、罗亦农、任弼时等先后发言，尖锐地批判了陈独秀的右倾投降主义，批评中央在处理国民党问题、农民土地问题、武装斗争问题等方面的右倾错误。毛泽东在发言中，针对陈独秀领导时期的党中央放弃统一战线的领导权，从国共合作时不坚持政治上独立性、党中央不倾听下级和群众意见、抑制农民革命、放弃军事领导权等四个方面批评陈独秀的右倾错误，全面总结了大革命失败的教训。关于军事工作，毛泽东提出了"枪杆子里面出政权"的光辉思想。他在会议上说："从前我们骂中山专做军事运动，我们则恰恰相反，不做军事运动专做民众运动。蒋、唐都是拿枪杆子起的，我们独不管。现在虽已注意，但仍无坚决的概念。比如秋收暴动非军事不可，此次会议应重视此问题，新政治局的常委要更加坚强起来注意此问题。湖南这次失败，可说完全由于书生主观的错误，以后要非常注意军事。须知政权是由枪杆子中取得的。"[①]毛泽东的话，实事求是，切中时弊，特别是"以后要非常注意军事""须知政权是由枪杆子中取得的"著名论断，闪烁着马克思列宁主义的思想光辉。

根据八七会议通过的《最近农民斗争的决议案》，中共中央决定将秋收起

---

① 《毛泽东军事文集》第1卷，人民出版社2008年版，第4页。

义的重心放在湖南。八七会议后成立的新的临时中央政治局决定,毛泽东去
湖南在湘赣边区领导秋收起义。随即毛泽东以中央特派员的身份回湖南,发
动和领导湘赣边界秋收起义。8月12日,毛泽东回到长沙,对湖南省委进行
改组。8月16日,彭公达在长沙市北门沈家大屋主持召开会议,传达中央八
七会议精神,毛泽东在会议上指出:湖南秋收暴动单靠农民的力量是不行的,
必须有一个军事的帮助。我们党从前的错误是忽略了军事,现在应以百分之
六十的精力注意军事运动;应"实行在枪杆子上夺取政权,建设政权"。① 会议
认为,秋收起义不应再用国民党的名义,而必须用共产党的名义来号召,并应
竭力宣传和建设工农政权。讨论并正式改组了中共湖南省委。新一届省委由
毛泽东、彭公达、易礼容、夏明翰、贺尔康、何资深、向钧、谢觉哉、毛福轩等9人
组成,彭公达任书记。从此,在毛泽东、彭公达等领导下,湖南革命斗争进入了
一个崭新的阶段。8月18日,毛泽东召开改组后中共湖南省委第一次会议,
讨论秋收起义和土地革命等问题。

8月30日,中共湖南省委决定先集中力量在条件较好的平江、浏阳、醴
陵、安源等地发动秋收暴动,并决定毛泽东去湘赣边界统率工农武装,组织前
敌委员会,领导秋收暴动。

8月31日,毛泽东,由宁迪卿、向钧等陪同赴安源,趁在株洲转车的机会,
特来株洲部署秋收起义。

那天,安源路矿株洲转运局墙上的自鸣钟刚响过6点,局长朱少连②正在
收拾文卷,准备下班,忽然一位身材魁梧、面目清秀、一身商贾打扮的中年人在
一位随同陪伴下来到了转运局。

"朱少连同志在吗?"来人问道。

<hr>

① 中共株洲市委工作办公室:《中国共产党株洲历史》第一卷(1919—1949),中共党史出
版社2007年版,第124—125页。

② 朱少连(1887—1929),湖南省衡阳县人,1922年2月加入中国共产党。曾任安源路矿
工人俱乐部副主任兼工人消费合作社副主任、湖南全省工团联合会部主任、全国总工会执委、株
萍铁路总工会主任、工农革命军第一军第一师第四团团长。1929年1月8日惨遭敌人杀害。

毛泽东部署领导秋收起义(油画)

正在收拾文卷的时任株洲镇宣传委员、公开身份是转运局局长的朱少连抬头一看,"啊!毛委员,老宁(宁迪卿,湖南株洲人,时任湖南省委常委,后叛变),是你们几位,请坐,请坐。"

宁迪卿介绍说,毛委员现在中共中央特派员和湖南省委秋收起义前敌委员会书记,这次是途经株洲到安源召开湘赣边界秋收起义的军事会议,借此看下株洲秋收起义的准备情况。毛泽东机警地环顾了一下室内外,朱少连会意地说:"都下班了,没有别的人。"相互寒暄之后,毛泽东问,去安源的火车什么时候发车?①

朱少连抬头望了望自鸣钟说:"晚上10点多发车,还有三个多小时。"

毛泽东说,那好,有时间。有件紧急事情同你商量,部委负责人是谁,也一起叫来,找个僻静的地方一块商谈。②

朱少连回答道,最近湘潭成立了县委,派了县委委员陈永清在这里当区委书记。我的宿舍安静,可到我那里商谈。毛泽东表示同意,遂一同来到了朱少

---

① 中共株洲市委办公室、市委党史工作办公室:《株洲红色印记》,中共党史出版社2012年版,第54—55页。

② 中共株洲市委办公室、市委党史工作办公室:《株洲红色印记》,中共党史出版社2012年版,第54—55页。

连的宿舍,安顿之后,朱少连说,你们稍待一会儿,我去搞点吃的,并把陈永清找来。然后径自外出了。

原来,当天上午毛泽东在长沙沈家大屋收到安源市委送来的一份报告,汇报了国民革命军第二集团军第二方面军总指挥部警卫团驻扎修水、平浏农军驻扎铜鼓以及安福、莲花、醴陵农军聚集安源的情况。正为组织秋收暴动找不到兵力的毛泽东,得到这个报告之后,喜出望外,立即同省委书记彭公达商量,召开常委会议,根据前几天省委会议的决议,决定以这支部队为主力,发动以长沙为中心的湘中暴动。并决定毛泽东去安源召开军事会议,进行具体部署。毛泽东于当天下午由宁迪卿、向钧等人陪同赴安源召开部署湘赣边界秋收起义的军事会议,趁在株洲转车的机会,特来向株洲区委部署秋收暴动。

掌握情况 详细部署

没有多久,朱少连领着陈永清来了,并提来一篮饭菜,与毛泽东一起共进晚餐。

陈永清也是韶山人,与毛泽东早就相识。吃罢晚饭,毛泽东边喝茶边问陈永清:"马日事变"后,这里党组织恢复情况如何? 农民协会恢复得怎样? 铁路上的工作做得如何? 株洲对武装起义做了些什么准备工作?①

"'马日事变'后,东一区农村党组织遭到破坏,为了保存力量,原来的负责人汪起凤等一部分骨干转移到南县、华容一带去了,还没有回来。没有暴露身份的部分党员还隐蔽在乡下,最近在八叠、白关、河西等地恢复了几个支部。城区党组织还保存完好,有火车站、餐宿处、炭厂、转运局等7个支部,30多名党员。铁路上的工作刚恢复,车站餐宿处党支部也刚恢复;青年团的工作才开始做;没有武装,只有纠察队,人也是最近才慢慢回来的。我来这里不到1个月,区委成立不久,这里的情况少连同志比较熟悉。"陈永清回答。

---

① 中共株洲市委办公室、市委党史工作办公室:《株洲红色印记》,中共党史出版社2012年版,第54—55页。

"城区工人纠察队、株洲团防局的情况怎么样？铁路的要害在哪里？"①毛泽东问朱少连。

"这里工人纠察队原有 100 多人，攻打易家湾撤退后，工人都回各自岗位，只要发动，随时可组织起来。'马日事变'以后，株洲团防局增派了力量，现在有 60 多人枪，局长冯福林很反动。铁路要害部位嘛，主要是白石港铁桥，这桥一坏，粤汉路的火车就通不了。"朱少连回答。

毛泽东听了陈永清、朱少连的汇报后，传达了中央八七紧急会议和湖南省委会议精神，分析了全国和湖南形势。他说："中央八七会议总结了大革命失败的教训，清算了陈独秀的右倾错误，制定了土地革命和武装斗争的总方针。临时中央政治局决定派我回湖南，同湖南省委一道发动全省秋收暴动。省委会议认为，根据目前湖南的情况，要发动全省暴动，不论是党的力量还是军事力量都有困难。因此，决定发动以长沙为中心，包括湘潭（株洲）、宁乡、岳州、平江、浏阳、安源、醴陵湘中诸县暴动，一齐会攻长沙，夺取省城，建立革命委员，开展土地革命。"②

毛泽东点燃一支烟，深深地吸了一口继续说："你们株洲，党组织建立较早，工人、农民运动的开展，在全省产生过很大的影响，有斗争经验，有群众基础；这里又是交通要道，战略地位重要；安源、醴陵发起暴动后会攻长沙，必经株洲。因此，你们一定要尽快恢复发展党组织，组织好工人、农民暴动队伍，设法弄到武器，准备暴动。"③

毛泽东喝了一口茶接着说："你们的任务是：第一，攻打团防局，夺取枪支弹药。第二，占领火车站，组织宣传队，开展声势浩大的宣传，扩大政治影响。第三，炸毁白石港铁桥，破坏株洲至易家湾、株洲至白关铺的铁路，防止敌军利

---

① 中共株洲市委办公室、市委党史工作办公室：《株洲红色印记》，中共党史出版社 2012 年版，第 55 页。

② 中共株洲市委办公室、市委党史工作办公室：《株洲红色印记》，中共党史出版社 2012 年版，第 55 页。

③ 中共株洲市委办公室、市委党史工作办公室：《株洲红色印记》，中共党史出版社 2012 年版，第 55 页。

用铁路调兵增援。第四,配合安源、醴陵暴动队伍会攻长沙。从现在起,积极准备,抓紧工作。至于具体暴动时间,听候省委的命令。"[1]

毛泽东说完后,把目光转向陈永清和朱少连,问道:"你们对这次暴动计划有什么意见、困难和要求?"[2]

"这个计划很好,我完全赞成。株洲工人暴动队,在原来工人纠察队的基础上可以马上组织起来,团防局的情况,我想办法进一步摸清楚。一定照毛委员的意见办。"朱少连高兴地说。

安源张家湾军事会议旧址

"其他意见、困难都没有,只是这里农运骨干大多转移外地去了,一时难以找回,搞暴动缺乏军事人才,毛委员能不能设法调个懂军事的人才来?"陈永清说。

---

[1]　中共株洲市委办公室、市委党史工作办公室:《株洲红色印记》,中共党史出版社2012年版,第55—56页。

[2]　中共株洲市委办公室、市委党史工作办公室:《株洲红色印记》,中共党史出版社2012年版,第55—56页。

毛泽东问一旁的宁迪卿："安源这方面人才多,谁最适合?"①

"路矿机械修理工涂正楚②,参加过大罢工,是党支部书记,又任过团委宣传部长,有组织指挥能力,他可以胜任。"宁迪卿答道。

听到宁迪卿的推荐,毛泽东果断地说:"要得。我们今晚去安源,同安源市委商量后,一两天就把涂正楚给你们调来。为便于工作,他来了参加区委做军事委员。"稍停片刻,又说,"你们没有别的意见,就抓紧时间做组织准备,先个别向骨干传达,然后分头行动。事关重大,方法要得当,绝对保守机密。"③

这次商谈达两个多小时。毛泽东起身准备去乘车。朱少连从衣箱里拿出两套铁路工人衣服和草帽给毛泽东,"你们换上这套服装,我先去车站安排一下,稍后由永清同志带你们来餐宿处。"④

毛泽东换过服装,戴上草帽,稍事休息,在陈永清的引导下,穿过黑暗街道来到餐宿处,由朱少连送上火车前往安源张家湾主持召开湘赣边界秋收暴动军事会议。送走毛泽东之后,陈永清和朱少连又商量办法,并连夜找区委委员蒋长卿、株萍路农运特派员袁德生等传达毛泽东的指示,并商定以恢复秘密农会和工人纠察队的名义,先把力量组织起来,并分头找支部骨干布置任务。

集结力量　醴陵和株洲镇成为重要战场

9月初,毛泽东在安源张家湾主持召开军事会议,讨论了湘赣边界秋收起

---

① 中共株洲市委办公室、市委党史工作办公室:《株洲红色印记》,中共党史出版社 2012 年版,第 55—56 页。

② 涂正楚(1900—1928),湖南省长沙县人,1923 年春在安源加入中国共产党,曾任安源煤矿机械修理厂党支部书记、萍乡煤矿总工会执委、萍乡县农民运动特派员、中共湖南省委委员、长沙市委书记等职。1928 年牺牲。

③ 中共株洲市委办、市委党史工作办公室:《毛泽东部署株洲秋收暴动》,《株洲红色印记》,中共党史出版社 2012 年版,第 54 页。又见,陈永清:《毛委员在株洲部署秋收起义情况》,《株洲党史资料》第 2 辑,1989 年版,第 134 页。

④ 中共株洲市委办、市委党史工作办公室:《毛泽东部署株洲秋收暴动》,《株洲红色印记》,中共党史出版社 2012 年版,第 54 页。

义的具体部署,并将参加起义的革命武装编为工农革命军第一军第一师,以卢德铭为总指挥,余洒度任师长,余贲民任副师长,下辖三个团:第一团以原国民政府警卫团为主,吸收湖北崇阳、通城农民自卫军和平江农民武装一部组成;第二团由安源的工人纠察队和矿警队(其中不少株洲籍工人)及萍乡、醴陵、安福、莲花的农民自卫军组成;第三团以浏阳的农民武装为主,吸收平江农民武装一部组成。三个团的兵力共五千人左右。进攻前还收编了当地土匪武装邱国轩一个团。醴陵县委书记邓乾元①、副书记罗启厚②、县委委员周不论③参加这次会议。会后,他们星夜赶回,迅速行动配合。邓乾元、罗启厚、周不论还在赶回醴陵途中便决定,在本县西乡雷钵山召开县委扩大会议,各区委负责人、区、乡特派员全部要参加。但由于交通员杨升发不慎丢失会议通知,打乱了计划。为防意外,邓乾元与罗启厚等研究,不去雷钵山开会,改为个别传达。于是部署任务:一、迅速扩大党组织,凡有条件建立区委的,立即恢复区委。二、尽快建立革命武装,搜集与夺取武器。三、已经建立"自卫队""赤卫队"的要迅速发展扩大,尚未建立自卫队的区、乡,立即组织"暴动队"。四、侦察好敌情。五、挑选 100 名左右不怕牺牲的"敢死队员",作攻城内应。六、各地要选择一批暴动时予以镇压的土豪劣绅对象。大家听了传达,兴奋异常,一个个摩拳擦掌,他们早就憋着股劲要为牺牲的战友报仇雪恨。如今又有毛泽东亲自领导,更是群情激昂。

1927 年 9 月 8 日,中共湖南省委正式向全省发出关于夺取长沙的命令,县委书记邓乾元接到命令,立即召开紧急会议,部署行动方案:一是立即通知

---

① 邓乾元(1904—1934),湖南省溆浦县人,红八军政委,革命烈士。1925 年加入中国共产党,1927 年 8 月出任中共醴陵县委书记,后曾任工农革命军第一师第二团党代表、中共红四军前敌委员会秘书长、湘赣边区特委书记、红八军政委等职,是井冈山根据地创建者之一,1933 年被错杀,1945 年平反。

② 罗启厚(1892—1931),湖南省醴陵市人,1925 年秋入党,曾任醴陵县委委员、湘东特委员、湘赣省委委员等职。1931 年 10 月被捕牺牲。

③ 周不论(1903—1930),湖南省醴陵市人,1922 年加入中国共产党。曾任中共湖南省委湘东特派员、中共醴陵县委委员兼南四区区委书记、醴陵南四区苏维埃政府主席等职。1930 年不幸被捕,壮烈牺牲。

各区委按照省委命令,务必在 9 月 10 日(中秋节)夜集中暴动队伍,听候命令。于 9 月 11 日凌晨齐起暴动,开展"一夜光"行动,捕杀当地主要清乡头目与罪大恶极的土豪劣绅。二是由易足三、孙筱山负责组织城区"敢死队"与城郊暴动队作内应,迎接工农革命军第二团由安源、萍乡前来攻城的部队。三是由潘疆爪负责指挥密捕县清乡司令彭承美押解至泗汾。会后,各就各位,各执其事,立即行动。"擒贼先擒王",首先第一目标便是组织抓捕屠杀 1000 多名革命群众的"清乡司令"彭承美。彭承美在经过渌江桥头时,被埋伏在这里的"敢死队"抓获。当场用绳索将其勒死。处死彭承美的行动拉开了醴陵秋收起义的序幕。一时间,革命群众奔走相告,起义消息迅速传遍。第二天,东、南、西、北四乡农民全面暴动。"一夫振臂,万夫皆从",一夜间,"暴动!""打倒土豪劣绅!""打倒反动派!"等口号响彻醴陵城乡。豪绅贺勋臣、易翠轩等一批敌对分子被清剿,镇压土豪、劣绅的秋收起义震动了全县。醴陵的革命行动快速、坚决并且彻底,成为中共湖南省委和毛泽东领导的秋收起义的前哨战。9 月 12 日,参加安源秋收起义的工农革命军第二团 2000 多人在团长王新亚①等率领下,奉命乘火车下午 3 点抵达阳三石火车站,与这里的醴陵农民暴动队伍会合,分为左、中、右三路攻打县城。短短几小时毙敌数十人、俘敌 100 余人、缴枪 80 多支,醴陵成为湘赣边秋收起义中工农革命军占领的第一个县城。9 月 13 日上午,城区文庙前坪召开军民联欢大会,宣布成立"中国革命委员会湖南醴陵分会",醴陵籍安源工人出身的第二团副党代表张明生任主任(县长),秋收起义第二团官兵、全县工人、农民、商人、学生和各界代表 10000 多人在文庙坪参加,庆祝全县工农民主政权"中国革命委员会湖南醴陵分会"诞生,这是湘赣两省秋收起义部队建立的第一个红色政权。随后,醴陵分会发布了以主席张

① 王新亚,江西省安福县人。北伐战争时期加入中国共产党。曾在安福从事农民运动,任安福农民自卫军总指挥。1927 年 9 月率安福、安源等地工农武装参加湘赣边界秋收起义,任工农革命军第 1 军第 1 师第 2 团团长、中共湖南省委前敌委员会委员。由于丧失警惕,使第 2 团在浏阳县城遭敌袭击,部队大部溃散,本人弃职出走脱离革命队伍。

明生署名的醴陵革命委员会布告：

> 我军奉令：
>
> 讨伐军阀余孽，镇压土豪劣绅，
>
> 推翻反动政府，保护革命人民，
>
> 掌握革命政权，实行工农专政。
>
> 工农商学士兵，大家团结一心，
>
> 维护革命秩序，消灭共同敌人。
>
> 我军所到之处，执行纪律严明，
>
> 爱护一草一木，不许扰人害民。
>
> 保护城乡贸易，买卖合理公平，
>
> 凡有商民人等，各业照常经营。
>
> 遵守政府法令，务必切实执行，
>
> 如有坏人破坏，惩办决不宽容。
>
> ——醴陵县革命委员会主席　张明生

　　农民协会、工会、商会等群众革命团体顺利恢复，醴陵街头恢复了过去的繁华和生机。中国共产党人组织的这次秋收起义不但高举武装斗争旗帜，而且首创工农革命军，第一次实现了革命重心从城市转向农村的实际探索。在党的革命斗争中，英勇无畏的醴陵革命干群再次写下了光辉一页。

　　按照毛泽东与朱少连、陈永清等人的商定，9月3日，涂正楚奉毛泽东的派遣携带一批"洋菖古"（炸弹）来到株洲，首先向朱少连等传达了毛泽东的指示：一是要尽快组织队伍；二是暴动时间要和安源、醴陵同时举行。朱少连也向他通报了两天来的准备情况。陈永清说，你来了，一切军事行动听你指挥。根据涂正楚提议，当晚召开了区委扩大会议，再次布置分头到指定地点组织队伍，并具体分工。

9月8日下午,株洲区委接到湖南省委的命令,任命朱少连为工农革命军第一师第四团团长,并命令株洲和其他地方一样,于9日发起暴动。9月9日,株洲铁路工人准备首先破坏长沙至株洲间的铁路,阻挠敌军对长沙的增援。后来,涂正楚认为,时间仓促,准备不及,而且没有与安源取得联系。正在踌躇之际,安源市委秘密通知,定于11日深夜"起事"。大家才舒了一口气。涂正楚说:明天是中秋节,离起事还有两天时间,我们利用过中秋节再分头下去做好准备,并将发动暴动的力量部署、负责人明确分工,决定深夜十二时准时行动。

11日天气晴朗,夜幕降临,月明星稀。按照原来的分工,涂正楚、袁德生率领白关残梅和八叠200多农军,朱少连带领近百名运煤工人陆续埋伏在易家祠后面的山林里,准备攻打团防局;陈永清、蒋长卿率领炭厂、餐宿处的200多工人与宣传队隐蔽在餐宿处附近,还有负责破坏铁路的也各就各位。

暴动中被破坏的粤汉铁路

易家祠(团防局)离火车站不远,联络员来回通报信息。凌晨准时发动,

"洋菖古"一响,数百名工人农民手持梭镖、洋镐、扁担向团防局冲,局长冯福林在睡梦中听到爆炸声、喊声,急忙吹哨集合,因不知外面虚实,带领团丁往湘江边逃跑,坐渡船过河了。暴动队冲进团防局缴到了 12 支步枪,20 把刺刀。陈永清听到枪声立即组织工人占领火车站,发动宣传队在堤升街沿街贴标语、散传单,并且在火车站召开数百人群众大会,宣布武装起义。天亮之后,攻打团防局的工农武装齐集火车站,欢庆胜利。后与刘先胜①带领的一个连队直逼长沙抵达易家湾。

由于国民党湖南省代省长周斓调张国威师的谭崇鸥团前来株洲、醴陵镇压,同时令三十五军王东原教导团派第一大队从西乡神福港侧面进攻醴陵,并急电江西朱培德派兵从萍乡夹击,又令罗定独立团在攸县皇图岭堵截,企图将工农革命军第二团围歼于醴陵县城。鉴于此,株洲秋收起义组建起来的工农武装,起义失败后分散转移到乡村,一直坚持斗争。与此同时,刚刚攻占醴陵县城的团长王新亚等认为敌人多路向醴陵围攻,形成敌强我弱,而且工农革命军内部也很复杂,与敌作战恐怕难以取胜,遂决定放弃原来经株洲进攻长沙的计划。9 月 14 日下午,王新亚率领二团和醴陵起义农军 3000 多人撤出醴陵,分两路进攻浏阳,一路乘火车折回老关,经金鱼石、浦口至仙石。一路经丁家坊、王仙至仙石。两路队伍会合后,进入浏阳金刚头、大瑶一带,于 16 日到达浏阳城外。当时浏阳城内的敌人主力,正开往永和、达浒一线阻击工农革命军第三团,城内守敌只有 200 人左右。二团从东、南、西发起攻击,一举占领了浏阳县城,从监牢里救出革命同志和群众 300 多人②。

周斓得知浏阳被起义军攻克,急令张国威从长沙调一营兵驰援浏阳,从正面"进剿";令谭崇鸥团、罗定独立团及王东原部杨璞大队从右翼进攻,又令在

---

① 刘先胜(1901—1977),湖南省株洲市天元区人,1924 年加入中国共产党。曾任工农革命军第一军一师连长、红六军团第十八师五十二团政治委员、新四军第一师三旅政治委员兼苏中军区第四军分区政治委员、新四军第一师参谋长、南京军区副司令员等职。1955 年被授予中将军衔。

② 邓乾元:《对醴陵暴动经过的报告》(1927 年 9 月)。

浏阳东乡的周倬营会同阎仲儒一部由左翼攻击,以此从三面包围了浏阳县城,兵力是王新亚二团的几倍。

可这时的二团领导皆毫无察觉,因连战皆捷两克县城,产生了严重的骄傲与轻敌情绪。既未作临战部署,又不安排警戒与侦察。当时浏阳县委书记潘心元曾建议将部队开往永和、达浒东乡一带与三团会合。团长王新亚却以士兵没有发饷为由,拒绝了潘心元的正确建议。17日敌人援军从三面包围浏阳县城,二团仓促应战,指挥失灵,士兵四散逃走,损失兵力三分之二。潘心元与王新亚奋力突围后,收集余部120余人,退到南乡文家市附近的岩前。当晚王新亚带领部分战士离队出走,从此下落不明。余部更是失败情绪严重,又不听潘心元的指挥,除20多人的爆破队后来归入三团外,其余星散潜回醴陵乡下继续坚持武装斗争,坚持农村武装割据,成为以后醴陵革命斗争的重要力量。

毛泽东领导的包括醴陵、株洲等地在内的湘赣边界秋收起义,公开打出中国共产党领导中国革命的旗帜,进一步表明了中国共产党独立领导革命战争的决心,中国共产党开始成为领导中国人民开辟中国革命道路的核心力量。毛泽东在秋收起义中第一次打出中国工农革命军的旗帜,充分表明,秋收起义不仅是军队的军事行动,而且有大量工农武装参加,中国工农革命军从此在开辟中国革命道路的历史舞台上发挥着重要作用。秋收起义开始虽然也以攻占中心城市为主要目标,但受挫后,毛泽东在革命斗争实践中认识到,中国革命必须适合中国国情,必须探索中国自己的革命道路,于是在文家市会议后果断率领秋收起义部队走上在农村建立根据地,以保存和发展革命力量的道路,开始了全党工作重心由城市向农村的战略转移为各地起义部队建立、发展农村根据地树立了榜样,同时由此而开创的井冈山道路,成为中国革命道路的重要里程碑。这条道路代表了大革命失败以后中国革命的正确发展方向,引领中国革命走向了胜利。

第二节　鄘县水口决策分兵，开辟
第一个农村革命根据地

　　滚滚溪流，汇成洣水河，将水口墟冲积洲劈成南北两半，同源不同向的两条河流，分别从朱家祠前后奔腾流过。这座始建于晚清时期的江南古建筑风格的祠堂，历经风霜雨雪的洗礼，一点不减当年的风貌。门前两棵四权连根的大樟树，枝叶繁茂；门内两棵桂花树，芳香四溢。1927 年，一杆写着"工农革命军第一军第一师第一团"的红旗就插在了屋顶上，毛泽东率领工农革命军第一团团部驻扎这里，运筹帷幄，决策上井冈。

毛泽东提出"上山"思想

　　在大革命失败的危急关头，毛泽东明确提出了保存工农武装的"上山"思想。早在 1927 年 6 月中旬，毛泽东与李立三、郭亮召集湖南到武汉政府请愿严惩许克祥的 200 名共产党员及骨干分子开会时，就提出了"上山"的主张。"马日事变"发生后，湖南一些革命人士被迫逃到武汉，向毛泽东报告许克祥等血腥屠杀共产党人及工农群众的罪行。毛泽东要求大家回到原来的工作岗位，长沙站不住，城市站不住，就到农村去，下乡组织农民，要发动群众，恢复工作，山区的人上山，滨湖的人上船，拿起枪杆子进行斗争，武装保卫革命。6 月下旬，毛泽东回湖南任省委书记后，不仅在主持制定的省委工作计划中，对不能公开存在的各地工农武装作出"上山"安排，而且偕同省委委员柳直荀等到衡山进行具体指导。在有衡山主要党员干部和附近几县工农骨干参加的座谈会上，他指示各县工农武装一律迅速集中，不要分散，要用武力来对付反动军队，以枪杆子对付枪杆子，不要再徘徊观望。[①] 离湘返汉后，毛泽东参加 7 月 4

---

　　① 　中共中央文献研究室：《毛泽东年谱修订本（1893—1949）》上卷，中央文献出版社 2013 年版，第 202 页。

日召开的中央政治局常委扩大会议,当讨论到湖南农民自卫军应当如何对付敌人的搜捕和屠杀时,他发言进一步阐明了工农武装"上山"的思想。他提出,工农武装改成挨户团保存实难办到时,应该"上山","上山可以造成军事势力的基础","不保存武力,则将来一到事变,我们即无办法"①。为此,他还主张举办军事训练班,培训军事人才。虽然毛泽东这时的"上山"思想还只是作为保存武装力量的一种权宜之计,并未指明党领导的武装斗争的正确方向和道路,但符合中国国情和当时的革命形势。

8月初,受中共中央委托,毛泽东起草《湘南运动大纲》,提出在湘南以汝城为中心,进而占领桂东、宜章、郴州等四五县,形成一政治形势,组织一政府模样的革命指挥机关,实行土地革命,与长沙的唐生智政府对抗,与湘西的反唐部队取得联络,使唐生智在湖南本未稳定的统治更趋不稳定,为全省农民暴动的先锋队,造成革命力量的中心,以达到推翻唐生智政府的目的;军事方面请中央命令彭湃不要将现在汝城的广东东江农军他调,浏阳、平江农军千人立即由郭亮率领赴汝城,从江西革命军中调一团兵力赴汝城,这3部分组成一师的武装,以革命军一个团作中坚,至少有占领5县以上的把握;成立党的湘南特别委员会,受湖南省委的指挥,在交通阻隔时独立行使职权。这个大纲体现了毛泽东在湘南广大农村开展武装斗争、实行土地革命、建立革命政权的思想,是"上山"思想的新发展。

毛泽东提出的"上山"思想,是毛泽东武装斗争思想发展的最初阶段,也是中国共产党探索农村包围城市道路的思想基础,是党的工作重心转变的起点。正是由于有了这一思想基础,毛泽东才能在领导秋收起义失利后毅然率领部队沿湘赣边界转移,并且上了井冈山。同样,毛泽东关于在湖南开展武装斗争的设想,为中共中央及湖南省委研究制定秋收暴动计划作了思想上的准备。

---

① 中共中央文献研究室:《毛泽东年谱修订本(1893—1949)》上卷,中央文献出版社 2013年版,第206页。

十字路口的思索

1927年10月7日,工农革命军在茅坪设立留守处,留下伤病员和留守机关。为了解决部队给养和扩大政治影响,摸清井冈山周围的地形和社会状况,同各地党组织取得联系,同时也希望与南昌起义部队及湘南农军取得联络,毛泽东和团部决定,留下伤病员和留守机关外,工农革命军主力部队继续沿井冈山边缘开展游击活动,扩大政治影响,调查井冈山周围情况。1927年10月13日,部队到达酃县水口墟。这是井冈山西南脚下的一个小镇,地处两省三县交界处,背靠井冈山,面向湘南,既远离城市,又十分闭塞,可进可退,便于部队活动。毛泽东命令部队在此停留下来。团部设在靠近墟市的朱家祠。毛泽东和警卫排住在不远处的"桥头江家"。

安顿下来后,毛委员立即带领战士对水口的地理位置、群众的生活、地方党组织的活动、国民党部队在周围的部署情况进行了初步的调查了解。

夜,已经很深了,喧嚣了一天的水口墟万籁俱寂,人们进入了梦乡。只有江家大嫂厅屋右侧的那间小屋里,桐油灯光依然在闪烁。毛泽东还在伏案疾书,思索分析秋收起义以来风雨相随的坎坷之路……

俄国十月革命走的是城市革命道路,南昌起义以及原计划秋收起义与长沙暴动占领长沙,都属于走城市革命道路的探索。南昌起义后,起义部队放弃南昌、南下广东,目的是恢复广东根据地,夺取出海口,取得共产国际援助,重新北伐,但是这一目标未能实现。按照中央指示精神,湘赣边界秋收起义开始以攻占中心城市为主要目标,但因为敌我力量悬殊和武装斗争经验不足,三路起义部队相继失利,遭受到严重挫折,在秋收起义的原定计划严重受挫的严峻形势下,起义军何去何从? 是执行中共中央原来的决定,冒着全军覆没的危险继续进攻长沙以避免背上"逃跑"的罪名,还是从敌我力量悬殊的客观实际出发,实行必要的战略退却以保存革命力量再图发展? 在这个起义军生死攸关的时刻,面对如此两难的抉择,毛泽东当机立断,下令改变原有的攻击长沙部署,命令各路起义部队停止进攻,先退到浏阳文家市集中以讨论下步行动方针。

文家市会议讨论决定放弃进攻长沙,把起义军向南转移到敌人统治力量薄弱的农村山区,寻找落脚点,以保存革命力量,再图发展。离开文家市后,毛泽东选择湘南作为战略退却的目的地,主要基于三条理由,一是因为原定的湘南暴动计划,是经过中央和省委同意的既定方针;二是已经派出何长工去联络粤北的广东农军和南下广东的南昌起义部队;三是在湘南开展武装割据,是毛泽东曾在中央提出过"上山"保存武装力量的主张。

9月26日,毛泽东在莲花"宾兴馆"召集前委的几个委员开会,介绍江西省委书记汪泽楷要宋任穷带来的密信内容,力主转兵宁冈的理由有三个方面。一是接到了中共江西省委书记汪泽楷派宋任穷送来的指示精神,前委进入了江西地面应接受江西省委领导;二是在文家市议定的退往湘南汝城,按湖南省委的计划应有一个师的兵力,现在工农革命军只剩下七八百人,又处于"溃不成军"的地步,形势和兵力起了变化;三是通过部队轻取莲花县城,了解到湘赣边界各县并无国民党正规驻军,这对工农革命军的休养生息有利。余洒度、苏先俊被这些实实在在的理由说服,只得同意转兵宁冈。后经过做袁文才的工作,工农革命军才有一个落脚点。

此时率部队来到水口,毛泽东又陷入了思索的十字路口。

周里前来水口接头汇报

工农革命军到达酃县水口的消息一传开,酃县一些隐蔽下来的党员和农运干部欣喜若狂。何健础、刘雄当夜跑到县城,秘密发动群众,准备迎接工农革命军进城。刚成立不久的酃县凉桥党支部当即开会决定,派党支部书记周里去水口和工农革命军接头、汇报、请示工作。对此,周里回忆道:"1927年10月中旬的一天,正是金秋时节,我从黄挪潭出发,到县城去,来到坑溪杨溪桥的老同学廖璐家里。刚坐下不久,就看到对面大路上来了一支部队,我怀着好奇之心来到路上,只见队伍前面一个战士举着的红旗上写着'工农革命军第一军第一师第一团'的字样和斧头、镰刀的标记。我顿时高兴极了。这不是我们早已盼望的工农革命军吗？前不久，我们就听说毛委员率领的秋收起义部队到了江西，我们凉桥党支部的几个党员都说，毛委员能够带队伍来酃县就好了，到那时，酃县农民运动又可以轰轰烈烈搞起来。今天，工农革命军果然来了。我顾不得旅途疲劳，随即又返回凉桥，找了周策长等几个党员商量，我当时是支部书记，大家都推我去找部队接头，汇报请示工作"。①

第二天清早，周里就上路了。由于接头心切，40 多华里山路，不到 3 个时辰就赶到了。在工农革命军团部驻地——朱家祠，周里见到了正在忙碌的毛泽东。周里犹记得当时见毛泽东的情形。一个高个子军人（宛希先）带着他往工农革命军的团部——朱家祠走去。他们一边走，一边谈。周里又问高个子军人："听说毛委员在浏阳领导你们举行秋收起义，如果他也来了这里就好。"高个子军人笑着说："你想见毛委员，那我就带你去见见吧！"

此时，朱家祠的一间小屋里，摆着一张四方桌子，桌旁坐着一位 30 多岁、身材魁梧、穿着朴素的军人，正在握笔写着什么。高个子军人进去报告情况后，随后领着周里进到房里。他向坐着的军人介绍说："这就是酃县凉桥党支部书记周里同志。"接着又向周里介绍说："这就是你想见到的毛委员。"毛泽东立即放下手中的毛笔，起身握着周里的手说："欢迎！欢迎！"毛泽东热情地与周里握手，拉着周里坐在身旁的凳子上，并连声说："同志哥，我们天天在着急等你来呢！"周里激动地站起来说："毛委员，你来我们酃县真是太好了，我们也在天天盼望你们呢！"毛泽东笑着示意他坐下，说："你来得正好，我正要找你们呢。昨天，我们到这里，就想找地方的同志了解一些情况，今天你来了，就坐下来谈谈吧！"②

---

① 周里：《回忆井冈山斗争》，《株洲党史资料》第 2 辑，中共株洲市委党史工作办公室，1989 年版，第 157 页。

② 中共株洲市委办公室、市委党史工作办公室：《株洲红色印记》，中共党史出版社 2012 年版，第 70 页。

朱家祠

毛泽东接着问:"你多大岁数？读过多少书？"①周里回答说:"今年24岁,是衡阳三师28班毕业的。""啊！这么说,我们学的还是同一行啰。"这时,周里才知道毛泽东是长沙一师毕业的。毛泽东又问:"你们这里还有党支部?"②周里说:"1926年8月,我们酃县就成立了党支部,'马日事变'后,遭到敌人破坏,有的被抓,有的被杀,支部书记李却非也不知去向。此后,我们三个从外地回来的党员秘密成立了临时党支部,接着又发展了几个农民积极分子入党。"

周里又汇报了酃县的农民运动情况:"1926年9月,我们酃县就成立了农民协会,省委派来的农运特派员,叫朱子和,是湘潭县人,在广州农民运动讲习所学习过。"毛泽东一听朱子和名字,立马插话说:"真巧,这里还有我的老乡

---

① 中共株洲市委办公室、市委党史工作办公室:《株洲红色印记》,中共党史出版社2012年版,第70页。

② 中共株洲市委办公室、市委党史工作办公室:《株洲红色印记》,中共党史出版社2012年版,第70页。

和学生。他还在这里吗?"①周里怀着沉痛的心情说:"他是条硬汉子,1927年1月,他来酃县后,酃县农民运动便搞得轰轰烈烈,还成立了农民自卫军,缴了敌人的几十支枪。打了不少土豪劣绅。'马日事变'发生后,有的同志劝他离开酃县暂时避一避,他说,我愿生为酃县人,死为酃县鬼,决不离开酃县一步。后来,敌人把他抓去严刑拷打,他都没供出半个字,敌人恼羞成怒把他杀害在酃县城,年仅21岁。"毛泽东听后,心情显得十分沉重,他说:"大革命失败了,我们牺牲了不少好同志,我们一定要总结经验教训,拿起枪杆子搞武装斗争。"②周里接着汇报:"我们最近在七都、五都、九都恢复了几个农会小组。"毛泽东高兴地说:"很好,要多发动一些受剥削最重、受苦最深,对土豪劣绅最恨的农民参加,只有把农民发动起来了,我们才有力量,把土豪劣绅打倒。"③

正说着,有个战士送给毛泽东一封信。毛泽东看完信后,随即问周里:"酃县有多少敌人?"周里汇报说:"酃县目前没有国民党的正规部队,南乡和东乡有挨户团,南乡挨户团头子叫陈大观,有30多支枪,东乡挨户团头子叫贾少隶,有七八十支枪。"毛泽东听完后,向周里谈了当前的形势和任务。他说:"由于蒋介石的反革命叛变,以及我们党内机会主义的错误领导,使这次大革命遭到失败,白色恐怖笼罩全国。目前我们的处境非常困难,工作十分艰苦,但是要看到光明和希望,看到敌人内部矛盾重重,看到受剥削、受压迫的工农大众总是要革命的。敌人在农村的力量比较薄弱,我们要发动农民,搞武装斗争。"他还说:"革命不要怕杀头,现在到处是白色恐怖,你们这里还有党支部,还办了农会,这就不错。你们要进一步发展党的组织,放手发动农民,扩大农会。农民不组织起来,一盘散沙是不行的。组织起来以后,还要有武装,先搞

---

① 中共株洲市委办公室、市委党史工作办公室:《株洲红色印记》,中共党史出版社2012年版,第70页。

② 中共株洲市委办公室、市委党史工作办公室:《株洲红色印记》,中共党史出版社2012年版,第70页。

③ 中共株洲市委办公室、市委党史工作办公室:《株洲红色印记》,中共党史出版社2012年版,第70页。

鸟铳梭镖,再夺敌人的枪,我们也可以给你们发几根枪。"①

毛泽东还向他打听了酃县去衡阳的路径,最后,毛泽东又交代周里办三件事,一是画一张详细的酃县地形图,二是为部队找一名向导,三是去茶陵侦察敌情。周里爽快地接受了任务。

派人改造袁文才部队

10月18日,在朱家祠工作的毛泽东正在疑虑之时,房门突然开了,一位战士上前递给他一封信。毛泽东拆开一看,是王佐写来的,信中说,同意工农革命军上山。顷刻间,毛泽东紧锁的双眉舒展了,他信步走到窗前,随口诵出两句唐诗:"山重水复疑无路,柳暗花明又一村",并随即决定上井冈山。②

此时的井冈山是袁文才和王佐的天下,袁文才部驻守宁冈茅坪,在山下。王佐部驻守茨坪、大小五井一带,在山上。他们互相配合,大有"二夫当关,万夫莫开"之势。要上井冈山,就必须争取和改造这两支武装队伍。此刻毛泽东又想起古城会议会见袁文才的情景,他赠100支枪给袁文才,袁文才赠工农革命军1000块大洋,并要求派人帮他训练部队。袁文才大革命时入了党,又有文化,比较通情达理,改造工作应先从他入手。毛泽东自语道,派谁去呢?他脑中迅速现出几个人的模样。

晚饭后,游雪程、徐彦刚、陈伯钧、金蒙秀4个军事干部接到通知后来到团部。早已在那里等候的毛泽东对同来的张子清及他们4人建议说:"饭后百步走,活到九十九,我们就一边散步,一边谈吧。"说着自己先爽朗地笑了起来,大家兴趣盎然地跟他出了门。

默默走了一阵后,毛泽东开门见山地说:"部队准备上井冈山,在此之前

① 周里:《回忆井冈山斗争》,《株洲党史资料》第1辑,中共株洲市委党史工作办公室,1989年版,第157—159页。

② 中共株洲市委办公室、市委党史工作办公室:《毛泽东在朱家祠决策上井冈》,《株洲红色印记》,中共党史出版社2012年版,第71页。

我想派几个人到袁文才部队去,进行政治工作和军事训练,以便上山后,他们能和我们并肩作战。我想了想,你们几个人是最佳人选。"①4 人听后,不觉一怔,不由自主地停下了脚步,抬头望着前方显得朦朦胧胧的山头,心里像塞满了云雾,没有一点儿谱,好久也没有回答毛泽东的话。

毛泽东询问说:"怎么,不愿意?"②游雪程嗫嚅着说:"不⋯⋯不是的,我们听说袁文才部队的前身是绿林武装,他们阶级观念模糊,流民习气重,我们怕工作做不好,完不成任务。"

毛泽东耐心地开导说:"正因为他们有这些缺点,才要你们去帮助呀。当然,去了之后,困难是有的,要边学习,边工作,不入虎穴,焉得虎子。其实他们中间,大多数是贫苦人家出身,都是因生活所迫,才去当绿林的,只要向他们多宣传革命道理,启发提高他们的思想觉悟,这支地方武装就能变为有组织、有纪律、有战斗力的部队。何况袁文才是共产党员,他会支持你们的。"③

同行的张子清接着说:"毛委员的意思是想改造好这支部队,以利于我们尽快上山。在宁冈,毛委员已经做了很多工作,宁冈县委也与袁文才谈妥了,你们就放心地去吧。"

听完毛泽东和张子清的话,4 人心中的云雾逐渐散去,他们变得豁然开朗,对井冈山之行充满了信心。

"那我们明天就动身吧?"陈伯钧急切地问。毛泽东宽厚地笑着说:"你看你们,刚才还不乐意,现在就这么急。好吧,明天就明天。"④

回到团部,毛泽东再一次嘱咐他们:"到那里要好好同人家合作,要搞好

---

①　陈伯钧:《毛主席率领我们上井冈山》,《回忆毛主席》,人民文学出版社 1977 年版,第98—99 页。

②　陈伯钧:《毛主席率领我们上井冈山》,《回忆毛主席》,人民文学出版社 1977 年版,第98—99 页。

③　陈伯钧:《毛主席率领我们上井冈山》,《回忆毛主席》,人民文学出版社 1977 年版,第98—99 页。

④　陈伯钧:《毛主席率领我们上井冈山》,《回忆毛主席》,人民文学出版社 1977 年版,第98—99 页。

关系,有事多和袁文才商量,注意了解当地情况,传播革命种子。"①第二天,4个人迎着朝阳,带着毛泽东的嘱托,踏上了去井冈山的道路。

他们来到袁文才部队驻地后,按照毛泽东的指示,积极开展工作,给战士讲时事、讲形势、讲革命出路,改变了部队"平时分散,战时集中"的制度,并将部队集中在步云山,进行了著名的步云山练兵。经过一段时间的训练,部队素质大有提高。同时,徐彦刚、何长工等在王佐、袁文才部物色和培养干部,为建立农村革命根据地打下坚实基础。

水口决策分兵上井冈

周里赴茶陵打探敌情后,迅速返回水口。毛泽东听完周里的汇报,觉得宁冈、酃县一带革命形势较好,保存了党的组织,发展了农民协会,决心在酃县、茶陵、宁冈等地进一步发展革命形势。他随即写信给湘南特委,要求派得力干部来酃县,加强对酃县革命斗争的领导,并把周里的联络地点告诉了湘南特委。

18 日午饭后,团部驻地朱家祠,四周静悄悄。正在伏案写东西的毛泽东,突然起身从那专门装书报文件的皮箩中,拿出几张刚从豪绅家收缴来的报纸,刚打开第一版,忽然一则令人沮丧的消息出现在眼前:南昌起义部队在攻打广东潮汕时失败,下落不明。毛泽东反复看了两遍后,一种不祥的感觉袭上心头,他双眉紧锁,陷入了深深的沉思。早前,毛委员对南昌起义部队一直寄予很大的期望。他率工农革命军离开文家市后,一直向南行军,在转移秋收起义余部到罗霄山脉一带保存力量的同时,寻机准备与进入粤北的广东农军和南下广东的南昌起义部队靠拢,以便遥相呼应,形成一个拳头,更有力地打击敌人,现在情况突变,如果工农革命军继续南进,孤军深入强敌驻守的湘南,不是

---

① 陈伯钧:《毛主席率领我们上井冈山》,《回忆毛主席》,人民文学出版社 1977 年版,第98—99 页。

飞蛾扑火自投罗网吗？对南昌起义部队寄予的期望成了泡影。他顿感率部继续南下和南昌起义部队靠拢,既无可能,也无多大意义。

同时,参加秋收起义的工农革命军人员由于来自四面八方,成分复杂,虽然经过了"三湾改编",但军官违抗命令,士兵逃跑离队事件时有发生。如师长余洒度、三团团长苏先俊在水口擅自离队。向宁冈方向警戒的一个排,在排长带领下集体携枪逃跑了。如果不找一个地方将部队安定下来,仅存的工农革命军随时都有溃散的危险。

此时的毛泽东对途经的莲花、永新、宁冈、酃县等县的地理位置和经济状况、政治条件也有了较深的了解,并通过分析、比较,觉得井冈山是建立根据地最好的地方,从而放弃了准备退往湘南的想法,坚定了在罗霄山脉中段建立革命根据地的主张。

根据周里关于敌军罗定分兵夹攻水口的情报,毛泽东和宛希先、何挺颖等商量对策。

何挺颖说:"大家认为,敌人人数众多,来势凶猛,我军虽士气旺盛,战斗力增强了,但兵力相差悬殊,与他们硬拼,只会吃亏。我们还是采取打得赢就打,打不赢就走的办法。"

"有道理!"毛泽东接着补充道,"这个'走'并非逃跑。我们要避敌锋芒,迂回到敌人后方,去端他的老窝。此时,敌人全力以赴对付水口工农革命军,后方必定空虚,我们去攻打茶陵,一定会打他个措手不及。"①

毛泽东边说,边拿出周里借来的那张旧地图,摊在桌子上,指着地图说:"我们也来它个兵分两路。你(一营党代表宛希先)带领两连人快速经船形乡绕道安仁,再从安仁攻打茶陵县城。我带领主力部队经下村、遂川大汾上

---

① 中共株洲市委办公室、市委党史工作办公室:《毛泽东在朱家祠决策上井冈》,《株洲红色印记》,中共党史出版社 2012 年版,第 71—72 页。

井冈山。你们攻下茶陵后,立即撤离,经江口、宁冈上井冈山与我们会合。"①

毛泽东在水口决策分兵上井冈山示意图

第二天,晨曦初露,紧急集合的军号声骤然响起,宛希先率部离开水口,按照毛泽东的部署行动。经过一天一夜的急行军,于 10 月 21 日下午,一举攻克了茶陵县城,缴枪数十支,打开了牢房,救出了被监禁的中共党员李炳荣等"政治犯"和受难的百姓。

攻占茶陵的消息就像长了翅膀,飞到了水口,军民一片欢腾。湘东清乡司

---

① 中共株洲市委办公室、市委党史工作办公室:《毛泽东在朱家祠决策上井冈》,《株洲红色印记》,中共党史出版社 2012 年版,第 71—72 页。

令罗定正气势汹汹地进入鄘县,突然听说工农革命军攻占了茶陵,大吃一惊,马上掉转屁股往回跑。当他气喘吁吁回到茶陵县城时,工农革命军早已撤走在井冈山的路上了。

与此同时,22日,毛泽东率领工农革命军主力,带着依依惜别的深情,告别了山清水秀人美的水口,踏上了上井冈山的新征途。10月24日,毛泽东率领部队来到大井,受到王佐部队的欢迎,他们用当地最高礼节单手举枪欢迎工农革命军上山。在大井,毛泽东送给王佐部队70支枪,王佐腾出营房让工农革命军驻扎,并资助工农革命军500担谷和一些银元。

10月27日,毛泽东率领的湘赣边界秋收起义队伍,艰苦转战一个多月,行程4000多里,到达井冈山的中心——茨坪。从此,革命的红旗插上了井冈山,开始了创建井冈山革命根据地的艰苦斗争。

第三节　决策株洲转兵,坚定实行 "农村包围城市"

1930年9月13日,在株洲恒和药号(后改称协丰长绸布店)召开的红一方面军总前委会议,史称"株洲会议"(又称"株洲转兵"),这一重大历史事件,被一位名叫史沫特莱的美国记者敏锐捕捉到了。她在《伟大的道路》一书中写道:"9月13日下午8点钟,朱德和毛泽东采取了一生中最重大的步骤之一。这一步骤扭转了中国革命运动中的一次严重危机。他们推翻了李立三路线,亦即党中央委员会所通过的政策,而命令部队从长沙撤退。"[1]毛泽东引领的"株洲转兵"这一重大历史事件,终于掀开其神秘的面纱……

---

① 艾格尼丝·史沫特莱著,梅念译:《伟大的道路:朱德的生平和时代》,生活·读书·新知三联书店1979年版,第321页。

"立三路线"的出笼

1928 年 9 月 2 日,向忠发作为总书记在上海正式主持中共中央的日常工作。1930 年 3 月周恩来到莫斯科汇报工作后,5 人政治局常委之一、担任中央秘书长、宣传部长的李立三,主持中央日常工作。这个时候,人民革命力量从大革命的失败中恢复过来,党员人数由党的六大的 4 万余人发展到 12 万多人,红军主力发展到十多个军 7 万余人,地方武装接近 3 万人,建立了闽西、湘赣等十多块革命根据地,在 300 多个县建立了红色政权。以李立三为实际领导的中央,被胜利冲昏了头脑,在共产国际的影响下过高估计了革命力量,错误判断了革命形势,结果出现"左"倾冒险主义路线,把"左"倾思想和"左"倾政策推向了又一个高潮。

从 1930 年 3 月 26 日李立三在《红旗》上发表《准备建立革命政权》起,以李立三为实际领导的中共中央出台一系列"左"倾政策,制定以夺取武汉为中心的全国中心城市武装起义和集中红军进攻中心城市的行动委员会。之后,李立三又在《红旗》上发表《怎样准备夺取一省与几省政权的胜利条件》等 5 篇文章,文章着重突出城市武装的重要性,认为武装总暴动是推翻国民党政权建立革命政权的主要手段。4 月 15 日,中央军委制定《军事工作计划大纲》,提出:"目前我们对红军的策略是坚决的进攻,冲破保守观念,纠正右倾危险,积极地向中心城市交通区域发展"。大纲对全国红军的行动都作了具体部署。其中要求红四军"转变路线,猛烈地扩大,激进地向外发展,扩大全国的政治影响,使其成为全国红军的模范,现在应领导第三军,协同动作,向着赣江下游,夺取吉安、南昌"。[1] 5 月中旬,中共中央在上海的秘密环境下召开全国红军代表会议。会议决定把各地主力红军分别编成军团,开始实行由游击战争向正规战争的转变,提出"红军革命的战争只有进攻,无所谓退守"。5 月

---

[1] 《中共党史参考资料》(一),人民出版社 1979 年版。

20 日至 23 日,中共中央和中华全国总工会中央执行委员会,又在上海召开全国苏维埃区域代表大会,李立三布置一系列"左"的政策。6 月 11 日,在上海召开中央政治局会议,通过李立三起草的《新的革命高潮与一省或几省首先胜利》的决议,决议提出红军的主要任务和总的目标是改变过去的游击战术,与主要城市的武装暴动配合,夺取政权,建立全国革命政权。

随后,中共中央制定了以夺取武汉为中心的全国中心城市武装起义和集中红军进攻中心城市的冒险计划;将各级党、团、工会的领导机关合并组成领导武装起义的行动委员会。计划规定了红一军团、红二军团、红三军团等各路红军的进攻路线和目的地,要求各路红军向武汉进攻,会师武汉,饮马长江。这次"左"倾错误在党内统治的时间虽然只有三个多月,但使党和红军为此付出了惨痛的代价。

枉受指责 汀州北上 挥师长沙

由于远处上海的中共中央同各地红军和苏区之间的交通十分困难,中共中央的"左"倾错误指导没有能立刻对红四军产生影响。当时,毛泽东正带领红四军转战赣南闽西,到达汀州后住了 20 多天。6 月间,朱德、毛泽东率领红四军进入闽西后,利用战争间歇时间,从 6 月 12 日开始在长汀县的南阳(今属上杭县),举行中共红四军前委和闽西特委联席会议。会议在 19 日又移至长汀县城进行,到 22 日结束,对闽西土地革命的分田政策、红军的整编和行动方针以及政治工作等问题作出了决议。

1930 年 6 月 21 日,闽西的汀州早已进入盛夏,身着灰布单衣、手拿扇子的毛泽东正与朱德在刚成立的红军第一路军总指挥部里,认真研究部队如何从游击战向运动战转变的问题。"报告!"毛泽东、朱德抬起头看见参谋处长郭化若站在门口,其身后站着一位身穿长衫、头戴礼帽、手提皮箱的中年人和一位红军战士。经过介绍,得知这位中年男子就是中央派来传达全国苏维埃区域代表大会和红军代表大会决议的中央特派员涂振农(后叛变)。涂振农交给毛泽东一封中央来信。毛泽东接过来信,左手叉着腰,右手拿着信认真阅读,只见信的开头中央就严厉地指责红四军前委说:"中央过去曾经屡次把新的路线传递给你们,写了几次信,同时又委托蔡升熙同志口头传递党中央新的方针路线。可是这一个路线,直到现在你们还完全没有懂得,还是在固执你们过去的路线。""你们固执过去的路线,主要的原因是你们没有了解整个革命形势的转变。"又说:"现在红军的任务,不是隐于农村中作游击战争,它应当积极进攻,争取全国革命的胜利,并且应当准备大规模的国内战争以及与帝国主义的战争。""你们在今天还固执过去的路线,完全是错误了!因为革命形势已经转变。""你们现在完全反映着农民意识,在政治上表现出来机会主义的错误。""你们应当深刻地了解自己的错误,按照中央的指示转变你们今后的路线。""中央新的路线到达四军后,前委须坚决按照这个新的路线转变"。信的最后发出警告:"如果前委有谁不同意的,应即来中央解决。"①这封信中谈到的问题,充分反映出朱德、毛泽东和红四军前委同李立三"左"倾冒险错误之间的严重分歧。毛泽东紧锁眉头,将信交给朱德。在下午召开的联席会上,涂振农作了传达中共中央精神的报告,毛泽东就中央的指示和红军的情况,谈了自己的意见,但迫于中央决议和命令的坚决,会议接受了这个报告提出的意见。正如朱德在与史沫特莱对话时所说:"除了毛泽东和我之外,很少有人反对李立三路线。我们别无选择,只有接受。因此,在六月十九日,整编工作完了之后——我们一共有两万人,我们首先宣誓效忠革命。后来,红军的每一支部队都在八月一日南昌起义纪念日那天宣了誓。"②会后,依照党中央指示,红军进行了整编,由红四军、红六军、红十二军合编为红军第一路军,不久改称为红军第一军团,朱德任总指挥,毛泽东任政治委员兼前敌委员会书

---

① 《中共中央经中共粤赣闽省委转给中共红四军前委一封信》,《中共中央文件选集》第六册,中共中央党校出版社 1983 年版,第 39—40 页。

② 艾格妮丝·史沫特莱著,梅念译:《伟大的道路——朱德的生平和时代》,生活·读书·新知三联书店 1979 年版,第 316—317 页。

记。全军团共二万多人,内有党员 4000 多人,有枪 7000 支。6 月 22 日,
毛泽东、朱德签发命令:"本路军有配合江西工农群众夺取九江、南昌以建
设江西政权之任务,拟于七月五日以前全路军开赴广昌集中。"月底,红一
军团总部及直属部队离开长汀,经广昌、瑞金于 7 月 9 日绕道到达兴国。中
央特派员涂振农随总部前进,公布了由他从中央带来的《中国革命军事委
员会为进攻南昌、会师武汉通电》。

红一军团在毛泽东、朱德带领下,从长汀出发,经瑞金、兴国、吉水、永丰、
新余,于 7 月 24 日攻占离南昌 80 公里的樟树镇(今清江县城),歼敌第十八师
一部。部队驻扎在樟树镇,毛泽东、朱德通过派出的侦察人员了解到,南昌虽
只有张辉瓒十八师一个旅的正规部队防守,但南昌三面靠水,工事坚固,周围
的抚州、吉安各有十八师一个旅的机动部队,可随时调动。红军在城内又无内
应,要打下南昌绝非是轻而易举的事情,就是打下了也难以守住。为此,
毛泽东、朱德当即决定召开各军领导人会议,讨论下一步的行动。会上,朱德
介绍了南昌城的军事情况,毛泽东在分析总结讨论情况后权衡利弊、审时度
势,态度坚决地说:"根据目前的形势,我军不宜攻打南昌,部队应西渡赣江,
到南昌以西地区开展工作。"①

7 月 30 日黎明,部队分批乘坐大木船由河东到了河西,一军团总部进驻
万寿宫,离南昌只有 30 里。这时,国民党当局十分恐慌,调集部队向南昌集
中,准备固守。南昌周围的防御工事密密层层,相当坚固。朱德、毛泽东从实
际情况出发,没有按照中央指示硬攻南昌。此时恰逢八一南昌起义 3 周年,为
此,红一军团各部队都开了大小不同的会。毛泽东在总部纪念会议上说:"朱
总指挥,八一南昌起义 3 周年了,我们要向南昌鸣枪示威,吓一下南昌城内的
国民党部队。"②8 月 1 日,在派出罗炳辉带领红十二军的一支小部队到南昌

---

① 中共株洲市委办公室、市委党史工作办公室:《株洲红色印记》,中共党史出版社 2012 年
版,第 108 页。

② 吴志平、吴晨:《毛泽东决策株洲转兵》,《湘潮》2013 年第 9 期,第 13 页。

北面牛行车站隔江向南昌射击示威后,部队撤向敌人力量薄弱的奉新、安义一带,发动群众参与筹款。这时,毛泽东从搜集到的报纸上得知红三军团曾一度打下长沙,后遭敌军反攻,被迫退驻浏阳,现红三军正面临何键部重兵进攻,处在危急之中。为了支援红三军团,解浏阳之危,毛泽东、朱德决定率领红一军团西进湖南。在从汀州到长沙进军途中,毛泽东填了一首词《蝶恋花·从汀州向长沙》:"六月天兵征腐恶,万丈长缨要把鲲鹏缚。赣水那边红一角,偏师借重黄公略。百万工农齐踊跃,席卷江西直捣湘和鄂。国际悲歌歌一曲,狂飙为我从天落。"这首词虽以《从汀州向长沙》为题,但内容却完全不提打南昌、长沙等大城市,而写红一军团坚持在江西广大农村动员千百万工农群众,扩大革命根据地,从而推动革命高潮的到来,显然,以表示对立三"左"倾冒险错误的不满和批判。

永和胜利会师　围攻长沙不克

部队经过十来天的辗转行军,于 8 月 19 日晚达到文家市附近。第二天拂晓,与湘敌戴斗垣旅遭遇,迅即采取在运动中消灭敌军的迂回包围攻势,经三小时激战,全歼立足未稳的湘军 3 个团一个营及一个机枪连,击毙第三纵队司令兼第四十七旅旅长戴斗垣,消灭敌军 5000 余人,获得了红一军团成立以来第一次重大胜利,战果比樟树战役大得多。这次战斗本来已经缴获一台无线电台,但红军战士好奇,把电台砸烂了,毛泽东对失去难得的通信设备很惋惜,说这是游击主义的破坏性,以后要教育好战士,要制止战争中的破坏行为。

战斗结束后,毛泽东、朱德不顾连日行军作战的疲顿和夏日炎热,当天就率部迅速撤离文家市,向浏阳中部地区挺进。

23 日中午,毛泽东、朱德率领的红一军团与先期到达的彭德怀、滕代远率领的红三军团在浏阳永和胜利会师。当毛泽东、朱德从马背上一跳下来,彭德怀、滕代远疾步迎上前去,彭德怀豪气地说:"老毛、老朱,你们辛苦了,我们在此恭候多时。"毛泽东笑着说："老彭，我们是湘潭老乡，老乡等老乡见笑了。"①在谈笑风生中，几双有力的大手紧紧地握在了一起，中国革命的几位巨人为了共同的敌人相聚在浏阳永和。红军的会合，进一步集中了兵力，无疑也壮大了革命的力量。红军开始了从以游击战为主向以运动战为主的战略转变。

在三军团总部吃中饭的时候，彭德怀介绍了三军团第一次打下长沙的经过后，高兴地说：现在全军士气很高，要求再打长沙，我们军团领导也决定再打长沙。你们来了打下长沙就更有把握了。现在为了便于统一指挥，必须成立一个统一的指挥机构，由你们两位领导来主导。

毛泽东听着彭德怀介绍红三军团决心再打长沙的打算，突然脸色黯然，放下饭碗，点燃一支烟，起身在屋子里来回踱了几步，然后停步窗前，远眺窗外群山，久久不语。沉思良久后，转过身来对各位军政领导说：我们下午开个联席会议，各军主要领导都要参加，你们看如何？朱德、彭德怀、滕代远都表示赞同。②

联席会议如期举行。会上传达了李立三的急电。原来李立三在上海得知毛泽东佯攻南昌，彭德怀退出长沙，就认为毛泽东、朱德、彭德怀等人犯了"右倾错误"，急令毛泽东、朱德率红一军团会同彭德怀的三军团组成红一方面军。在彭德怀的提议下，会议一致同意成立中国工农红军第一方面军和中共第一方面军总前敌委员会，推举毛泽东任总前委书记兼总政治委员，朱德任总司令，彭德怀任副总司令，滕代远任副总政治委员，朱云卿任总参谋长，杨岳彬（后叛变）任总政治部主任。方面军下辖第一、三两个军团五个军，共三万余人。中国共产党有了最早最强大的中国工农革命武装力量，就是这支部队，在

---

① 中共株洲市委办公室、市委党史工作办公室：《株洲红色印记》，中共党史出版社2012年版，第109页。

② 中共株洲市委办公室、市委党史工作办公室：《株洲红色印记》，中共党史出版社2012年版，第109页。

中国革命史上写下了光彩夺目的篇章。

然而,在不久后召开的总前委会议上,就一方面军是否继续攻打长沙的问题展开了激烈的争论,不和谐之声一时笼罩了会议气氛。按照党中央的命令,红一方面军要再占长沙,夺取武汉。到底打不打长沙? 总前委会议上出现了一场争论。毛泽东认为:我军不具备攻打长沙的条件,因为长沙城内有 31 个团的敌军,城内又有很强的防御工事,我军虽称 13 个师,但实际上相当于 13 个团,城内又无工人、士兵做内应,而且红军开始由游击战转向运动战,装备、技术、经验跟不上需要,取胜的可能性很小,不赞同打。朱德明确地提出了反对意见:"红军的装备和训练都不宜于打阵地战,如果执行这政策的话,今后就完全要打阵地战了。光是敌人开到长沙的增援部队就布置了三道防御工事,还有通电的电网。武汉的防御工事更为坚强,还有许多外国军舰停在长江里,准备红军一旦来时就开炮轰击。攻打这样强大的敌军,这样坚强的工事,其结果将是红军全部被消灭,革命力量在几十年内也无法抬头。"①朱德的意见与毛泽东不谋而合。但不少人仍然是坚持城市中心论的主张,坚决要求执行中央命令。红三军团负责人坚持己见地说:"大家都嫌打小仗不过瘾,都想打个大仗。我们要打大仗,打胜仗,拿下长沙,攻取武汉,扩大铁的红军 800 万。我们要跟蒋介石、何键打个你死我活。"黄公略听了,沉痛地说:"红三军团虽然侥幸打进长沙城,住了 9 天 9 夜,可是,敌人一反攻,就被包围了,几次突围,损失很大。特别是从平浏带去的地方工农武装,有 10000 多人来不及撤退,多遭杀害。敌人挨家挨户清查户口,地下党遭到了很大破坏,我们许多好同志都流血牺牲。"说到这里,黄公略难过地低下了头。毛泽东耐心地倾听着,有时在小本上记些什么。这时,红三军团一个领导霍地站起来,用责问的口吻说:"三军团一个军团也能打下长沙,现在两个军团会合了,还怕什么!你们一军团不敢打,就站在一边看嘛,我们三军团单独打。""你们既不打南

---

① 吴志平、吴晨:《毛泽东决策株洲转兵纪实》,《湘潮》2013 年第 9 期,第 14 页。

昌,又不打长沙,还执行不执行中央的命令?"有人拿"中央"这顶大帽子压人。突然来的一着死棋,把毛泽东给将住了。争论愈演愈烈,不理智的刺耳话愈听愈多,毛泽东开始尽量耐心忍着。后来,忍无可忍了,对一味固执坚持打长沙的这位领导人说:"你认为可以打,那就由你来当总前委书记!"而这位领导人却回答说:"总前委书记还得由你来当,长沙也得打。"①

由于大多数与会同志主张打长沙,毛泽东、朱德等人的正确意见被否决了。这也难怪,以李立三为代表的"左"倾冒险错误路线统治了中央,其口号本身又有很大的迷惑力;红一方面军所处的环境,对于国内外形势缺乏全面地了解,因而接受并执行了中央命令。

为了遵守党的纪律和顾全大局,为了团结红三军团,毛泽东、朱德表示服从中央、尊重大多数意见,会上总前委决定以"消灭何键部队,进占长沙"为目的,开始向长沙城推进。

8 月 28 日,作出艰难选择的毛泽东与朱德在攻打长沙的命令上被迫违心地画了个"圈"。毛泽东、朱德发出向长沙推进的命令:"本方面军以消灭何键部队进占长沙之目的,决定 3 路向长沙推进。"②根据命令,红一军团为左路,红三军团十六军为右路,红三军团主力为中路。红一方面军 4 万多人,浩浩荡荡,向长沙进发。29 日,各路红军开始向长沙发动进攻,分别进到长沙东南郊约 30 里的大圩铺、龙头铺、菱仲铺、枫树河、新桥一线,方面军总部也推进到长沙市郊的白田铺,从而形成对长沙的包围之势。

为了阻止红军的进攻,何键在长沙自南郊的猴子石起经新开铺、石马铺、阿弥岭、五里牌直至北郊的捞刀河一线,修筑了防御工事,守敌达 10 万余众。工事共分三道防线,第一道是巨型鹿砦;第二道是密布的竹钉;第三道是高压

---

① 中共株洲市委办公室、市委党史工作办公室:《转危为安的"株洲会议"——红一方面军总前委扩大会议纪实》,《株洲红色印记》,中共党史出版社 2012 年版,第 109—110 页。
② 中共长沙市委党史办、长沙市郊委党史办:《红军攻打长沙》,湖南出版社 1991 年版,第 94 页。

电网。此外,还修筑了坚固的碉堡群。面对占有优势的敌军和坚固的防御工事,红军应该采取怎样的作战方针?朱德、毛泽东深知,红军的长处是野外作战,尚不具备打攻坚战的条件,如果硬攻敌人的坚固防御工事,必将遭受重大损失,因此,准备将敌军诱出工事,逐个加以消灭。8月31日,朱德、毛泽东发出命令:"长沙敌军仍依据工事向我顽抗中""方面军仍拟诱歼敌军于其工事之外,然后乘胜攻入长沙。"①9月1日,红军抓到一个敌军传令兵,缴获作战命令一份,探得知敌军拟集结10个团的兵力自长沙南铁路线上的猴子石出击。当天晚上,红军调整部署,红三军团监视正面之敌,红一军团三个军布置在敌出击的侧西,准备迎击敌军。第二天等了一天,敌人不敢出城。

9月3日,敌人出来了,敌陈光中旅在易家湾偷渡,企图侧击红军,哪知红军早有准备,趁其半渡而攻打,七八百敌人水中被击毙,红军俘敌千余,共歼敌两个团,敌人缩了回去,从此长沙守敌不敢出城。之后,红军与敌军对峙半个月中,多次发起强攻,但敌在工事里始终龟缩不出。9月10日,红一方面军总部再次下达总攻击命令,为破坏长沙外围的电网,彭德怀命令部队买了千余头水牛,在水牛尾醮上煤油,点燃牛尾冲阵,但遭敌人机枪扫射,水牛回头奔逃,冲乱了自己的阵脚。在没有重炮火力的有效摧毁下,红军靠肉搏上阵,给自己造成了不少的伤亡。加之红军弹药给养日益缺乏,敌援军越来越多,攻城的难度越来越大。同时,总前委得知援兵将至,据报国民党张发奎部到达湘潭。若旷日持久,久攻不克,敌援兵到来红军有陷入腹背受敌之险。红军何去何从?

在株洲主持召开红一方面总前委会议,果断决定株洲转兵

面对这种于己方极为不利的形势,设在白田铺肖家祠堂的红一方面军总部里,朱德拿着放大镜在墙上认真地看着军用地图。毛泽东一手拿着扇子,一手拿着烟,在屋内踱来踱去。蓦地,他将烟头奋力丢在地上,转过身来,面对朱

---

① 中共长沙市委党史办、长沙市郊委党史办:《红军攻打长沙》,湖南出版社1991年版,第101—102页。

德,嘴里迸出一声:"撤长沙之围,退到株醴萍攸地区再作打算。"毛泽东与朱德统一意见后,以先去湘潭消灭张发奎军、再取长沙为由,在没有请示中央同意的情况下,果断地作出决策,于9月12日在白田铺总指挥部召开军以上干部会议,经过耐心说服工作,最后一致同意撤围长沙,向株洲、醴陵方向转移。9月12日,毛泽东、朱德发布命令,为实现再夺取进攻武汉之目的,红一方面军撤围长沙,占领萍乡、修县、醴陵、株洲等处待机![①]

　　第二天上午,晴空万里,蓝天如洗。红一方面军总部一行30余人,在警卫连的护卫下,行进在白田铺至株洲的田间小路上,毛泽东和朱德边走边商谈撤长沙之围后的行动。毛泽东说:"这次撤出长沙,旨在打造援军和补充给养,部队中的广大官兵,特别是部分领导干部的思想上,仍然希望再打长沙。他们没有看到已经被实践所证明行不通的事实。为此,到株洲后必须召开总前委扩大会议,一方面,总结一下这次打长沙的经验教训,对继续坚持打长沙的同志做耐心的说服工作;一方面讨论下一步的行动方案。"[②]

　　毛泽东接着说:我认为应把部队带回江西,去打被我根据地四面包围的吉安。[③]

　　朱德沉思片刻后说:你的想法我同意,这次打长沙的经验教训应该总结,这样对说服坚持打长沙的同志会有帮助,然后再讨论下一步行动。这时,警卫连长贺庆元跑来报告:"前面就是铁路,过完铁路10分钟左右就到株洲镇。"[④]

　　下午1时半,部队驻扎在株洲镇附近。红一方面军总前委和司令部进入株洲后,就驻扎在中正街(今解放街)的恒和药号(后更名为协丰长绸布店)。

---

　　① 中共长沙市委党史办、长沙市郊委党史办:《红军攻打长沙》,湖南出版社1991年版,第111—112页。
　　② 中共株洲市委办公室、市委党史工作办公室:《转危为安的"株洲会议"——红一方面军总前委扩大会议纪实》,《株洲红色印记》,中共党史出版社2012年版,第110—111页。
　　③ 中共株洲市委办公室、市委党史工作办公室:《转危为安的"株洲会议"——红一方面军总前委扩大会议纪实》,《株洲红色印记》,中共党史出版社2012年版,第110—111页。
　　④ 中共株洲市委办公室、市委党史工作办公室:《转危为安的"株洲会议"——红一方面军总前委扩大会议纪实》,《株洲红色印记》,中共党史出版社2012年版,第110—111页。

协丰长绸布店

毛泽东住在靠近湘江边的一家竹器店楼上。据陈昌奉回忆："毛主席住的这家竹器店，坐落在港口街，店子比较宽敞，共有三间。正屋内放着许多竹器和竹子，大门是用木板装着的。毛主席当时就住在这间正屋里，床是用两条长高凳搭的，上面架着几块木板，上铺一块油布，再在上面铺一床毛毯。竹器店离湘江很近，坐在门前竹椅上可以看到湘江从南向北流去，只见江面上白帆点点，波光粼粼。门前有走廊过道，上空用瓦盖着，两边立着柱子，里面可以乘凉。"

下午3时，恒和药号的木板楼上，毛泽东主持召开了一个不同寻常的会议。会议的主题是具体研究、部署红一方面军撤长沙之围后的行动方针，亦即解决"今后还打不打长沙这样的大城市？"和"红军往哪里撤？如何撤？"等主要问题。《毛泽东年谱》如是记载：随红一方面军总部到达株洲。主持召开中共红一方面军总前委会议，初步总结红一方面军围攻长沙的经验教训。会议决定红一军团攻取吉安,红三军团略取峡江、新干,并先在萍乡、醴陵、攸县三县解决方面军的给养问题。

参加会议的有红一方面军总前委书记、总政委毛泽东;总司令朱德;副总司令兼三军团长彭德怀;三军团副军团长兼红三军军长黄公略;副总政委兼三军团政委滕代远;政治部主任杨岳彬;总前委秘书长古柏;总参谋长朱云卿;参谋处长郭化若;红三军政委蔡会文;红四军军长林彪,政委罗荣桓;红十二军军长罗炳辉,政委谭震林;红三军团政治部主任袁国平等。① 与会人员中除毛泽东外,还有6人后来成为党和国家领导人、4人成为共和国元帅、7人被中央军委确定为军事家和追认为军事家,牺牲的高级将领有蔡会文、朱云卿、古柏、袁国平等3人。

毛泽东坐在一张书桌的正面,桌子上摆着一堆材料,他一面翻看材料,一边讲话;左侧坐着朱德,一只手放在桌面上,望着毛泽东讲话;右侧坐着彭德怀,两眼望着会场,全神贯注地听着。其他与会者一边听,一边在笔记本上记录着。

毛泽东说:"今天我们这个会议,一方面是回顾一下这次打长沙的经验教训;一方面是讨论我们下一步的行动问题。我先讲讲,然后请大家讨论。"毛泽东对这次攻打长沙教训的分析,写在他给中共中央的报告中:"此次攻长沙不克,其原因有三:(一)未能消灭敌之主力于打工事之前。敌共有三十一团之众,我在文家市、猴子石两役虽已消灭敌兵在五团以上,但大部队尚未消灭即退入城壕,因此敌有余力守城。(二)群众条件不具备。城内无工人暴动、无士兵暴动以为响应,粤汉路、株萍路及对河群众没有起来,不能断绝敌人之水陆交通,不能封锁敌人之经济及军事运输。(三)技术条件不具备。敌之工事是欧式重层配备,铁丝网、壕沟等计八九层,我们只有肉搏,没有重炮破坏敌之工事,交通器具如无线电等我们也没有,以致两个军团联络不好,因而失

---

① 中共株洲市委党史工作办公室:《中国共产党株洲历史第一卷》,中共党史出版社 2007年版,第244页。

机。"他在报告中强调："依我们的经验,没有群众条件是很难占领中心城市的,也是很难消灭敌人的。"①

阐述失利原因后,毛泽东接着说："如果第一次占领长沙,只是一种暂时的行动,不想固守这个城市,并在那里建立根据地的话,那么,它的效果可以说是有益的,因为这对全国革命运动所产生的反响是非常大的。企图把长沙当作一种根据地,而不在后面巩固苏维埃政权,这在战略上和战术上都是错误的。因为红军在力量上还没有达到足以长期占领和固守大城市的地步。因此,在敌强我弱的形势下,红军当前的主要任务是补充新的士兵,在新的农村地区实行苏维埃化,尤其重要的是在苏维埃政权的坚强领导下巩固红军攻克的地区。为了这些目的,没有必要打长沙,这件事本身含有冒险的成分。我们这次的行动也证明了这点。所以我们下一步的行动,应撤回江西,打下被我们苏区四面包围的吉安为宜。"②

接着,朱德发言,他习惯于站起来讲,一手压在桌子上,一手配合讲话左右比画着说："我们的部队力量薄弱,装备又不好,即便我们能够攻占几座工业城市,即便有些产业工人参加战斗,但能否坚守城市的确是大可怀疑的,反革命的部队在数量上占优势,在装备上更不知要好多少倍了。同时,红军的装备和训练都不宜打阵地战。光是敌人开到长沙的增援部队就布置了三道防御工事,还有通电的电网,攻打这样有坚固工事的敌军,其结果将是可想而知的。因此,我赞同红军撤回江西根据地,去打孤立的吉安。"彭德怀也总结了攻打长沙的六条教训。

此时,红军中很大一部分干部战士还不可能认识到"左"倾冒险错误的危害,仍然要求攻打长沙、南昌这样的大城市,然后会师武汉,饮马长江。为

---

① 中共长沙市委党史办、长沙市郊委党史办:《第一军团前委书记毛泽东给中央的报告(1930年9月17日)》,《红军攻打长沙》,湖南出版社1991年版,第55—56页。

② 中共株洲市委办、市委党史工作办公室:《转危为安的"株洲会议"——红一方面军总前委扩大会议纪实》,《株洲红色印记》,中共党史出版社2012年版,第112页。

此,与会者在讨论中展开了激烈的争论。有的则主张不继续打长沙就去打南昌。

毛泽东耐心地劝说:"我们这次打长沙,虽然消灭了敌5个团,那都是在敌人的工事以外将其消灭的,工事以内的敌人我们打了半个月,根本无法将其消灭,反而使我们自己伤亡了几千人。因此,根据我们目前的装备去打大城市,无异于是以卵击石,只会给自己带来不必要的损失。"①

会议激烈讨论的情形,《滕代远传》记述道:"会上有人提出,中央指示打大城市,现在长沙打不进,就应去打南昌、九江,而不应打吉安。滕代远也认为吉安不是大城市,打吉安不符合中央指示精神。毛泽东根据围攻长沙的经验教训,认为目前不宜打大城市,还是先打吉安为好。朱德同样主张先打吉安,彭德怀也同意这个意见,滕代远听了他们讲的道理才表示赞成。"最后,在毛泽东的耐心说服下,会议基本上统一了认识,认为"夺取武汉是全国性质的阶级大决战,若没有全国特别是湘鄂赣豫等省的革命条件,则夺取武汉很难维持与扩大"②。目前应迅速攻下吉安,消灭当前的一切敌人以武装自己,红一方面军应扩大到12万人以上。为此,会议作出进攻吉安的决定,并于当晚8时发出《红一方面军攻取吉安的命令》。《命令》主要内容如下:"命令第一军团攻取吉安,第三军团攻取峡江、新淦、吉水。""部队14日在株洲出发,沿途分散工作,任务是先发动群众,筹款和缝制衣服,行军工作的日期共17天,限于本月30日全军团到达吉安之延福乡集中。"命令还指出:"第十二军应于明日于此地出动,向黄(皇)土(图)岭、攸县一带工作前进,以后则沿莲花、安福限于本月30日全军到达延福乡集中,并担任衡州方向的警戒。"命令又指出:"第四军自明日起分布由此地(株洲)以至白关铺、姚家坝、渌口、鱼潭弯、神福弯(港)、泗汾铺、沈潭等处。工作日期11天,限24日沿铁道萍乡取(醴)齐,

---

① 中共株洲市委办公室、市委党史工作办公室:《转危为安的"株洲会议"——红一方面军总前委扩大会议纪实》,《株洲红色印记》,中共党史出版社2012年版,第112—113页。
② 《滕代远传》写作组:《滕代远传》,解放军出版社1990年版,第129页。

并担任长沙方面的警戒。"①根据这一命令,红一方面军分散为八路纵队,撤回江西,第一军团攻取吉安,第三军团攻取峡江、新淦、吉水,之后将赣江东西两岸的根据地连成一片,在根据地内实行群众战争。彭德怀后来回忆道:"当时三军团方面有人提出打南昌,也有人反对。反对者的理由是:长沙既未打开,又去打南昌。南昌守敌虽不及长沙之多,但工事不弱;且城周多水池、湖泊,地形不利于进攻,而利于防御;蒋、冯、阎军阀战争已停止,敌军将要向我进攻,我应准备在赣湘两江之间,各个歼灭敌人。至于打南昌或打长沙,那时再看具体情况。另一派说,在湘赣两江之间进行机动作战,是打拳战术,打来打去胡子都白了,还取不到湘赣两省政权。这一派也就是立三路线的继续,被毛泽东同志说服了。"②何长工在《回忆录》中写道:"13 日总前委在株洲召开会议,初步总结了围攻长沙的经验教训,作出以第一军团攻取吉安、三军团攻取峡江、新淦的决策。此后,红军分几路开回江西。"③

晚上,毛泽东入住竹器店。警卫员陈昌奉就睡在过道里的一条竹椅子上,警觉地守卫着毛泽东的安全。第二天清晨,毛泽东早早起床,带着 16 岁的陈昌奉漫步在湘江岸边。虽然又一个一夜未眠,但因昨天总前委扩大会取得预期效果而欣慰,人逢喜事精神爽。他迎着晨风,望着缓缓北去的江水,一手叉腰,一手指着南来北往的帆船,大声赞道:"这就是湘江,株洲这地方是水旱码头,别看它只是个小镇,交通比长沙还重要!"④

9 月 14 日下午 3 时,毛泽东和朱德率领红一方面军总前委机关的干部和警卫连 160 余人,离开株洲,沿着株萍铁路往湘东、赣西方向前进。以 12 天时间在萍乡、醴陵、攸县等三县筹款,并帮助地方党组织发动群众,建立党团组

① 中共长沙市委党史办、长沙市郊委党史办:《红军攻打长沙》,湖南出版社 1991 年版,第 112 页。

② 《彭德怀自述》,人民出版社 1981 年版,第 159 页。

③ 《何长工回忆录》,解放军出版社 1987 年版。

④ 中共株洲市委办公室、市委党史工作办公室:《株洲红色印记》,中共党史出版社 2012 年版,第 113 页。

织,建立苏维埃和赤卫队。

9 月 17 日,毛泽东在主持召开的湘东特委会议后在醴陵以中共红一军团前委书记名义给中央写报告。报告着重谈二打长沙问题,指出:"围困长沙十六天,大战数昼夜,战线延长三十余里。九月三日将敌之出击部队完全击溃,从此缩入战沟,不敢出来一步。到九月十日我军第二次总攻不得手,九月十二日始决议向萍醴撤退。把敌军三十团以上的威风完全打落,使之不敢正眼看我红军,同时给全国以颇大影响,则是这一次战争的胜利。"并说:"这次战役是自有红军以来第一次大战,因此我军死伤也不小。"报告还列举攻打长沙不克的原因。

9 月 23 日,毛泽东和朱德在萍乡发布红一军团由萍乡出发向吉安前进的命令。10 月 4 日晚,红军和赣西 10 万工农武装向吉安发起总攻,顺利占领吉安城,使赣西南革命根据地连成一片,形成了赣江中段、南段的广大赤色区域。特别是 10 月在吉安成立江西省苏维埃政府之后,赣西地区的武装割据获得更大的发展,红军和根据地各项事业欣欣向荣。

载入我党我军光辉史册的株洲会议以及株洲转兵,是中国共产党路线方针上、中国工农红军战略战术上、中国革命的道路与工作重点上的一次伟大转折,在红军发展历程中和中国革命道路上具有重要的历史意义。毛泽东以其远见卓识的革命胆略,在迷茫之中挺身而出,以实事求是的精神引领红军株洲转兵,从攻打大城市转为在敌人力量薄弱的中小城市和农村开展群众配合部队参与的游击战、运动战,继而夺取并建立巩固的革命政权。由株洲会议决策的改变主攻方向,率先在红一方面军内纠正了立三军事路线的错误,克服"城市中心论",停止攻打大城市,实施战略转兵,谋略发展新机,是红军克敌制胜的可取之道,不仅避免了攻打大城市的重大伤亡损失,扭转了当时中国革命中出现的一次严重危机,使弱小的红军免遭覆灭的危险,挽救了幼年的红军、挽救了幼年的中国革命,为粉碎国民党发动的第一次"围剿"创造了条件。而且红军以退为进、趁机开辟了赣南、赣西、闽西、湘东南大片红色区域,形成巩固的中央革命根据地,走出了一条中国革命以农村包围城市、武装夺取政权的正确道路,探明了党领导下的红军前进的正确方向,展现了以毛泽东同志为主要代表的中国共产党人实事求是的品质,对于实现以运动战为主的战略转变和开辟更大战局,产生了重大作用。这是一个历史的重要转折点,也是红军从此走向正确方向,不断胜利的起点!

第四节　从中国革命道路到新时代中国特色社会主义道路

毛泽东在株洲、在湖南的革命探索和伟大创造,让我们能够更深刻地领略从井冈山开创至今的中国道路之难能可贵。从中国革命道路,到新时代中国特色社会主义道路,中国共产党的百年奋斗,开辟了实现中华民族伟大复兴的正确道路。《中共中央关于党的百年奋斗重大成就和历史经验的决议》把坚持中国道路列为百年奋斗的十大历史经验之一。方向决定道路,道路决定命运。党在百年奋斗中始终坚持从我国国情出发,探索并形成符合中国实际的正确道路。

坚持实事求是、把马克思主义中国化,是党的百年奋斗成功开创和始终走出正确道路的思想基础

1927 年毛泽东发动和领导湘赣边界秋收起义和向井冈山进军,从进攻大城市转为向农村进军,是中国革命具有决定意义的新起点。

毛泽东的名著《星星之火,可以燎原》阐述道:"朱德毛泽东式、方志敏式之有根据地的,有计划地建设政权的,深入土地革命的,扩大人民武装的路线……无疑义地是正确的。"[1]这是毛泽东关于中国革命道路内涵的精辟概括。毛泽东领导军民在井冈山建立第一个农村革命根据地,党领导人民打土

---

[1] 《毛泽东选集》第 1 卷,人民出版社 1991 年版,第 95 页。

豪、分田地,古田会议确立思想建党、政治建军原则,不同于苏俄革命的中国式革命道路逐步开创。

新民主主义革命时期,中国共产党一开始想走苏联那样的中心城市暴动的道路,实践证明这条道路走不通,通过总结经验教训、深化对国情的认识,以毛泽东同志为主要代表的中国共产党人找到了以农村包围城市、武装夺取政权的正确道路,领导中国人民推翻三座大山、建立起人民当家作主的新中国。

在半殖民地半封建的旧中国,要救国救民拯危解难,道路的选择和开创是最艰难也是最重要的事情。在长期的革命斗争中,以毛泽东同志为主要代表的中国共产党人,把马克思列宁主义基本原理同中国具体实际相结合,对经过艰苦探索、付出巨大牺牲积累的一系列独创性经验作了理论概括,开辟了农村包围城市、武装夺取政权的正确革命道路,创立了毛泽东思想,为夺取新民主主义革命胜利指明了正确方向。

回顾百年,意气风发。中国共产党为什么能在百年奋斗不断地开辟革命、建设、改革、发展的正确道路,就在于党不断推进马克思主义中国化时代化并用以指导实践、求实创新,在新时代让马克思主义在中国大地上展现出更强大、更有说服力的真理力量。

坚持党的领导,是党的百年奋斗成功开创和
始终走出正确道路的关键保障

1930年毛泽东领导朱毛红军在第二次攻打长沙后召开的株洲会议、实施的株洲转兵,是中国工农红军在党的正确领导下在湖南实施的一次具有关键意义的大转兵。这次大转兵的决策和成果,集中反映了党对中国革命正确道路的卓绝探索,反映了马克思主义中国化与"左"倾思想的复杂斗争,反映了以毛泽东同志为主要代表的中国共产党人在革命紧要关头坚持从实际出发开拓奋进的巨大勇气,再一次证明了坚持党的正确领导的极端重要性。

　　道路问题是关系党的事业兴衰成败第一位的问题,道路就是党的生命。中国革命在经历了 1927 年大革命失败和 1934 年第五次反"围剿"失败之后,终于在中国共产党和毛泽东的领导下探索、开辟和走出了一条成功的中国革命新道路。

　　长征路上一次具有决定意义的遵义会议,事实上确立了毛泽东在党中央和红军的领导地位,开始确立以毛泽东为主要代表的马克思主义正确路线在党中央的领导地位,开始形成以毛泽东同志为核心的党的第一代中央领导集体,开启了党独立自主解决中国革命实际问题新阶段,在最危急关头挽救了党、挽救了红军、挽救了中国革命,并且在这以后使党能够战胜张国焘的分裂主义,胜利完成长征,打开中国革命新局面。这在党的历史上是一个生死攸关的转折点。

　　夺取全国胜利只是万里长征走完的第一步,革命以后的路程更长,工作更伟大,更艰苦。万里之行,始于足下,必须精神抖擞再出发。在社会主义革命和建设时期,毛泽东提出把马克思列宁主义基本原理同中国具体实际进行"第二次结合",道路探索仍矢志不渝。毛泽东强调应该把马列主义的基本原理同中国社会主义革命和建设的具体实际结合起来,探索在我们国家里建设社会主义的道路了。告诫全党要进行第二次结合,找出在中国怎样建设社会主义的道路。他深刻论析十大关系,探索一条适合中国国情的工业化道路。毛泽东的这些独创性理论成果,至今仍有重要指导意义,拓宽了在落后国家进行社会主义革命和建设的历史道路,具有世界意义。

　　对于党在社会主义革命和建设中取得的独创性理论成果和巨大成就,为在新的历史时期开创中国特色社会主义提供的宝贵经验、理论准备、物质基础,以习近平同志为核心的党中央给予了高度评价,并在新时代不断地继承发展。增强"四个意识",坚定"四个自信",做到"两个维护",加强中央权威和集中统一领导,是新时代坚定不移地走好中国特色社会主义道路的坚强保障。

坚持独立自主、敢为人先、开拓创新,是党的百年奋斗
成功开创和始终走出正确道路的重要前提

从进攻大城市转到向广大农村进军,这是中国革命具有决定意义的新抉择、新起点。株洲转兵,从形式上看似乎是后退,由进攻转为退却,其实本质上却是创新性的进展。它既符合当时中国革命的具体情况,也符合马列主义的基本原则,奠定和遵循了中国共产党的实事求是优良传统和开拓创新革命精神。实事求是、矢志创新,是探索革命战争客观规律、开辟农村革命正确道路的思想基础和指导方针。

中国共产党在革命、建设、改革各个历史时期,坚持从国情出发,探索并形成了符合中国实际的新民主主义革命道路、社会主义改造和社会主义建设道路、中国特色社会主义道路,这种独立自主的探索精神,这种坚持走自己路的坚定决心,是我们党不断从挫折中觉醒、不断从胜利走向胜利的真谛。习近平总书记曾引用鲁迅先生说过:"什么是路? 就是从没路的地方践踏出来的,从只有荆棘的地方开辟出来的。"①

党的百年奋斗证明,必须坚持开拓创新。中国共产党人始终坚持以开拓创新的勇气探索和创造中国道路,虽然艰苦卓绝,然而伟大辉煌。

自主创新,永远是一个国家、一个民族发展进步的不竭动力。中国共产党领导中国人民披荆斩棘、上下求索、奋力开拓、锐意进取,不断推进理论创新、实践创新、制度创新、文化创新以及其他各方面创新,敢为天下先,走出了前人没有走出的路,任何艰难险阻都没能阻挡住党和人民前进的步伐。

党领导中国人民成功走出一条中国式现代化道路,创造了人类文明新形态,拓展了发展中国家走向现代化的途径。中国特色社会主义道路对人类政治文明作出了巨大贡献。

---

① 习近平:《在庆祝改革开放 40 周年大会上的讲话》,人民出版社 2018 年版。

坚持敢于斗争、善于斗争,勇于自我革命,是党的百年奋斗成功开创和始终走出正确道路的政治品格

在百年奋斗中,党内、军内、革命队伍中的思想斗争、政治分歧从来没有停止过。毛泽东在领导秋收起义和向井冈山进军,在领导株洲转兵、创造新的中央苏区,在领导夺取长征胜利、实现由国内革命战争向民族解放战争转变,在领导打倒蒋介石、解放全中国、建立中华人民共和国,在领导探索社会主义革命和建设道路、建设执政党等一系列伟大斗争中,在探索中国革命道路、中国社会主义改造道路、中国工业化道路、中国现代化道路方面,始终坚持了敢于斗争和善于斗争这一党内生活健康有效运行的辩证法,勇于自我革命,坚持真理、修正错误。

改革开放之后,在中国特色社会主义理论和党中央的正确指导下,全党和全国人民奋力开拓,终于完成了"走出一条中国式的现代化道路"的时代命题。

中国革命、建设、改革和复兴的百年历程充分证明,中国共产党是敢于斗争、敢于胜利的伟大政党。在中国特色社会主义新时代,全党必须保持越是艰险越向前的英雄气概,敢于斗争、善于斗争,逢山开道、遇水架桥,做到难不住、压不垮,推动中国特色社会主义事业航船劈波斩浪、一往无前。因为"中国特色社会主义道路,是实现我国社会主义现代化的必由之路,是创造人民美好生活的必由之路"①。

党的二十大报告强调指出,坚持中国特色社会主义道路。坚持以经济建设为中心,坚持四项基本原则,坚持改革开放,坚持独立自主、自力更生,坚持道不变、志不改,既不走封闭僵化的老路,也不走改旗易帜的邪路,坚持把国家和民族发展放在自己力量的基点上,坚持把中国发展进步的命运牢牢掌握在

---

① 习近平:《在庆祝中国共产党成立95周年大会上的讲话》,人民出版社2016年版。

274

自己手中。

　　中国共产党百年奋斗开辟的中国道路,从中国革命道路,到中国建设道路,到中国改革道路,到民族复兴道路,创造了中国典范,具备了世界意义,充满了时代价值,照耀着前进方向。坚定不移沿着新时代中国特色社会主义道路走下去,中华民族伟大复兴的中国梦可期可待、善作善成!

第六章　对社会主义建设的探索

新中国成立后,以毛泽东同志为核心的党的第一代中央领导集体对中国社会主义建设道路进行了艰辛探索,取得了独创性理论成果和巨大成就,为我们党能够全面开创中国特色社会主义事业提供了重要的理论准备、宝贵经验和物质基础。作为与共和国一起成长起来的株洲,在毛泽东和党中央的关心下,由新中国成立初期仅7000人的小镇,逐步发展成为新中国重要的工业重镇。1965年5月,毛泽东经株洲夜宿茶陵,重上井冈山,欣喜于革命老区的发展变化,畅想社会主义现代化强国的模样,发出了"世上无难事,只要肯登攀"的伟大号召。株洲人民在党的正确领导下,在井冈山精神激励下,全面推进社会主义建设和改革开放,阔步迈进中国特色社会主义新时代,为实现中华民族伟大复兴的中国梦贡献株洲力量。

第一节　关心新城株洲工业建设,亲笔签署嘉勉信

株洲被称为"火车拖来的城市"。1899年,清政府开工修建萍(乡)醴(陵)铁路,主要由詹天佑主持修筑,1903年竣工。1905年12月,醴陵至萍乡安源的铁路延伸到株洲(株萍铁路),这是湖南省境内的第一条铁路。萍乡煤矿在株洲十二码头设转运分局,将萍煤下河由湘江北运至汉阳铁厂,年运量在30万吨以上。萍乡煤矿和株萍铁路合称安源路矿。粤汉铁路长沙至株洲(1911年)、武昌至株洲(1918年)建成。孙中山1919年出版《建国方略》,在第三和第四计划有关铁路系统中,分别两次提到株洲,一是关于广州钦州线,

"美国经营之株洲、钦州线。此线与甲线交于永州,乙线交于全州,丙线交于桂林,丁线交于柳州,戊线交于迁江,已线交于南宁,而与庚线会于钦州。"一是关于汕头常德线,"此线至汕头起,进至潮州、嘉应,出广东界,至江西之长宁(寻邬)。自长宁越分水界,入贡江谷地,循之以下,至于会昌、赣州。由赣州以至龙泉(遂川)、永宁(宁冈)、莲花。在莲花逾江西界,入湖南,于是进至株洲及长沙。"并在第六十图中标注了株洲的位置。1936 年粤汉铁路通车至广州,1938 年浙赣铁路与株萍路联通,湘黔路通车至湘潭(后又至蓝田),至20 世纪 30 年代后期,浙赣、粤汉、湘黔、湘桂建成通车后,都经过株洲,株洲成为铁路交通枢纽。株洲的地理、经济地位发生根本性变化,为株洲现代工业的形成与发展提供了便利条件。

20 世纪 30 年代,国民政府资源委员会基于《建国方略》中《实业计划》的相关规划,根据株洲交通地位的提升,憧憬将株洲建设成一个代表中国工业的"东方鲁尔区"。他们请来外国专家进行考察,拟定在株洲镇筹建钢铁、铸铜、汽车、化工、电工、兵工、机车等 7 大工厂的庞大计划,着手实施的有株洲机厂、株洲兵工厂、永利湘公司(永利湘厂)、中国汽车总厂、发电厂。而且在 1936 年的非常时期,国民政府多次制订过迁都方案,《国府还都》书中提到,其中就有迁都株洲的方案。但由于时政的腐败,致使建设极为缓慢;日军南侵的铁蹄,最终惊退了建设者的脚步,也炸毁了中国人梦想中的"东方鲁尔区"。至 1949 年,株洲铁路运输东可至杭州、上海,北至武汉、北京,南至广州,西至蓝田,粤汉线日过往客车3 对,客货列车 8 对,已形成我国南方的一个铁路运输交汇中心。但史料记载,1949 年的株洲镇,人口只有 7000 多人,残存的工厂满目疮痍,从事工业生产的工人不到 500 名,全年工业总产值折合人民币仅 58 万元。

国家"一五"计划重点布局株洲

新中国成立后,毛泽东提出了中国社会主义建设的新思路和一系列正确的方针政策,包括以"以重工业为中心","同时必须充分注意发展农业和轻工业,""发展工业必须要和发展农业同时并举"①的国民经济发展总思路。1951年2月18日,毛泽东在中共中央政治局扩大会议上提出"三年准备,十年计划经济建设"②的思想。

为筹划国家工业化,还在国民经济恢复时期,毛泽东就指导制定我国国民经济发展的第一个五年计划。1955年3月31日,党的全国代表会议对陈云主持起草的"一五"计划草案进行了审议,并原则通过这一草案。6月,中央委员会根据全国党代表会议提出的意见,对草案进行了再次修改。7月30日,一届全国人大二次会议审议并正式通过了"一五"计划。从此,株洲的工业迎来了千载难逢的发展机遇。

从1953年起实施的"一五"计划,国家确定株洲为全国8个新建重点工业城市之一,安排156个外援建设项目在株洲布点三三一厂、六○一厂、株洲电厂和株洲选煤厂4个,国家694个限额以上的项目在株洲布点株洲机车车辆修理工厂、株洲车辆厂、钢筋混凝土轨枕工厂(桥梁厂)、株洲冶炼厂、株洲化工厂、株洲磷肥厂(后与化工厂合并)、株洲麻纺厂、株洲玻璃厂、湘江氮肥厂9个。此后,先后有株洲铁路编组站等数十家国家、省重点项目落户株洲。这些企业和基础设施建设项目的建成投产,挺起了株洲工业的脊梁,为株洲工业发展奠定了坚实的基础,为株洲重点建设大工业城市谱写了新的一页。

因为株洲的特殊地位,新中国成立初期株洲的隶属关系几经变化。1949年8月成立湘潭县株洲区人民政府。1951年,设立县级株洲市。1953年改为省辖市。1956年3月,升格为地级市,由省委直接领导,成为湖南省除省会长沙外第1个地级市。

株洲市委、市政府以国家重点布局为契机,作出关于城市建设与支持工业建设的决议,明确以工业基本建设为全市一切工作中心的方针,提出围绕大工

---

① 《毛泽东文集》第7卷,人民出版社1999年版,第241页。

② 中共中央文献研究室:《毛泽东年谱修订本(1949—1976)》第1卷,中央文献出版社2013年版,第303页。

"一五"期间,国家156个重点建设项目中的株洲三三一厂、株洲电厂、
六〇一厂、株洲选煤厂等4个骨干企业旧照

业大办地方工业的思路,号召全市人民"把株洲建成为社会主义工业城市"。通过"大厂带小厂,小厂为大厂服务",全市逐步形成大、中、小型企业的群体,以重化工业为主,机械、冶金、化工、建材、轻纺、电子等工业体系基本形成,株洲这座工业新城初具规模,成为江南的工业重镇和国家重要工业城市。到1970年,全市完成工业总产值98941万元,是1949年的1700多倍。

株洲是伴随着新中国的成立而诞生的工业新城,是新中国社会主义现代化建设的成功蓝本。

嘉勉株洲国营三三一厂

1950年前后,从徐州第三兵工厂、胶东兵工厂奉命南下的数百名干部职工陆续汇聚在株洲凤凰山下,点燃了株洲现代工业文明的火种——一个专门修理、生产迫击炮弹的中南军政委员会株洲兵工厂应运而生,被誉为"中国的保尔·柯察金"的吴运铎任厂长。1951年1月,该厂更名为中南兵工局株洲七一兵工厂,6月更名为中央兵工总局株洲二八二厂。新中国成立2周年那天,经毛泽东批示,首批兴建的6个航空工厂,株洲的迫击炮弹生产线和二八二厂一起转移到湘潭,在株洲留守部分人员和设备,改建为航空发动机厂,被重新定名国营三三一厂。钟荣清任厂长兼党委书记,工厂有职工1000名,陈旧设备92台。首批任务为尽快修理苏制M—11航空发动机,为飞机提供"心脏",支援抗美援朝战争。同时国家决定,5年内拨出相当于50亿—60亿斤小米的资金,试制两种飞机的航空发动机。三三一厂,就这样在几近空白的基础上开始了艰苦创业的征程,开始在边修理边积累生产制造经验中,在一张白纸上构建了中国航空的蓝图。

1954年初,三三一厂接受了第二机械工业部第四局下达的50发动机的试制任务,规定的试制期限为1955年9月底。经过第一代航空人的日夜拼搏,创造了奇迹,1954年7月29日,首批3台发动机已总装完工。8月25日,国家鉴定委员会签署试车鉴定书,鉴定结论充分肯定了三三一厂制造出我国有史以来的第一台航空发动机的历史意义。消息传出,全厂沸腾,大家都为这一历史性的伟大胜利而欢欣鼓舞,喜庆中国人自己制造的飞机"心脏",终于可以翱翔在祖国的蓝天之上!广大职工激动之余,萌生一个共同的心愿:"发电报向毛主席他老人家报喜!"报喜书这样写道:

敬爱的毛主席:

　　我们以万分激动的心情向您报告,我国有史以来未曾有过的五零号航空发动机,已于八月十八日在我厂按照国家计划提前十三天试制成功了!我们谨向您致以崇高的敬意!并祝身体健康。

国营第三三一厂全体职工敬上

一九五四年八月二十六日

让株洲航空人兴奋的是,10月25日,毛泽东亲笔签署了对全厂职工的嘉勉信,全文如下:

第二机械工业部转国营三三一厂全体职工同志们:

八月二十八日报告阅悉。祝贺你们试制第一批爱姆—十一型航空发动机成功的胜利。这在建立我国的飞机制造业和增强国防力量上都是一个良好的开端。希望你们继续努力,在苏联专家的指导下,进一步地掌握技术和提高质量,保证完成正式生产的任务。

毛泽东

一九五四年十月廿五日①

毛泽东主席给三三一厂写的嘉勉信

---

① 中共株洲市委党史工作办公室:《中国共产党株洲历史》第二卷,中共党史出版社 2011 年版,第 119 页。

曾计划到三三一厂视察,但后来未能如愿。乘着毛泽东嘉勉信的东风,中国航空工业南方公司、中航发南方工业有限公司(原三三一厂)干部职工不断勇攀中国航空工业的高峰,斩获了一项项航空工业硕果,先后研制成功我国第一枚空空导弹、第一台涡轮螺旋桨发动机、第一台涡轮风扇发动机、第一台燃气轮机、第一台重型摩托车发动机……经过几十年的奋斗,株洲也发展成为全国最大的中小航空发动机研制和生产基地、全国唯一的中小航空发动机特色产业基地、全国首批湖南唯一的国家通用航空产业综合示范区。

短暂经停株洲关心株洲发展

1954 年 11 月 25 日,毛泽东从广州乘专列经过株洲车站更换车头,停留约 20 分钟。毛泽东身穿灰色中山装、脚穿布鞋走下专列,在站台上踱步。湖南省委书记周小舟,省公安厅负责人等前往株洲迎候毛泽东,汇报湖南工作,执行保卫工作。车站党支部书记张会福、站长张强上岗服务。株洲市公安局刘辉奉命带着几名干警在火车站站台负责安全保卫。

踱步站台,遥看小镇。毛泽东向刘辉询问株洲现在的情况,刘辉简单给毛泽东介绍了新中国成立后,株洲由镇设市和被国家列为八个新建的重点工业城市之一的情况。毛泽东听后对刘辉等工作人员说,干革命的时候曾经来过株洲,1927 年在火车站附近部署株洲秋收暴动,1930 年在株洲一个老街主持召开红一方面军总前委扩大会议。①

毛泽东遇见一位年轻的铁路负责人员,便与他交谈起来。得知他刚刚 27 岁,毛泽东高兴地说:好啊!你们年轻人起来了,我就放心了。你们一定要好好学习马列主义,把建设祖国的任务完成好。② 这位年轻干部初遇毛泽东,心情紧张,十分拘束,但毛泽东三言两语打消了他的顾虑,两人交谈得很愉快。

毛泽东走到车头与车厢交接处,看到列车挂钩员正在工作,便问陪同人

① 于来山、陈克鑫、夏远生:《毛泽东五十次回湖南》,湖南人民出版社 2009 年版,第 13 页。
② 于来山、陈克鑫、夏远生:《毛泽东五十次回湖南》,湖南人民出版社 2009 年版,第 13 页。

员:"你们知道火车的车钩是谁发明的吗?"陪同人员都答不上来,毛泽东便介绍说:是詹天佑发明的,并接着说:我国铁路战线还是有很多人才的。[①]

当车站发出挂好车头的信号时,工作人员请毛泽东上车,随后,列车往长沙方向开去。

关心醴陵瓷业发展

醴陵陶瓷文化历史悠久,陶瓷生产可上溯至东汉时期,有近 2000 年的历史。1906 年,熊希龄(字秉三,湖南省凤凰县人,授翰林院庶吉士,1904 年赴日本考察宪政,回湘后决心振兴湖南瓷业,一生致力于实业和教育事业,曾任北洋政府国务总理)与文俊铎(字代耕,湖南省醴陵县人,1891 年中举,领衔与谭嗣同在湘成立南学会,戊戌变法失败后,避隐家乡,致力于公益事业,曾与熊希龄同赴日本考察教育与实业)创办湖南官立瓷业学堂,兴办湖南瓷业公司,令醴陵瓷异军突起。湖南瓷业学堂研制出草青、海碧、艳黑、赭色和玛瑙红等多种釉下颜料,运用国画双勾分水填色和"三烧制"法,生产出令人耳目一新的釉下五彩瓷器,有"白如玉、明如镜、薄如纸、声如磬"之美誉,实现了由粗瓷到精瓷的转变。醴陵生产的釉下彩瓷还当作贡品进献给皇宫。1915 年,参加巴拿马太平洋万国博览会的醴陵釉下彩瓷"扁豆双禽花瓶",因瓷质细腻、画工精美、五彩缤纷,夺得最高金牌奖,被国外舆论誉为"东方陶瓷艺术的高峰"。1918 年湖南瓷业公司毁于兵火,后虽稍恢复,但由于国乱或国民贫穷,精细釉下彩瓷质优价高难被人接受,只能惨淡经营。1930 年前后,釉下五彩瓷基本停止了生产。

毛泽东多次到醴陵,认识醴陵瓷,始于考察湖南农民运动期间,他多次到醴陵与当地农民攀谈,据毛泽东本人回忆,醴陵的乡亲很好客,每次去都会用漂亮的小碟子装很多小吃招待他。[②]

---

① 于来山、陈克鑫、夏远生:《毛泽东五十次回湖南》,湖南人民出版社 2009 年版,第 13 页。
② 何晓鹏:《毛泽东与"毛瓷"》,《中国新闻周刊》2006 年第 50 期。

　　1956 年,在毛泽东的关怀下,国务院批准成立醴陵瓷业总公司,拨款 800 万元建成醴陵窑。1958 年又成立醴陵瓷器公司艺术瓷厂(1964 年更名为群力瓷厂),成为全国最具规模的釉下五彩瓷的生产厂家。1956 年 5 月,毛泽东在听取中南区各省汇报,当与湖南省代表团谈到瓷业时,就说过这样一句话:"湖南有个醴陵,不也产瓷器嘛。"毛泽东主动提到醴陵的瓷业:"醴陵的釉下彩是得过国际金奖的,现在怎么样?"湖南省委的负责同志向毛泽东汇报了醴陵工业现状和瓷业公私合营后存在的发展问题,提出要求成立地方国营性质的瓷业公司,统一管理瓷业之事,毛泽东当即表示:"这好嘛,可以试办。"①并详细询问了醴陵瓷业的具体情况,连瓷器烧成的温度是多少都问到了。当年国家就投入 800 万元,轻工部派出专家组改进醴陵窑,成立醴陵瓷业总公司,全国唯一能烧制釉下五彩的醴陵群力瓷厂组建完成,此后成立湖南省工业厅瓷器工业公司、艺术(群力)、星火、永胜、力生等几大瓷厂,醴陵瓷业又开始风生水起。

毛瓷"四季碗"

---

　　① 于来山、陈克鑫、夏远生:《毛泽东五十次回湖南》,湖南人民出版社 2009 年版,第 40 页。

毛主席喜爱醴陵瓷器、关爱醴陵瓷业发展,后半生使用的生活用瓷几乎都是醴陵釉下五彩瓷器。醴陵从 1956 年开始成立瓷业公司之后,便一直负责烧制国家用瓷,这其中很重要的一部分便是毛泽东专用瓷。1958 年醴陵为毛泽东首次烧制生活用瓷,这批茶杯一共烧了 100 件,并明确编号,1 号给毛泽东专用,其余的则分给中央政治局领导,被命名为"胜利杯"。根据记录,一直到 1974 年,醴陵 16 年间为毛主席创烧专用瓷近 2000 件。代表性作品包括 1958 年的胜利杯、1971 年的釉下彩瓷餐具和烟灰、1973 年的带盖鱼盘,以及 1974 年为庆贺毛泽东82 岁寿辰烧制的双面釉下薄胎五彩花卉碗,特别是"四季碗"为当代醴陵窑中的极品。1974 年 12 月 23 日,周恩来乘专机抵达长沙,汇报工作的同时向毛泽东祝寿,两人一起用餐就是用的这批釉下五彩薄胎碗。毛泽东看到瓷器很高兴,对瓷器上的图案非常喜欢,还拿出两个碗轻轻地相互碰了一下,"声如磬",连声夸赞家乡的瓷器真好。从 1958 年开始,毛泽东生活中一直使用醴陵瓷,根据毛泽东的生活秘书吴连登回忆:"他老人家天天用,临终前吃的最后一顿饭,用的也是这种碗。"①

在毛泽东和有关部门的关心下,醴陵瓷业在短短的数十年时间里得到长足发展。2008 年醴陵釉下五彩瓷烧制技艺被列入第二批国家级非物质文化遗产名录。2013 年,醴陵窑被国务院公布为第七批全国重点文物保护单位。2021 年,醴陵陶瓷产业总产值突破 450 亿元。

第二节 谆谆寄语,勉励"为建设社会主义而奋斗"

株洲是一片红色的热土,是土地革命战争时期的重要根据地,是井冈山、湘赣、湘鄂赣革命根据地的重要组成部分,全市有 17 万多人为革命献身,其中登记在册的烈士有 1.1 万多人。毛泽东对老区人民、革命老战士、烈士、烈士

---

① 肖捷:《毛主席曾 3 次到醴陵 揭开"天价"毛瓷的神秘面纱》,人民网,2015 年 4 月 20 日。

家属满怀深厚的感情,曾多次写信给烈士家属,在表示关爱的同时,勉励他们在平凡的岗位上为建设社会主义而奋斗。

亲笔题写"罗哲烈士之墓"

罗哲1902年出生于湘潭县马家河村(今属株洲市天元区),是毛泽东早年的革命战友。

1919年五四运动爆发后,在长沙求学的罗哲积极投身学生运动,并被推选为湖南学生联合会代表。他在革命的风浪中崭露头角,得到了毛泽东的赏识。1926年,罗哲得知毛泽东在广州举办农运讲习所,毅然远赴广州,担任农运讲习所的教员,并经毛泽东介绍加入中国共产党。

1926年9月,第六届农民运动讲习所结业后,罗哲被派回湖南,任湖南农民协会组织干事。他以特派员身份到各县考察农民运动。12月,中共中央农民运动委员会主任毛泽东应邀由武汉回到长沙,参加和领导湖南省第一次农民代表大会和工人代表大会。为协助毛泽东召开全省农民代表大会,罗哲夜以继日地忙碌着,并向毛泽东提供了湖南农民运动的情况。

1927年初,为适应当时全国农民运动发展的需要,毛泽东在湖南考察5县农民运动后,回武汉筹备全国农民协会,调罗哲去协助工作。2月12日,罗哲同夫人曹云芳一道随同毛泽东、杨开慧到达武昌,首先住在武昌都府堤旅社,后随迁到湖北省农民协会。当时,毛泽东、杨开慧以及彭湃、夏明翰夫妇都住在武昌都府堤41号,罗哲任全国农协筹备会秘书,协助毛泽东筹备全国农民协会,成为毛泽东第一任秘书。

四一二反革命政变后,局势一天天恶化。罗哲同曹云芳搬到都堤府41号毛泽东的住所。毛泽东、杨开慧住前院,罗哲、曹云芳住后院。7月15日,汪精卫在武汉发动反革命政变后,罗哲根据毛泽东的指示,回长沙了解情况。罗哲在长沙秘密活动了一段时间,将情况书面向毛泽东作了汇报。

党的八七会议后,毛泽东回湖南领导秋收起义,罗哲一同回长沙协助毛泽东工作,并担任中共湘潭县委组织部部长。罗哲专门负责收集起义的枪支弹药,任务十分艰巨,经常扮作收鸡蛋的小贩,很早出去,深夜回来,在极端险恶的环境中四处活动,但他毫不在意,他经常对曹云芳说:"现在出去吉凶难测,你不要为我担心,就是出了事,也不要着急,搞革命是人人应尽之责。蒋介石这样恶毒,如果不把他干掉,革命难以成功。你们工作也要多加小心。"毛泽东对罗哲很关心,每当罗哲外出未归时,总是像慈母一样念着:"罗哲为什么还不见回?"①有时夜深了,还到房门口问曹云芳:"罗哲回来了吗?"②罗哲也很关心毛泽东的安全,每天吩咐曹云芳:"要小心防范,不能让机关出了乱子。润之同志来问时,只说我晚点就回来,不要使他挂念。"

1928 年 7 月 25 日,由于叛徒的出卖,罗哲夫妻二人不幸被捕。经过严刑拷打,罗哲坚强不屈,1928 年 9 月 11 日被杀害于长沙,年仅 26 岁。曹云芳出狱后,双胞胎大女儿罗天元留在株洲,由曹家人抚养;小女儿罗天亚,跟着曹云芳生活。后来,毛泽东多方打听都没有罗哲的消息。在 1945 年重庆谈判时,还找张维打听罗哲的下落。那时候,张维也只是听说罗哲已经牺牲,对于曹云芳和两个女儿的情况并不知情。

1956 年 7 月份,身在贵阳的曹云芳接到贵阳市领导的通知:"赶紧给毛主席写封信,他老人家一直在找你!"8 月 11 日,毛泽东写下了这样一封回信:

云芳同志:

　　七月八日的信收到,甚慰。罗哲同志英勇牺牲,早就听到一些消息。一九四五年在重庆的时候,见到张维兄,曾打听你们的下落,他只告知你姐姐王夫人已故,你的情形他不知道。现知你仍健在,并有两个女儿能继

---

① 中共株洲市委办公室、中共株洲市委党史工作办公室:《红色印记》,中共党史出版社 2012 年版,第 193 页。

② 中共株洲市委办公室、中共株洲市委党史工作办公室:《红色印记》,中共党史出版社 2012 年版,第 193 页。

承罗哲遗志,我很高兴。罗哲为党艰苦工作,我可作证,当时没有别的证件。恤金由谁领的问题,应由当地政府去作决定,如果决定给继子,不给女儿,也就算了,不必为此去争论。

坟墓可由家属修理。现寄上三百元,请你酌量处理。今后如果还有困难,可以告我设法。你见过的两个孩子,一个在战争中牺牲了,一个也已病废。你们在贵阳工作有成绩,向你们致贺。顺祝

康吉

毛泽东

一九五六年八月十一日①

不久,一座崭新的烈士墓立在了湖南,上面刻写着毛泽东亲笔题写的 6 个苍劲有力的大字:罗哲烈士之墓。1958 年 6 月和 1960 年 8 月,毛泽东先后两次邀请罗哲烈士夫人曹云芳到北京他家中做客,合影留念并为她题写"为建设社会主义而奋斗",勉励她沿着先烈的足迹继续前进。

"为人民国家的建设服务"

1950 年 8 月 23 日,日理万机的毛泽东给茶陵的陈叔同、陈泽同姐妹复信写道:

叔同、泽同女士:

来信收到甚慰,工作问题,以在当地设法为适宜,不必远道来京。此复。顺祝健进!

毛泽东

一九五〇年八月二十三日②

---

① 《毛泽东书信选集》,解放军出版社 1984 年版,第 512 页。
② 尹烈承:《毛泽东与茶陵》,湖南人民出版社 2006 年版,第 126 页。

陈叔同、陈泽同出生在湖南省茶陵县一个贫苦知识分子家庭,姐姐陈叔同出生于 1903 年 2 月 21 日,号瑜圃。妹妹陈泽同出生于 1910 年,比姐姐小 7 岁。1927 年 12 月下旬,在茶陵县湖口,姐妹俩目睹毛泽东惩处陈皓一伙叛徒,在茶陵民众争相报名参军的热潮中投身工农革命军,从此跟着毛泽东上井冈山闹革命。

在江西宁冈的龙市和茅坪等地,陈叔同、陈泽同俩姐妹被安排在前委工作,在毛泽东身边从事前委政治部的机要和妇女部工作,为毛泽东处理日常事务和抄写文稿。谭政曾在《回忆井冈山的战斗生活》一文中记述:毛泽东在龙市住在一栋楼房里,有楼梯上去。他住前面,我们住在后面……住在那里的还有位副官和茶陵来的三位女将,搞抄抄写写。这三位女将中的两位就是指陈叔同、陈泽同。

不久,陈叔同经宛希先、毛泽覃介绍,加入中国共产党,与毛泽东、何挺颖、宛希先、毛泽覃、谭政、江华等在同一个党小组参加组织活动。1928 年春,为了深入发动民众参加革命武装,扩大革命根据地,毛泽东高瞻远瞩,决定派遣党和军队的骨干到井冈山根据地各县开展地下工作。陈叔同、陈泽同姐妹随同返回茶陵县从事地下工作。姑妈陈云秀为掩护姐妹俩,在敌梭镖队的淫威利诱面前,宁死不屈,被反动派活活折磨而死。后在地下斗争中,与组织失去了联系。

1949 年 10 月 1 日,毛泽东登上天安门主持了中华人民共和国开国大典。消息传来,陈叔同姐妹兴奋异常。回忆起在井冈山时毛泽东对她们的关怀、教诲和帮助,感到无比的亲切。于是联名向毛泽东写信,在汇报离开井冈山后所历经的苦难情况后,提出了想去北京谋职的请求。

陈叔同、陈泽同姐妹接到毛泽东的复信后,兴奋不已,倍感亲切和温暖。陈叔同遵照毛泽东指示,安心教学,直至 1976 年去世,一直在茶陵境内从事小学教育工作,为发展国家的教育事业、培养祖国的新一代作出了应有的贡献。

1955 年 6 月 5 日,毛泽东给革命烈士陈昌之女、攸县师范学校学生陈云回信:

陈云同志:

来信并附你父陈昌烈士略传,均收到了。去年一信也收到了。略传已转付党史资料机关作参考。此复。

祝你学习进步。

问你母亲好。

毛泽东

一九五五年六月五日①

陈昌(1894—1930),湖南省浏阳市人,1911 年考入湖南一师,与毛泽东、何叔衡、蔡和森等结友。1917 年,毛泽东在浏阳农村搞社会调查时,曾在此居住多日。1918 年 4 月加入毛泽东等创建的新民学会,主张用布尔什维主义改造社会,积极参与毛泽东组织俄罗斯研究会和文化书社的活动。1920 年秋,受毛泽东委托,回浏阳筹办浏阳分社,年底加入社会主义青年团。1921 年冬,经夏明翰介绍加入中国共产党。不久,浏西特别支部成立,任书记。1922 年,受毛泽东委派,在醴陵甲种师范讲习所任教,宣传马克思主义。曾前往河南北伐前线担任国民革命军三十五军第二师政治部主任。大革命失败后,潜至贺龙部任团长,并参加"八一"南昌起义。1930 年 1 月,以中央特派员身份,赴湘鄂西根据地工作的途中,在湖南省澧县不幸被捕,决心"献身党的事业,死而无憾"。1930 年 2 月 23 日被杀害于长沙浏阳门外,年仅 36 岁。

1930 年 8 月,毛泽东率红一方面军攻打长沙,陈昌的妻子毛秉琴还去见过毛泽东一次,并把陈昌牺牲的事情告诉了毛泽东,毛泽东听后十分悲愤。陈

---

① 中共株洲市委办公室、株洲市委党史工作办公室:《毛泽东在湘东》,1993 年版,第 14 页。

昌牺牲时其女儿陈文新才 3 岁。从那以后,她们家就与毛泽东失去了联系。

新中国成立后,毛泽东对陈昌的妻女多有关怀。1951 年,正在武汉大学农学院读大三的陈文新回家看望母亲,临回学校时,母亲要陈文新代她给毛泽东写一封信。信寄出去后,很快就收到了毛泽东的亲笔回信——

文新同志:

你的信和你母亲的信都收到了,很高兴。希望你们姊妹们努力学习或工作,继承你父亲的遗志,为人民国家的建设服务。

问候你的母亲。

祝进步!

毛泽东

四月二十九日①

在这封书信里,毛泽东表示,希望陈文新姊妹努力学习或工作,"继承你父亲的遗志,为人民国家的建设服务。"勉励她们进步。毛泽东还亲笔写信给毛秉琴,给她汇去 300 元,以让她作为生活补助。1955 年,毛泽东又专门给在攸县师范学校学习的陈昌之女陈云回信。可见,毛泽东对陈昌的革命情谊是很深的,对烈士后代的成长也非常关心。陈云共两次给毛泽东写信。毛泽东回信的信封上手书的"湖南攸县师范",被学校仿制成校牌。陈文新因为在农业方面的突出贡献,2001 年当选为中国科学院院士。

第三节　夜宿茶陵,重上井冈山

井冈山是毛泽东革命生涯的重要转折点,毛泽东对井冈山有着很深的感

---

① 武文笑:《毛泽东自费资助烈士家属》,《中华魂》2016 年第 7 期。

情,一生曾为井冈山创作三首词。这里既是他探索中国革命道路的寻路起点,
也是见证他为中国的革命和建设奋斗终生的"故地"。

久有凌云志

1965 年 3 月 16 日,毛泽东乘专列南下到达武汉,住在美丽、静谧的东湖
边上的梅岭一号。当时面对复杂的国际国内形势,毛泽东突然想起了当年井
冈山的艰难情景,很想去井冈山看一看。

4 月 27 日清晨,毛泽东对公安部副部长汪东兴说:"请平化同志来一
下。"[1]张平化时任湖南省委第一书记,湖南省酃县人,井冈山时期参加革命的
老干部,全家有 7 人为革命牺牲,与毛泽东的革命友情长达半个世纪。张平化
接到汪东兴的电话:"主席在东湖,请你马上来一趟。"除此之外,再没多说一
句,张平化也没多问,当即向省委其他同志交代了工作,乘广州到北京的特别
快车到了武汉。毛泽东一见张平化,便招手让他坐在身边的沙发上,漫谈起
来。毛泽东问:"湖南农村社教运动怎么样?"[2]

张平化简要地作了汇报,特别谈到了醴陵军山公社这个典型,省委刚刚发
出了号召全省干部学习军山公社自觉革命经验的决定。

毛泽东笑着说,典型的意义也在于自觉革命。张平化对毛泽东这句话印
象十分深刻,后来在湖南多次干部会议上都引用了毛泽东这句话。

随后,毛泽东又问了湖南的工业、铁路等方面的情况,最后才把话题转到
井冈山。毛泽东说:"我年纪老了,经常梦到井冈山。很想去看一看,你最近
能不能抽出时间,带带路?"[3]

张平化 1959 年秋回湖南工作后,去过两次井冈山,井冈山很多老人都念
叨毛主席,很想请毛主席回井冈山看看。因此听毛泽东要重上井冈山,当即望

---

[1]　王锡堂:《张平化传》,团结出版社 2020 年版,第 173 页。
[2]　王锡堂:《张平化传》,团结出版社 2020 年版,第 89 页。
[3]　王锡堂:《张平化传》,团结出版社 2020 年版,第 89 页。

着毛泽东说:"跟主席上井冈山,我随时有时间,现在交通又方便。"

毛泽东含笑说:"那你先回去准备。"①

4月下旬,汪东兴先期由武昌来到湖南。张平化安排湖南省委书记处书记华国锋对毛泽东由湖南上井冈山的路线进行探查和选择。汪东兴、华国锋和湖南省公安厅副厅长高文礼一行来到茶陵。华国锋把汪东兴以"农垦部领导"的身份介绍给在县里主持工作的中共茶陵县委副书记李颖,然后就院里院外、城内城外察看,只是对毛泽东欲重上井冈山的事暂时保密。

汪东兴和华国锋等人一商量,从长沙到茶陵180多公里,一路颠簸而来,醴陵到茶陵一段又没通火车,应该在茶陵住下来休息才合适。毛泽东住茶陵招待所,安全保卫工作动作大了,影响群众生活,也难以保密。茶陵县委常委办公楼在县委大院里面,绿树成荫,比较安静,他们悄悄选定县委机关院内的县委常委办公楼为毛泽东在茶陵下榻处,并和李颖商量,能不能腾两间办公室布置成休息的地方。汪东兴说,有一桌能吃饭,有一床可睡觉即行,床上的木板会自己带来,不用做新的。同时秘而不宣地将预备给毛主席下榻处的窗户尺寸量好,以便在长沙制作窗帘。

从茶陵有两条路可通井冈山:一条是经酃县至宁冈砻市上井冈山;一条是经江西永新县至宁冈砻市上井冈山。汪东兴、华国锋一行经过考察比较,认定毛主席重上井冈山以取道永新,转宁冈上井冈山的路线为好,而酃县至宁冈砻市这条路里程虽近,但睦村这一段路面是新修的,下雨天泥泞路滑而不足取。

4月29日,毛泽东乘专列离开武昌到达长沙,下榻湖南省委九所三号楼,此行的主要目的是重上井冈山。但谁也想不到,在长沙毛泽东得了重感冒。但毛泽东坚决不吃药,希望通过加强锻炼,增加自身免疫力来抵抗感冒。毛泽东的重感冒刚被抑制,不巧张平化急性阑尾炎发作。毛泽东听说张平化一个劲地自我埋怨,叫秘书徐业夫打电话送去安慰,说:"不要慌,先治病,我

---

① 王锡堂:《张平化传》,团结出版社2020年版,第89页。

可以在这里等一段时间。"还说："阑尾炎这种病就是开刀才能治好。"①
毛泽东的关心,使得张平化越发不安。张平化请中医作保守治疗,推迟做手
术,将病情控制下来,以便尽快陪同毛主席重上井冈山。

千里来寻故地

《毛泽东年谱》这样记载:"5 月 21 日,毛泽东乘汽车离开长沙,由张平化、
汪东兴等陪同前往井冈山。当天晚上到达茶陵,下榻中共茶陵县委办公室,夜
读《茶陵州志》。5 月 22 日上午,毛泽东同茶陵县负责人合影,并为茶陵大桥
题名。随即,乘车去井冈山。"②

1965 年 5 月 21 日,这一天是星期五,晴空万里,毛泽东重上井冈山包括
十二辆小车组成的车队,在湖南省委九所 3 号楼整装待发。这十二辆车包括
两辆工作车(面包车),一辆专门装毛泽东的书箱、木板和其他生活用品,一辆
是通信器材之类。

早在出发之前,毛泽东就要求:"这次行动,不要搞得复杂了,一切节约办
事,吃的用的就地取材,有一间茅屋就能睡觉,尽量少用人用车,能合并坐车的
尽量合并坐车,沿途不要事先通知布置,不要惊动面过大,不要影响地方负责
同志的工作。"③

第一辆车是前导车,全部是警卫人员,配备有无线电发报机。当时这是比
较先进的通信设备,但仅隔两个山沟就听不见信号。毛泽东的贴身卫士周福
明也坐在这辆车上。

第二辆是毛泽东所乘坐的浅灰色苏制吉姆车(张平化的工作用车,后调
配给株洲市委使用,现陈列于韶山毛泽东同志纪念馆),司机为中共湖南省委

---

① 张平化:《张平化回忆录》,湖南人民出版社 1989 年版,第 114 页。
② 中央文献研究室:《毛泽东年谱修订本(1949—1976)》第 5 卷,中央文献出版社 2013 年
版,第 494 页。
③ 马社香:《前奏:毛泽东1965 年重上井冈山》,当代中国出版社 2006 年版,第 54 页。

办公厅小车队赵毅雍。赵毅雍驾驶技术精湛,1959 年 6 月毛泽东回韶山,及后来每次到长沙,都是赵毅雍开车。副驾驶座坐的是卫士王宇清,毛泽东坐在后座,旁边坐的是护士长吴旭君。

第三辆车是一辆黑色苏制吉姆车,司机是赵毅雍的弟弟赵林雍。湖南省公安厅厅长李强坐在副驾驶座,汪东兴和张平化坐在后座。赵林雍也是一位技术出众的老司机,平日为省委领导谭余保开车,也曾经为到湖南来的周恩来、彭德怀等中央首长开车。

张平化夫人唐慕兰坐在第四辆车上。毛泽东这次上井冈山,北京随行警卫人员、工作人员都不多,此时分别坐在不同的车上。

车队于上午 11 时许从九所出发,直奔大托铺毛泽东专列停靠处。毛泽东和他身边工作人员、湖南省相关领导登上专列。

登上专列后,毛泽东邀请张平化夫妇一起坐进专列会议室车厢休息。唐慕兰是第一次上主席的专列,只见会议室放着一张铺着雪白桌布的长方桌,上面放着烟缸、水瓶,没有鲜花,也没有点心。毛泽东坐了下来,用手指着右边的椅子,叫唐慕兰挨张平化坐下。

专列很快启动,沿湘赣线向株洲、醴陵方向疾奔,毛泽东兴奋地望着窗外,楼房渐渐远去,一望无际的田野映入视野。

此时,湖南的早稻已插秧近一个月。看见微风吹拂,田野中荡起的层层绿波,毛泽东高兴地问道:"今年的早稻收成又会不错吧。"①

张平化想起 1962 年 8 月北戴河会议上毛泽东的讲话,认真地回答:"主席对农业恢复时间的判断是正确的。"

下午 1 点多,专列缓缓停在醴陵阳三石火车站。张平化、汪东兴先下车,毛泽东没有要他们扶,而是从容地自己跨下车来。1965 年醴陵有两个火车站,一个是老关火车站,通东西线火车;一个是阳三石车站,通南北线火车。阳

---

① 王锡堂:《张平化传》,团结出版社 2020 年版,第 90 页。

三石火车站离老关火车站 4 公里,离现在的醴陵火车站 2.5 公里。李立三故居就在阳三石车站对面不到 200 米处的福建围。毛泽东在阳三石站台上来回走动,活动了几下胳膊,又伫立着朝铁路北边的小山丘看了几眼,随后便陷入沉思,摄影记者留下了毛泽东伫立在铁路边珍贵的影视资料。张平化静静地跟在旁边。毛泽东留念地向福建围方向又望了望,才朝浅灰色吉姆车走去,汪东兴一直恭候在车旁,静静打开车门,待毛泽东坐好后,才走向第三辆黑色吉普,和张平化坐在一起。

车队从醴陵再次出发向茶陵行进。下午 3 点多,车队进入了攸县。从攸县到茶陵必须在攸县过洣水河,1965 年洣水河上还没有建桥,过河只能用汽渡,渡船每次只能运送两辆小车。第三辆、第四辆小车上了渡船,船行到一半,突然第三辆小车的窗帘被一只大手掀开了,一张人民熟悉和向往的脸庞出现了,附近的值勤公安干警和渡船工作人员惊呼:"毛主席!"毛泽东朝他笑了笑。卫士忙朝船工走去,示意他不要打扰毛主席。船工惶恐不已。毛泽东摆了摆手说:"不要紧。"那船工脸上立刻又露出幸福的笑容。在轮渡上,毛泽东眼睛看着河水,嘴巴动了动,不知在说什么。据《攸县志》记载:毛泽东在攸县县城西门下轮渡过河时说:"这里要修一座桥。"当年,由湖南省交通勘察设计院设计,1966 年由湖南省交通厅拨出专款,于 1967 年 12 月建成单孔跨径 54 米的钢筋混凝土双曲拱桥,这是攸县境内第一座洣水大桥。

司机赵毅雍曾回忆,毛泽东当时在汽渡上告诉随车护士长,谭震林就是攸县人,谭震林的老家就在洣水河边。的确,谭震林家所在的珍珠巷解放后又叫谭家码头,离过汽渡的地方不到 50 米。而此时,谭震林就在攸县蹲点搞"四清"。毛泽东这个时候提到谭震林,一定是想起了谭震林这位井冈山时期的老战友,也一定是想起了井冈山时期的烽火岁月。

犹记当时烽火里　九死一生如昨

不管是株洲、醴陵、攸县、茶陵还是鄢县,毛泽东都是非常熟悉的。毛泽东曾多次到株洲开展革命活动,株洲还有毛泽东很多战友、同事和老部下,如李立三、左权、谭震林、耿飚、杨得志、程潜、宋时轮。

在从长沙到茶陵的路途中,毛泽东在专列和专车上,都回忆起早期革命生涯,正如其在《念奴娇·井冈山》中描述的那样:"犹记当时烽火里,九死一生如昨。"

毛泽东说:"我的人生第一课也是阶级斗争。1906 年底这条铁路上萍乡、浏阳、醴陵等地爆发了起义。声势很大,涉及周围十几个县,衡山、平江、万载、宜春、修水,好几万人,连韶山小山沟都震动了,我父亲做小生意半路打道回府。可惜不到一个月起义失败了。火车运来清军,抓住造反的人,挖心而食,杀人像割稻子一样。起义军有个领袖叫刘道一,是个同盟会会员,二十多岁,后被人出卖,宁死不屈,头被砍了四次才落下,惨烈得很。我从小印象最深的就是这件事,官逼民反。"①

毛泽东说,1920 年 11 月,他利用一次休假到株洲、醴陵、萍乡进行考察,对这次萍浏醴起义的爆发和失败有了新认识②。

萍浏醴起义对后来的辛亥革命、北伐战争、大革命时期湖南的农民运动、秋收起义都有很大的影响。俗话说,二十年后又是一条好汉。这也是讲造反有理。这个地区为国民党和共产党都送出不少人才。

张平化敬佩地看着毛泽东,不安地想到自己一直没有从萍浏醴起义的历史角度思考过农民运动,思考过这个地区的历史文化,更没有将这个地区与井冈山根据地在历史渊源上联系起来。

毛泽东的目光依然静静地注视着窗外,人民公社的稻田无声地伸向远方,往东连接着株洲、醴陵,连接着萍乡安源的煤海。

毛泽东缓缓地说:1927 年快过年的时候考察农民运动,他又来到醴陵,住在县农会的先农坛。农会负责人是孙筱山,罗学瓒是县委书记,他们睡在一个

---

① 于来山、陈克鑫、夏远生:《毛泽东五十次回湖南》,湖南人民出版社 2009 年版,第 238 页。
② 于来山、陈克鑫、夏远生:《毛泽东五十次回湖南》,湖南人民出版社 2009 年版,第 238 页。

房里。1906 年萍浏醴起义失败了,大革命也失败了。失败教训了我们。①

毛泽东的声音带着一种苍凉,一种深情。说我们共产党人慢慢从血的教训中懂得革命要成功,重要的一条,就是要总结前人失败的教训。转回来说,当年安源大罢工吸取了萍浏醴起义失败的教训。秋收起义、井冈山斗争也是接受了大革命失败的教训。

换乘汽车后,毛泽东一路上对护士长吴旭君讲秋收起义各团的经历,一幅幅腥风血雨的历史画面出现在人们眼前——

1927 年 9 月 9 日,秋收起义第一团在修水打响第一枪。秋收起义第三团是毛泽东亲自指挥的。他和潘心源 9 月 6 日从安源出发,在浏阳和铜鼓交界遇见张家坊挨户团,潘心源一见敌人盘查,有意将敌人引了过去。毛泽东赶快往前走,估计敌人一定会追上来,丢了一些钱在路上,躲在长了树木杂草的水沟里,团丁看到钱,以为是他跑时掉的,就说:"还在前面,快追! 快追!"毛泽东摆脱了敌军的追赶,安全脱险②。第二天赶到铜鼓。中秋节(1927 年 9 月 10 日),毛泽东召集排以上干部,在团部肖家祠开了会,决定第二天举行暴动。

9 月 11 日天刚拂晓,三团从铜鼓大沙洲出发。那时,毛泽东的脚磨烂了,不能行走,三团临时找张椅子,绑上两根杠子抬着他。三团旗开得胜顺利占领了浏阳白沙镇,这是毛泽东第一次领军打下的第一个胜仗。当晚三团住在白沙镇刘家祠。毛泽东率军取得小胜之后,感慨系之,在白沙镇作著名的《西江月·秋收起义》。

第二天,毛泽东指挥秋收起义军攻克浏阳县东门镇,率团驻扎在东门镇浏阳河两岸涂家祠堂和何家祠堂。9 月 14 日,三团退到白沙乡上坪宿营。在毛泽东湖南一师同学陈锡虞家,毛泽东召开第三团干部会议(上坪会议),决定放弃原定攻打长沙的军事计划,写信呈报湖南省委。同时传信第一团、第二

---

① 马社香:《前奏·毛泽东1965 年重上井冈山》,当代中国出版社 2006 年版,第 57 页。

② 于来山、陈克鑫、夏远生:《毛泽东五十次回湖南》,湖南人民出版社 2009 年版,第 240 页。

团余部向三团靠拢。9月19日，三个团在文家市会合。晚上，前委在里仁学校召开决定起义军命运的会议。会上，以师长余洒度等人为一方，坚决要打长沙；以前委书记毛泽东等人为一方，主张放弃攻打长沙，迂回向罗霄山脉中段转移。毛泽东的意见得到卢德铭的支持，赢得多数，成为决定。9月20日清晨，艰苦转战来到文家市的工农革命军一千多人，聚集在里仁学校操场上。师长余洒度先讲话，他情绪低落地告诉大家，他不知道以后怎么办，操场气氛更加低迷。这时，毛泽东从里仁学校侧门走了出来，他目光坚定，满脸挂着笑，大手一挥，说：失败是成功之母嘛。秋收起义受了点儿挫折，算不了什么！胜败乃兵家常事，我们的斗争刚刚开始，万事开头难。大城市现在不是我们要去的地方，我们要到敌人统治比较薄弱的农村去，发动农民群众，实行土地革命。只有打垮了反动派，我们穷苦人民才能翻身。

就这样，毛泽东率领秋收起义部队一千多人告别了文家市。22日晚部队走到萍乡芦溪，担任后卫的三团突然遭到朱培德部和地主武装的袭击，卢德铭在指挥掩护部队转移时中弹牺牲，年仅22岁。

卢德铭的牺牲和芦溪之败，给秋收起义队伍很大打击。秋收起义半个月，一团、二团两个团长下落不明，总指挥牺牲，三团团长苏先俊和师长余洒度垂头丧气。秋雨茫茫，人心惶惶，开小差的天天都有。有些小资产阶级出身的共产党员，纷纷背弃了革命，走向叛变或者消极的道路。那时，逃跑成了公开的事。

有一天，毛泽东走到一个连队，有个战士不认识他，要他挑担子，毛泽东说："我给你们挑担子好几天了，今天你们连长叫我休息。"①认识毛泽东的同志说："这就是中央派来的毛委员！"战士们都感到惊奇，毫不拘束地围在他身边。毛泽东这样天天和战士们走在一起，了解他们的思想，寻找凝聚这支队伍的办法。秋收起义的队伍艰难地向罗霄山脉中部前进。

---

① 马社香：《前奏·毛泽东1965年重上井冈山》，当代中国出版社2006年版，第68页。

不思故乡思井冈

茶陵县是革命老区,在战争年代,茶陵人民作出了巨大牺牲和贡献,全县为革命牺牲5万多人,其中在册烈士5000多人,走出了25位开国将军。20世纪60年代,茶陵县城不大,两条主要街道南北交错,路面不宽、洁净,汽车较少。湖南公安部门关于毛泽东由长沙赴井冈山的警卫接待工作情况报告记载:下午4点40分,车队顺利到达茶陵县,悄无声息地开进茶陵县委大院。

那天,县委机关多数干部都在下农村,有的搞调查,有的搞"四清"。县委、县政府都在一座楼里办公。县委副书记李颖在家主持工作。毛泽东来茶陵休息的房子,按照汪东兴交代做了简单布置,将一楼中部两间房打通了一个门,外间放了一个方木桌,4把凳子,里间放有一张桌子,一张木床架子,严格按要求没有准备床板,但准备了一床新被套。

茶陵县委办公楼外景

有人告诉李颖,快去门口,首长来了。这时李颖虽知道是毛泽东来,他也在 1962 年北京七千人大会上远距离见过毛泽东,心情仍然非常激动、紧张。刚走到门口,只见毛泽东在吴旭君照护下,从银灰色吉姆牌轿车中走出来。高大魁伟的身材,亲切的面容,顿时使李颖眼睛模糊,一下惊呆了,近在咫尺,李颖不知所措,他心里在喊:"啊!毛主席!"这时张平化从紧随在后的轿车里走出来,快步超过到毛泽东跟前,把李颖介绍给毛泽东。李颖身高 173 厘米,他感到毛泽东个子真高,老人家红光满面,神采奕奕,主动伸出手。李颖一时激动得连话都不会讲了,立即趋前两步,紧紧握住毛泽东的手。当时只喊了一声"毛主席",别的话就忘记说了。

毛泽东已是 72 岁高龄,从长沙到茶陵,在汽车里颠簸了一天,走路仍是昂首阔步,身体非常健康,没有一点儿疲劳的样子。毛泽东在张平化的陪同下,走进县委常委办公楼的走廊,有人说,在这里休息一下吧?毛泽东进了为他准备的 25 号房间,在一张藤椅上坐下来,看看四周说,天色还早呀,走吧!张平化立即接话:"天色不早了,今天不走了,就歇在这里。"毛泽东没有说话。张平化和陪同进屋的几位同志站了一会儿后说:"主席,您休息吧。"大家退出了房间。毛泽东住宿按照简单、轻便的原则布置,室内陈设的床铺、窗帘、痰盂、热水瓶、台灯、衣架等都是从长沙随车带来的。毛泽东睡的床是随车带来的一个木板床,可以折叠,床铺比较宽、很朴素。床的一边放铺盖,一边可以放书籍和公文。

这栋办公楼就住了毛泽东和他的保健医生、护士及贴身警卫人员。毛泽东的伙食是专职厨师在小厨房做的,吃得很简朴,西红柿、蔬菜是自带的,在茶陵只要了两条一斤多重的活鱼、一斤左右猪尾巴。菜谱有红烧鲤鱼、红烧肉、猪尾肉、青菜、茶陵糊腊,还有豆腐乳、茶陵伏蒜、盐辣椒干三个冷盘,分量都不多。随行人员的伙食则在县委机关食堂,也是一般的菜。

晚饭后,毛泽东踱出房间,在张平化、汪东兴、李颖等人陪同下,踏着落日的余晖,在院内花间小径漫步,兴致勃勃地交谈着,不时发出一阵爽朗的笑声。

茶陵县委大院比较大,寂静无声。那天是农历小满,院内一片葱茏,树丛花间散发出阵阵馥郁清香,恬淡宜人。毛泽东呼吸到这"故地"气息,兴致极好。他时而放目环城的青山,时而仰观空中驰动的浮云,脸上闪现出异常的丰采。偶尔,他也驻足凝思。

毛泽东一边散步,一边轻吟"秋风淅沥秋江上,人自思乡月自明",说这是明初名士解缙《夜泊茶陵》的名句。毛泽东颇有感慨地讲:我们也是夜宿茶陵,不过不思故乡思井冈①。

茶陵是井冈山革命根据地六县(茶陵、炎陵、莲花、永新、宁冈、遂川)之一,毛泽东自然浮想联翩。

忽然,他拉了拉身旁的张平化,道出了他对故地茶陵的深刻记忆,其中特别说到了工农革命军占领茶陵城的往事。毛泽东对张平化说:"想当年,连茶陵也守不住,什么原因呢?因为部队没有纪律,我们不能像国民党光是向老百姓要东西,我们应该用百分之九十的精力帮助老百姓搞生产,用百分之十的时间征粮。老百姓的利益过去、现在、将来都是我们胜利的保证。"②

张平化、李颖向毛泽东汇报茶陵的变化。毛泽东听后若有所思地说:"当年,我们工农红军在这里帮助建立了县工农兵政府。那时,为了这一政权建设斗争很尖锐。"当李颖说到"这工农兵政府房屋被烧毁了"后,毛泽东流露出惋惜的表情,喃喃地说:"太可惜了。"③接着又说:

"那时,很不容易,我们来茶陵时很狼狈。""三十八年过去,弹指一挥间"。现在不同了,可谓"旧貌变新貌"。④

当李颖汇报到1960年茶陵已修建了横跨洣水的"湘赣大桥"时,毛主席

---

① 于来山、陈克鑫、夏远生:《毛泽东五十次回湖南》,湖南人民出版社2009年版,第247页。

② 马社香:《前奏·毛泽东1965年重上井冈山》,当代中国出版社2006年版,第74页。

③ 尹烈承:《毛泽东与茶陵》,湖南人民出版社2006年版,第108页。

④ 尹烈承:《毛泽东与茶陵》,湖南人民出版社2006年版,第108页。

饶有兴趣地说:"茶陵有了大桥,不错! 不要叫湘赣大桥,就叫茶陵大桥嘛!"①
可见茶陵在毛泽东的心目中一直都占据一定的地位,对茶陵的亲近之情溢于
言表。

毛泽东题词"茶陵大桥"

因为只是路过一夜,所以汪东兴决定不卸下毛泽东那些装书的樟木箱,谁
知散步回来毛泽东毫无睡意,要看书。毛泽东笑着对张平化说:茶陵方志,第
一次打茶陵时就想看,没有搞到。现在不知能不能借到? 这使张平化想到
1959 年在庐山上听说毛泽东一到 180 号别墅,就向当地要《庐山志》看的事
情。"下车伊始问志书",张平化感到自己的失职,当即找到李颖,李颖风风火
火地做了布置,通知县档案馆副馆长谭金姑,取来了一套八本线装清朝同治九
年(1870)版、民国二十二年(1933)重印的《茶陵州志》②。李颖向毛泽东报告
说:"茶陵未修县志,现存的最后版本只有清同治九年版的《茶陵州志》。"

毛泽东说:"不管是县志还是州志,都想看看。"③于是,李颖便把《茶陵州
志》交给毛泽东阅读。毛泽东一直读到凌晨 3 点以后才就寝。

---

① 尹烈承:《毛泽东与茶陵》,湖南人民出版社 2006 年版,第 108 页。
② 马社香:《前奏:毛泽东1965 年重上井冈山》,当代中国出版社 2006 年版,第 75 页。
③ 马社香:《前奏:毛泽东1965 年重上井冈山》,当代中国出版社 2006 年版,第 75 页。

5月22日一大早,李颖等茶陵县委领导同志找到汪东兴,心切地要求见毛主席。张平化认为毛主席在湖南的县城住宿,在新中国建立后还是第一次,也极力支持。汪东兴向毛泽东汇报后,毛泽东高兴地说:"当然要见嘛!路过一次茶陵也不易呀。38年前路过茶陵时很狼狈,那时我们秋收起义的队伍一部分被敌人追赶着,一部分被敌人阻截着,到茶陵吃、住都很困难,这次可完全不一样了。"①

毛主席喝了一口龙井茶,点燃一支烟高兴地说:"你先安排好,待我饭后就接见他们。"②张平化告诉李颖,毛泽东同意合影留念,还为茶陵大桥题了词,当时还嘱咐,为了主席的健康,见到主席时,不许喊口号、说话,不要同主席握手,只能鼓掌。李颖按照李强"绝对保密"的指示,通知在县内的副部长以上干部到县委招待所小会议室召开"紧急会议"。

上午10时,张平化告诉李颖:"主席快要来了,你们到办公楼门口等待。"李颖这才告知到会的同志,毛泽东要接见大家。大家兴高采烈,心情十分激动。不久,毛泽东身着银灰色中山装,脚穿布鞋,笑容满面地出现在县委、县政府的负责同志面前,同志们热烈鼓掌,并默默向主席问好。毛泽东亲切地一边鼓掌招手,一边微笑着向大家致意,大步朝凳子中间走去,张平化跟在后面。毛泽东转过身,微笑着环视每一张脸,然后坐在第一排中间的凳子上。大家高兴得嘴巴都合不上,有一位同志竟忘了是在照相,快门按下时还侧着身子在望着毛泽东。合影后,毛主席一边面向合影的同志频频挥手作别,一边退着步子移向车边,对大家说:"这次我们就不能多谈了,要赶路,谢谢大家。"③

茶陵县委的同志看到毛泽东这样精神焕发,兴高采烈,自己的愿望又得到了实现,都使劲地鼓掌欢笑,目送毛泽东上了汽车。随后,车队过莲花县境,经永新、宁冈,于当天重上井冈山。

---

① 汪东兴:《汪东兴日记》,中国社会科学出版社1993年版,第172页。
② 汪东兴:《汪东兴日记》,中国社会科学出版社1993年版,第172页。
③ 汪东兴:《汪东兴日记》,中国社会科学出版社1993年版,第172页。

毛泽东与茶陵领导干部合影

　　5月29日,毛泽东离开井冈山。在井冈山期间,毛泽东曾谈道:"当年在井冈山时,我们摸索了一套好制度、好作风,现在比较提倡的是艰苦奋斗,得到重视的是支部建在连上。""支部建在连上和发展新党员的事都是到酃县水口的事情。水口是个好地方,我们在那里发展了秋收起义后的第一批党员。那时,我住在一个姓江的农民家里。随着我们掌握政权,现在全国各行各业都建有党的组织,成为领导机构,党的力量加强了。但自觉接受群众监督,实行政治民主,保证我们党不脱离群众,比井冈山时士兵委员会就要差多了。全国性的政治民主更没有形成为一种制度,一种有效的方式。井冈山时期士兵委员会是有很大作用的。""我们要继承和发扬井冈山的一些好制度、好作风,摸索出中国的社会主义道路。"①

----

　　①　王锡堂:《张平化传》,团结出版社 2020 年版,第 92 页。

毛泽东还深情地说："我离开井冈山已经36年了，这次旧地重游，心情特别激动，为了创建这块革命根据地，不少革命先烈牺牲了自己的生命。我早就想回井冈山看一看，没想到一别就是36年。""今天井冈山各方面比起36年前大不相同了，上山坐汽车，住楼房，吃饭四菜一汤，穿的是干净整齐的衣服，真是神气多了。我相信，井冈山将来还会变得更好，更神气。但我劝大家日子好过了，艰苦奋斗的精神不要丢了，井冈山的革命精神不要丢了。"①

围绕重上井冈山，毛泽东写下了两首脍炙人口的著名词作：

《念奴娇·井冈山》：参天万木，千百里，飞上南天奇岳。故地重来何所见，多了楼台亭阁。五井碑前，黄洋界上，车子飞如跃。江山如画，古代曾云海绿。弹指三十八年，人间变了，似天渊翻覆。犹记当时烽火里，九死一生如昨。独有豪情，天际悬明月，风雷磅礴。一声鸡唱，万怪烟消云落。

《水调歌头·重上井冈山》：久有凌云志，重上井冈山。千里来寻故地，旧貌变新颜。到处莺歌燕舞，更有潺潺流水，高路入云端。过了黄洋界，险处不须看。风雷动，旌旗奋，是人寰。三十八年过去，弹指一挥间。可上九天揽月，可下五洋捉鳖，谈笑凯歌还。世上无难事，只要肯登攀。

在茶陵住宿一晚，毛泽东留有较好印象。毛泽东回京后不久，见到茶陵籍的福州军区第二政委刘培善，问刘解放后回过茶陵没有。刘说还没有。毛泽东叫他回去看看，并说："我到了你们茶陵，茶陵还不错嘛！"②同年8月，刘培善回到茶陵，转达了毛泽东的这番话。

茶陵县委、县政府十分珍惜这份荣光，将"毛泽东主席在茶陵住室"，当作革命传统教育基地，并设立"毛泽东在茶陵实践活动陈列室"，再现毛泽东与茶陵人民的深情厚谊，供人们学习和瞻仰，让后人受到教育和鼓舞。

① 中央文献研究室：《毛泽东年谱修订本（1949—1976）》第5卷，中央文献出版社2013年版，第495页。

② 茶陵县地方志编纂委员会：《茶陵县志》，中国文史出版社1993年版，第399—400页。

第四节 发扬革命传统,争取更大光荣

新中国成立后,毛泽东一直惦记、关心老区人民。1951 年,中央人民政府南方老根据地访问团湘赣分团为茶陵人民赠送了毛泽东"发扬革命传统,争取更大光荣"的题词。

伟大的井冈山斗争,孕育了伟大的井冈山精神,那就是"坚定执着追理想、实事求是闯新路、艰苦奋斗攻难关、依靠群众求胜利"。习近平总书记曾三次到井冈山,并指出:"井冈山时期留给我们最为宝贵的财富,就是跨越时空的井冈山精神。今天,我们要结合新的时代条件,坚持坚定执着追理想、实事求是闯新路、艰苦奋斗攻难关、依靠群众求胜利,让井冈山精神放射出新的时代光芒。"①

正是在党的正确领导下,在井冈山精神激励下,株洲人民响应毛泽东"发扬革命传统,争取更大光荣"的伟大号召,自力更生、发愤图强、解放思想、锐意进取,自信自强、守正创新,全面推进社会主义建设和改革开放,阔步迈进中国特色社会主义新时代,各项事业取得历史性成就、发生历史性变革。

社会主义革命和建设时期,国家在制定"一五""二五"计划时,先后有 50 多项全国计划建设的重点项目来株洲选址建设。株洲市委抓住这一机遇,确立了"全市各项工作以基本建设为中心"和"全力支持国家建设"的指导思想,在全市迅速掀起了大规模的工业建设高潮。同时,围绕大厂办小厂,围绕全民办集体,100 多家市属企业应运而生,200 多家区街企业蓬勃兴起,从而奠定了株洲作为新中国江南工业重镇的基础。株洲在新中国工业发展史上,创造了第一台航空发动机、第一枚空空导弹、第一台电力机车、第一块硬质合金等 300 多个第一。株洲由解放初期只有 7000 多人的小镇,发展成为新中国的重

---

① 人民日报评论员:《让井冈山精神放射出新的时代光芒——论中国共产党人的精神谱系之二》,《人民日报》2021 年 7 月 23 日。

要工业基地,昔日"东方鲁尔区"的梦想,在社会主义新中国成为现实。

改革开放和社会主义现代化建设新时期,株洲大胆解放思想,不断深化改革,全面扩大开放,积极探索符合株洲实际的发展路子,综合实力实现历史跨越,1978 年至 2012 年,全市经济总量从 13.5 亿元跃升到 1564 亿元,财政收入由 2.27 亿元增加到 213.8 亿元。曾经获得全国科教兴市先进城市、全国优秀旅游城市、全国双拥模范城市、国家社会治安综合治理先进城市、国家卫生城市、国家交通管理模范城市等荣誉。

2011 年 3 月 20 日至 23 日,时任中共中央政治局常委、中央书记处书记、国家副主席习近平同志亲临湖南考察指导工作。3 月 21 日莅临株洲,视察了湘江风光带(株洲河西段)、南车株机公司(中车株机)、南车株洲所(中车株所)、云龙示范区云田村,作出了重要指示。这些重要指示,体现了党中央对株洲工作的高度重视和株洲人民的亲切关怀,也为株洲谋划工作、推动发展指明了前进方向、提供了根本遵循、注入了强劲动力。① 2020 年 9 月 16 日至 18 日,习近平总书记在湖南考察,赋予湖南省"三高四新"战略定位和使命任务。②

株洲市委、市政府始终牢记殷殷嘱托,在党中央、国务院和省委、省政府的坚强领导下,大力推进创新驱动发展、经济转型升级,圆满完成了市"十二五""十三五"既定目标任务,各项事业取得了新的成效。全市 GDP 于 2014 年、2019 年分别突破 2000 亿元、3000 亿元大关,2020 年达到 3106 亿元,是 2010 年的 2.4 倍,年均增长 9.2%;地方一般公共预算收入 204.6 亿元,是 2010 年的 2.6 倍,年均增长 10.1%;规模工业增加值 1112 亿元,是 2010 年的 1.7 倍,年均增长 9.6%;社会消费品零售总额 1090.4 亿元,是 2010 年的 2.7 倍,年均增长 10.6%;固定资产投资年均增长 16.8%;城乡居民人均可支配收入为

① 夏似飞、李勇:《习近平赴湘调研·再上韶山向毛泽东铜像敬献花篮》,《湖南日报》2011年 3 月 24 日。
② 许达哲:《大力实施"三高四新"战略·奋力建设现代化新湖南》,《新湘评论》2020 年第12 期。

39173 元,是 2010 年的 2.7 倍,分别高于全国、全省 6984 元和 9793 元。提前三年实现了整体脱贫、同步建成全面小康社会,职业教育城基本建成……株洲连续多年受到国务院通报表彰,获得全国文明城市、绿水青山典范城市等殊荣,成功入选改革开放 40 年来经济发展最成功的 40 个城市。

全面落实"把握科学发展主题和加快转变经济发展方式主线"的重要指示,产业结构实现根本性重塑。大幅淘汰落后产能,以壮士断腕的意志和决心打赢了清水塘老工业区搬迁改造战,全市关停包括清水塘 261 家企业在内的 2000 多家高能耗、高污染企业,实现了产业结构的快速转型。大力培育新动能,举全市之力打造株洲·中国动力谷,成为中国制造的崭新版图,轨道交通、服饰产业先后成为千亿集群,其中轨道交通产业集群规模超过 1300 亿元,较 2010 年增长了 3.38 倍,入选全国首批先进制造业集群建设名单,涌现出全球首列智轨列车等一大批创新成果。先进制造业实力跻身全国 50 强,国家小巨人总数在中西部非省会城市中排名第一。

全面落实"特别注重科技的重要作用,特别注重培养科技人才,特别注重提高自主创新能力"的重要指示,自主创新长株潭现象全国瞩目。持续发挥"厂所结合"优势,不断推动产业链与创新链的双向融合、高效协同,做大做强轨道交通、中小航空发动机、硬质合金等优势主导产业。全市新增国家先进轨道交通装备创新中心等一批国家级、省级创新平台,各类创新平台从 2011 年的 65 家增加到 2020 年的 548 家,高新技术企业从 2011 年的 168 家增加到 2020 年的 723 家,全社会研发投入强度从 2011 年的 0.99% 到 2020 年的 3.27%,每万人有效发明专利数从 2011 年的 1.88 件上升到 2020 年的 20.37 件,轨道交通、大功率半导体等领域实现了从"跟跑"向"并跑""领跑"转变,科技创新对经济增长的贡献率达到 65%。先后涌现了全球首列智轨列车、国内首条 8 英寸大功率半导体(IGBT)生产线、全国首列中低速磁悬浮车辆、全国首台船舶兆瓦级永磁发电机等一批"国之重器"。

全面落实"提升城市建设管理水平"的重要指示,城乡面貌焕然一新。坚持以江为轴、以水为源、以绿为美、以人为本,加快推动城乡一体发展。持续推进市域交通、能源、水利、信息、城镇配套基础设施"五张网"建设,密切城乡联系。深入推进"三网融合",获批全国 5G 试点城市,5G 网络已覆盖全市所有县市区城区。坚持用科技手段管理城市,从数字城管到智慧株洲建设,从城市绿化、美化、亮化、数字化城市到深入推进城区交通畅通、旧城提质、碧水蓝天、城市绿化美化亮化净化、设施配套"五大行动",交通、住房、教育、医疗、文体等城市功能不断完善,城市管理水平持续提升,株洲城市绿化率达到 45.6%,成功创建全国文明城市、国家卫生城市、国家园林城市、国家森林城市、全国水生态文明城市等。株醴都市圈加快建设,株洲县完成撤县设区,国家新型城镇化综合试点成功通过验收,市区面积由 853 平方公里增加到 1907 平方公里,市城区人口达 174 万,城镇化率由 2010 年的 56.48% 提到 2020 年的 71.26%,居全省第二位。

全面落实"加强湘江综合治理,加强生态文明建设"的重要指示,湘江保护与治理大见成效。坚持生态优先、绿色发展,以坚如磐石的定力、久久为功的韧劲,在株洲大地谱写了"绿水青山就是金山银山"的生动实践,城市颜值大幅提升。从两型社会建设起步,到深入推进湘江保护与治理一号重点工程,连续实施三个"三年行动计划",再到全面打响蓝天保卫战、碧水攻坚战、净土持久战、清水塘老工业区搬迁改造攻坚战,大力开展国土绿化行动、农村人居环境整治行动,一场波澜壮阔的污染防治攻坚战打得如火如荼。2020 年,市区空气质量优良天数达到 317 天,比 2013 年(国家实施空气质量新标准)的 214 天增加了 103 天,空气质量改善幅度在全国 168 个重点城市中居全国前十位、全省第一位。"一江两水"水质从以前的 IV 类、III 类全面提升到国家 II 类标准,一座全国老工业城市成功蝶变为"中国绿水青山典范城市"。

全面落实"没有农村小康就没有全面小康"的重要指示,新农村实现美丽蝶变。坚持把"三农"摆在突出位置,深入贯彻党的强农惠农政策,坚决打赢脱贫攻坚战,全面推进乡村振兴,加快农业农村现代化。全面打赢精准脱贫攻坚战。大力实施精准扶贫"七个一批"和基础设施公共服务扶贫"六大工程"，用发展的办法消除了贫困根源。全市2个贫困县、166个贫困村、16.4万贫困人口全部摘帽脱贫，提前三年实现整体脱贫、同步全面小康。在全国脱贫攻坚表彰大会上，习近平总书记用"扎根脱贫一线、鞠躬尽瘁"评价黄诗燕同志，2个集体、4名同志获全国表彰。扎实推进农业现代化。大力推进"六大强农"行动，全市新型农业经营主体达2.7万家，新增省级现代农业特色产业示范园27个、省级优质农副产品供应示范基地3个，创建国家级示范农业产业强镇3个、省级农业产业强镇7个。深化农村综合改革，农村"三块地"改革、"三变"改革、供销合作社综合改革走在全省前列。全省首个农村产权流转交易中心挂牌运营，交易金额突破2亿元。加快建设美丽乡村。以"一廊十镇百村"新农村建设示范工程为抓手，以提升农村环境面貌和人民群众生活品质为核心，努力构建布局美、环境美、产业美、生活美、风尚美的"五美"乡村格局。建成各级美丽乡村示范村282个，其中国家级美丽乡村3个、省级美丽乡村示范村52个，市级美丽乡村示范村65个，县级美丽乡村示范村162个。总书记视察过的云田村，10年间常住人口翻了一番，超过了5000人，人均收入从1万元增加到3万元以上，集体经济年收入突破50万元。

全面落实"深入开展创先争优活动，更好发挥基层党组织的战斗堡垒和共产党员的先锋模范作用"的重要指示，党的建设得到全面加强。始终把党的建设放在心上、抓在手上、扛在肩上，坚定推进株洲全面从严治党向纵深发展。始终把党的政治建设作为根本性建设，扎实开展"创先争优"学习教育活动、党的群众路线教育实践活动、"三严三实"专题教育、"不忘初心、牢记使命"主题教育和党史学习教育，学习贯彻习近平新时代中国特色社会主义思想主题教育，开展党纪学习教育，全市党员的理想信念更加坚定、党性更加坚强。全面完成9个县市区、99个市直单位领导班子和领导干部的政治建设考察，同步推进县市区完成对所属的103个乡镇（街道）、25个县（市区）直单位的政治建设考察，实现市县乡三级全覆盖常态化。加强领导班子和干部队伍建设,坚持正确用人导向和"20字"好干部标准,真正把政治上靠得住、工作上有本事、作风上过得硬、人民群众信得过的优秀干部选拔出来、重用起来。市委选人用人工作满意度测评连续多年居全省前列。全面筑牢基层党组织战斗堡垒,深入实施"组织力提升工程",扎实推进支部"五化"建设,实现软弱涣散基层党组织全部清零。基层党组织在脱贫攻坚战和战胜百年一遇的洪涝灾害、应对世纪疫情大考中发挥了重大作用。结合党史学习教育活动、讲好左权"一封家书"、朱克靖"两个生命"、刘培善"三张红军收据"、李立三"四次追悼会"等一批红色故事,从百年党史中汲取奋进力量。持续推动党风廉政建设和反腐败斗争,一体推进不敢腐、不能腐、不想腐,坚定不移惩治腐败,打掉了一批涉黑涉恶犯罪团伙,查处了一批"官伞""警伞"。驰而不息纠"四风"转作风,聚焦疫情防控、产业项目建设、基本民生保障等重点领域,严查形式主义官僚主义问题,有力推动了工作落实。

毛泽东在《水调歌头·重上井冈山》的伟大构想,上九天揽月,下五洋捉鳖,都有株洲力量和株洲贡献。可以告慰伟人的是,株洲与全国一样,伟人的憧憬正一步步成为现实。

新株洲城市风景

世上无难事,只要肯登攀。习近平总书记曾指出:"一切向前走,都不能忘记走过的路;走得再远、走到再光辉的未来,也不能忘记走过的过去,不能忘记为什么出发。"①株洲这座历经炎帝文化熏陶、红色文化滋润和工业文化磨砺的现代工业城市,正站在中国特色社会主义新时代新发展阶段的新起点,在习近平新时代中国特色社会主义思想指引下,从党的光辉历史中汲取砥砺奋进的精神力量,发扬伟大建党精神,弘扬奋勇争先、一往无前的"火车头"精神,做好"聚焦、裂变、创新、升级、品牌"文章,全力培育制造名城、建设幸福株洲,在实现"三高四新"美好蓝图中挑重担、作贡献。

第五节　从社会主义现代化到中华民族伟大复兴

1910 年秋天,毛泽东离开家乡韶山,胸怀大志走向外面更广阔的世界。临行前他写下诗句:孩儿立志出乡关,学不成名誓不还。埋骨何须桑梓地,人生无处不青山。毛泽东在探索救国救民的真理过程中,1917 年俄国十月革命的胜利,给中国送来了马克思列宁主义,带来了新的希望。

1918 年 4 月,毛泽东等一批追求进步的青年学生成立新民学会,起初以"革新学术,砥砺品行,改良人心风俗为宗旨",后来发展为"改造中国与世界"。中国人找到了马克思列宁主义这个放之四海而皆准的普遍真理,中国的面目就起了变化,中国人在精神上就由被动转入主动。"已经复兴了并正在复兴着伟大的中国人民的文化","就其精神方面来说,已经超过了整个资本主义世界"②。毛泽东曾说过,"中国应该发展成为近代化的国家、丰衣足食的国家、富强的国家。这就要解放生产力,破坏帝国主义和封建主义","不破坏它们,中国就不能发展和进步"③。

---

①　习近平:《在党史学习教育动员大会上的讲话》,人民网,2021 年 2 月 20 日。
②　《毛泽东选集》第 4 卷,人民出版社 1991 年版,第 1516 页。
③　《毛泽东文集》第 3 卷,人民出版社 1996 年版,第 432 页。

以毛泽东同志为主要代表的中国共产党人,领导中国人民夺取了新民主主义革命的胜利,建立了中华人民共和国,成为中华民族伟大复兴的重要里程碑。这是毛泽东为民族复兴作出的最伟大贡献。正如邓小平所说:"如果没有毛泽东同志的卓越领导,中国革命有极大的可能到现在还没有胜利,那样,中国各族人民就还处在帝国主义、封建主义、官僚资本主义的反动统治之下,我们党就还在黑暗中苦斗。所以说没有毛主席就没有新中国,这丝毫不是什么夸张。"①新中国的成立,充分证明了毛泽东所说的:"我们中华民族有同自己的敌人血战到底的气概,有在自力更生的基础上光复旧物的决心,有自立于世界民族之林的能力。"

新中国的诞生只是中华民族伟大复兴的序幕,作为伟大战略家的毛泽东,将毕生精力致力于建设社会主义现代化强国和中华民族伟大复兴。正如毛泽东所言:"只是一出长剧的一个短小的序幕。剧是必须从序幕开始的,但序幕还不是高潮"②。毛泽东在第一届全国人民代表大会第一次会议上的开幕词中,向全世界庄严宣告:"指导我们思想的理论基础是马克思列宁主义。我们有充分的信心,克服一切艰难困苦,将我国建设成为一个伟大的社会主义共和国。"毛泽东还提出:"我们一定要努力把党内党外、国内国外的一切积极的因素,直接的、间接的积极因素,全部调动起来,把我国建设成为一个强大的社会主义国家。"③并强调:"我们的目标,是想造成一个又有集中又有民主,又有纪律又有自由,又有统一意志、又有个人心情舒畅、生动活泼,那样一种政治局面,以利于社会主义革命和社会主义建设,较易于克服困难,较快地建设我国的现代工业和现代农业,党和国家较为巩固,较为能够经受风险。总题目是正确地处理人民内部的矛盾和正确地处理敌我矛盾。方法是实事求是,群众

---

① 《邓小平文选》第 2 卷,人民出版社 1994 年版,第 148 页。
② 《毛泽东选集》第 4 卷,人民出版社 1991 年版,第 1438 页。
③ 《毛泽东文集》第 7 卷,人民出版社 1999 年版,第 44 页。

路线。"①这个总目标的提出,明确了在中国共产党领导下建设社会主义现代化强国,实现中国民族伟大复兴的总纲领。

20世纪50年代末60年代初,毛泽东、周恩来等提出"四个现代化"的奋斗目标,进一步具体地描绘出了振兴中华的宏伟蓝图。毛泽东在《读苏联〈政治经济学教科书〉的谈话》中,完整表述了"四个现代化"的战略构想和目标任务,即"建设社会主义,原来要求是工业现代化,农业现代化,科学文化现代化,现在要加上国防现代化。在我们这样的国家,完成社会主义建设是一个艰巨任务,建成社会主义不要讲得过早了"②。毛泽东多次明确提出中国要经过50年到100年的时间,赶上和超过英美等资本主义发达国家,把中国建设成为强大的富强的社会主义国家的战略目标。毛泽东认为我国的社会主义建设分为不发达的阶段和比较发达的阶段,提出了分两步走的设想:第一步,用15年时间,建成一个独立的比较完整的工业体系和国民经济体系;第二步,在本世纪内,全面实现农业、工业、国防和科学技术现代化,使我国经济走在世界的前列。1975年1月,根据毛泽东的指示,周恩来在四届全国人大一次会议作《政府工作报告》时又明确指出:"在本世纪内,全面实现农业、工业、国防和科学技术的现代化。"③毛泽东亲自规划的现代化建设的宏伟目标是实现"四个现代化",为后来邓小平提出"三步走"的发展战略以及党的十五大至十八大提出和深化"两个一百年奋斗目标",奠定了坚实基础。

建设社会主义现代化强国,毛泽东极其重视科技发展,指导成立国务院科学规划委员会和国家科学技术委员会,并多次制订科学技术发展规划。在毛泽东的许多重要讲话中,多次提到科学技术和技术革命的重要性。他认为"我们不能走世界各国技术发展的老路,跟在别人后面一步一步地爬行。我们必须打破常规,尽量采用先进技术,在一个不太长的历史时期内,把我国建

① 《建国以来重要文献选编》第10册,中央文献出版社1994年版,第485页。
② 《毛泽东文集》第8卷,人民出版社1999年版,第116页。
③ 《周恩来选集》下卷,人民出版社1984年版,第479页。

中国出口墨西哥首列轻轨列车在中车株洲电力机车有限公司下线

设成为一个社会主义的现代化的强国。"①

　　毛泽东重上井冈山,看到革命老区的巨大发展变化,欣喜万分。毛泽东在井冈山曾深情地说:"今天井冈山各方面比起 36 年前大不相同了,上山坐汽车,住楼房,吃饭四菜一汤,穿的是干净整齐的衣服,真是神气多了。我相信,井冈山将来还会变得更好,更神气。但我劝大家日子好过了,艰苦奋斗的精神不要丢了,井冈山的革命精神不要丢了。"作为伟大诗人的毛泽东,对建设社会主义的坚定信心,对美好未来的擘画憧憬,情不自禁地以诗言志。"故地重来何所见,多了楼台亭阁。五井碑前,黄洋界上,车子飞如跃。江山如画,古代曾云海绿。弹指三十八年,人间变了,似天渊翻覆。""千里来寻故地,旧貌变新颜。到处莺歌燕舞,更有潺潺流水,高路入云端。"在毛泽东的笔下,沧海桑田、人间美景跃然纸上。"可上九天揽月,可下五洋捉鳖,谈笑凯歌还。世上

---

　　① 《毛泽东文集》第 8 卷,人民出版社 1999 年版,第 341 页。

无难事,只要肯登攀。"无疑是朝着更高目标迈进的时代最强音,更是夺取新的伟大胜利的进军号。

毛泽东毕生矢志于带领中国人民赶上和超过世界先进国家水平,为人类作出更大的贡献。以毛泽东同志为主要代表的中国共产党人带领全国各族人民艰苦创业,经过近30年的奋斗,初步建立起独立的比较完整的工业体系和国民经济体系,奠定了我国社会主义现代化的物质技术基础,改变了旧中国"一穷二白"的落后面貌。1988年10月24日,邓小平非常中肯地指出:"如果六十年代以来中国没有原子弹、氢弹,没有发射卫星,中国就不能叫有重要影响的大国,就没有现在这样的国际地位。这些东西反映一个民族的能力,也是一个民族、一个国家兴旺发达的标志。"①

1978年十一届三中全会召开,开启了中国改革开放新时期。在改革开放新的伟大革命中,邓小平领导我们党开辟了中国特色社会主义正确道路,中华民族从此大踏步赶上时代前进潮流,中华民族的伟大复兴展现出灿烂的前景。党的十五大第一次提出"两个一百年"目标:到2021年建党100周年的时候,要让国民经济发展得更好,国家各项制度更加完善;到2049年新中国成立100周年的时候,我们国家要基本实现现代化,建成一个富强、民主、文明的社会主义国家。后来党的十六大和十七大都对这个目标做了强调和安排。2012年召开的党的十八大,更加明确了全面建成小康社会的宏伟蓝图,并向人民发出了实现"两个一百年"奋斗目标的号召,从此,这个目标成为我们全国各族人民的共同奋斗目标。

进入中国特色社会主义新时代,党领导全国人民实现了第一个百年奋斗目标,开启实现第二个百年奋斗目标新征程,朝着实现中华民族伟大复兴的宏伟目标继续前进。以习近平同志为核心的党中央领导全党全军全国各族人民砥砺前行,全面建成小康社会目标如期实现,党和国家事业取得历史性成就、

---

① 《邓小平文选》第3卷,人民出版社1993年版,第279页。

发生历史性变革,彰显了中国特色社会主义的强大生机活力,党心军心民心空前凝聚振奋,为实现中华民族伟大复兴提供了更为完善的制度保证、更为坚实的物质基础、更为主动的精神力量。中国共产党和中国人民以英勇顽强的奋斗向世界庄严宣告,中华民族迎来了从站起来、富起来到强起来的伟大飞跃。

党的二十大报告指出,从现在起,中国共产党的中心任务就是团结带领全国各族人民建成社会主义现代化强国、实现第二个百年奋斗目标,以中国式现代化全面推进中华民族伟大复兴。全面建成社会主义现代化强国,总体战略安排是分两步走:从二○二○年到二○三五年基本实现社会主义现代化,从二○三五年到本世纪中叶把我国建成富强民主文明和谐美丽的社会主义现代化强国。

中国共产党立志于中华民族千秋伟业,百年恰是风华正茂。今天,我们比历史上任何时期都更接近、更有信心和能力实现中华民族伟大复兴的目标。全党全军全国各族人民必将更加紧密地团结在以习近平同志为核心的党中央周围,全面贯彻习近平新时代中国特色社会主义思想,大力弘扬伟大建党精神,勿忘昨天的苦难辉煌,无愧今天的使命担当,不负明天的伟大梦想,以史为鉴、开创未来,埋头苦干、勇毅前行,为实现第二个百年奋斗目标、实现中华民族伟大复兴的中国梦,在新时代新征程上赢得更加伟大的胜利和荣光!

我们坚信,伟人憧憬,百年梦想,其时可待,其功可期!

参考文献

［1］《毛泽东选集》,人民出版社 1991 年版。

［2］中共中央文献研究室:《毛泽东年谱》修订本,中央文献出版社 2013 年版。

［3］中共中央文献研究室:《毛泽东传》,中央文献出版社 2003 年版。

［4］中共中央文献研究室:《朱德年谱》,中央文献出版社 2016 年版。

［5］黄瑶主编:《罗荣桓年谱》,人民出版社 2002 年版。

［6］刘树发主编:《陈毅年谱》,人民出版社 1995 年版。

［7］袁小荣:《毛泽东离京巡视纪实 1949—1976》,人民出版社 2021 年版。

［8］《粟裕战争回忆录》,解放军出版社 1988 年版。

［9］中共中央党史和文献研究院:《中国共产党的一百年》,中共党史出版社 2022 年版。

［10］埃德加·斯诺著,董乐山译:《红星照耀中国》,人民文学出版社 2016 年版。

［11］《谭震林纪念文集》,湖南人民出版社 2002 年版。

［12］史沫特莱·艾格尼丝著,梅念译:《伟大的道路:朱德的生平和时代》,生活·读书·新知三联书店 1979 年版。

［13］茶陵县地方志编纂委员会:《茶陵县志》,中国文史出版社 1993 年版。

［14］攸县志编纂委员会:《攸县志》,中国文史出版社 1990 年版。

［15］邸延生：《历史的情怀：毛泽东生活记事》，新华出版社 2013 年版。

［16］王锡堂：《张平化传》，团结出版社 2020 年版。

［17］胡涤非：《征途鸿爪》，天马图书有限公司 2006 年版。

［18］邸延生：《历史的真知："文革"前夜的毛泽东》，新华出版社 2013 年版。

［19］马社香：《前奏：毛泽东1965 年重上井冈山》，当代中国出版社 2006 年版。

［20］尹烈承：《毛泽东与茶陵》，湖南人民出版社 2006 年版。

［21］张平化：《张平化回忆录》，湖南人民出版社 1989 年版。

［22］汪东兴：《汪东兴日记》，中国社会科学出版社 1993 年版。

［23］刘汉民：《毛泽东诗词佳话》，人民出版社 2013 年版。

［24］邸延生：《毛泽东的人生旅行》，新华出版社 2013 年版。

［25］林道喜：《伟大情怀：见证毛泽东重上井冈山》，中央文献出版社 2012 年版。

［26］于来山、陈克鑫、夏远生：《毛泽东五十次回湖南》，湖南人民出版社 2009 年版。

［27］中共湖南省委党史研究室：《毛泽东在湖南》，中央文献出版社、湖南人民出版社 2011 年版。

［28］中共株洲市委党史工作办公室：《中国共产党株洲历史》第一卷（1921—1949），中共党史出版社 2007 年版。

［29］彭建国、刘建洲、杨剑涛：《中国共产党株洲历史》第二卷（1949—1978），中共党史出版社 2011 年版。

［30］谭善林：《中国共产党茶陵历史》第二卷（1949—1978），中共党史出版社 2008 年版。

［31］井冈山革命根据地党史资料征集编研协作小组、井冈山革命博物馆：《井冈山革命根据地》，中共党史资料出版社 1987 年版。

［32］湘赣革命根据地党史资料征集编研协作小组:《湘赣革命根据地》,中共党史资料出版社 1990 年版。

［33］彭东明:《井冈元勋:宛希先》,中共党史出版社 2013 年版。

［34］中共湖南省委党史研究室:《中国共产党湖南历史》第一卷,湖南人民出版社 2009 年版。

［35］中共株洲市委办公室、中共株洲市委党史工作办公室:《株洲红色印记》,中共党史出版社 2012 年版。

［36］茶陵县档案史志局、中共茶陵县委党史联络组:《共和国摇篮:茶陵县工农兵政府》,中共党史出版社 2014 年版。

［37］何长工:《何长工回忆录》,解放军出版社 1987 年版。

［38］株洲市各县市党史正本与革命斗争史。

后　记

为宣传和缅怀一代伟人毛泽东在株洲开展的一系列革命实践探索及其历史贡献,推进党史学习常态化,经中共湖南省株洲市委同意,由市委宣传部、市委党史研究室联合编写《毛泽东在株洲》一书。

本书的编写,坚持以马列主义、毛泽东思想、邓小平理论、"三个代表"重要思想、科学发展观、习近平新时代中国特色社会主义思想为指导,始终以党的三个历史决议和中央主要领导人关于党的历史的重要论述作为叙史论史的根本依据,突出政治性、思想性与准确性。

本书以纪实叙事的手法,全面真实记述一代伟人毛泽东在株洲的系列革命实践活动及其伟大贡献。同时,辅以相关相关历史文献、相关专家考察论证,力求内容更加充实,权威性高,可读性强。

该书的编写工作得到人民出版社的大力支持,列入 2023 年"毛泽东同志诞辰 130 周年"重点主题出版项目。株洲市委、市政府高度重视,市委常委会会议专题研究同意立项。本书特邀顾问原中共中央党史研究室副主任(正部长级)、中央马克思主义理论研究和建设工程咨询委员会委员、中国中共党史学会常务副会长龙新民,中央党史和文献研究院原院务委员、中国中共文献研究会副会长兼毛泽东思想生平研究会会长、中国毛泽东诗词研究会会长陈晋对本书的编撰给予了有力指导。蒋建农、宁宇、胡振荣、王文珍、谢承新、王小平、刘建平、谢清风、李佑新等中央、省党史部门领导和专家,全体市委常委等市领导,颜三元、叶新福等有关部门领导专家,各县市区党史部门专家对本书提出宝贵意见。夏远生、刘凤健、曾长秋、吴义国、邓世平、谭立洲、毛立红、翁梯敏、王昕伟、吴晨、向金香等省内外专家分别参加有关章节的撰写工作。本书在充分吸取各方面意见的基础上进行了多次反复修改，最后成书20多万字，图文并茂。书中插图由中共株洲市委宣传部、中共株洲市委党史研究室、醴陵市档案馆、井冈山革命博物馆、炎陵县红军标语博物馆、炎陵县档案馆、茶陵县档案馆、醴陵市档案馆、株洲市档案馆、中车株洲电力机车有限公司以及王界明（摄影）、郑安戈（摄影）提供。在此，谨向关心支持本书的领导与专家，向对该书出版给以大力支持的中共中央宣传部、中共中央党史和文献研究院、人民出版社、中共湖南省委宣传部、中共湖南省委党史研究院等单位和个人表示诚挚的感谢！

　　本书征编内容涉及范围广、内容多，时间紧、任务重、要求高，在这部20余万字的书中，我们力图对一代伟人毛泽东在株洲的一系列革命实践探索作一个全面、翔实、生动的介绍及其意义探讨，虽然为此作出了很大努力，并在本书初稿完成后向有关领导和专家征求了意见，但受档案资料所限与编者水平有限，书中错误、遗漏在所难免，敬请领导、专家和读者批评指正。

编　者
2024 年 8 月

责任编辑：杨瑞勇

封面设计：鲍　齐

图书在版编目（CIP）数据

毛泽东在株洲 ／ 中共株洲市委宣传部，中共株洲市委党史研究室编著.
-- 北京 ： 人民出版社，2024. 9. -- ISBN 978－7－01－026859－0

Ⅰ. A752

中国国家版本馆 CIP 数据核字第 2024AY3234 号

毛泽东在株洲
MAO ZEDONG ZAI ZHUZHOU

中共株洲市委宣传部　中共株洲市委党史研究室　编著

人 民 出 版 社 出版发行
（100706　北京市东城区隆福寺街 99 号）

北京汇林印务有限公司印刷　新华书店经销

2024 年 9 月第 1 版　2024 年 9 月北京第 1 次印刷
开本:710 毫米×1000 毫米 1/16　印张:20. 75
字数:285 千字

ISBN 978－7－01－026859－0　定价:76. 00 元

邮购地址 100706　北京市东城区隆福寺街 99 号
人民东方图书销售中心　电话 (010)65250042　65289539